人力资源管理名家精品系列教材

Talent Measure

人才测评

（第二版）

张文贤　董临萍　主　编

科学出版社
北京

内 容 简 介

本书首先从人才测评的一般原理出发，着重论述了人才测评指标体系的设计，概括介绍了人才测评的方法，重点探讨了品德、情商、智商、能力、个性和职业兴趣的测评方法；其次详细介绍了评价中心技术和胜任力模型；最后，深度剖析了人才测评的质量检验。

本书适合高等院校人力资源管理专业本科生使用，也可供人才科学研究人员、人力资源部门工作人员、人才中介和咨询机构有关人员参考。

图书在版编目（CIP）数据

人才测评/张文贤，董临萍主编．—2版．—北京：科学出版社，2018.3

人力资源管理名家精品系列教材

ISBN 978-7-03-056674-4

Ⅰ．①人…　Ⅱ．①张…②董…　Ⅲ．①人员测评-教材　Ⅳ．①C962

中国版本图书馆 CIP 数据核字（2018）第 041177 号

责任编辑：方小丽/责任校对：彭　涛

责任印制：张　伟/封面设计：蓝正设计

科学出版社出版

北京东黄城根北街 16 号

邮政编码：100717

http://www.sciencep.com

北京凌奇印刷有限责任公司 印刷

科学出版社发行　各地新华书店经销

*

2010 年 1 月第　一　版　开本：787×1092　1/16

2018 年 3 月第　二　版　印张：17 1/2

2021 年12月第十一次印刷　字数：415 000

定价：48.00 元

（如有印装质量问题，我社负责调换）

出版说明

“万事万物都被创造了两次，第一次是意念的创造，第二次是物质的创造。”

策划、组织“人力资源管理名家精品系列教材”让我们开始理解这个颠扑不破的真理。作为这套教材的设计者——来自国内优秀大学、在人力资源管理领域长期从事科研与教学工作的老师们，早在一年多以前，在他们开始对这项图书“建筑”工程进行第一次创造——意念的创造时，就常常思索：“应该为读者构建一栋怎样的建筑?”作为一家国家级出版社，我们也期望通过一系列的增值工作，让这栋“建筑”更加美观、牢固。经过一年多的共同努力，我们终于实现了“第二次创造——物质的创造”——为读者呈现出了图书“建筑”的模样。

- 功能先进、完备——这套教材涵盖人力资源管理专业各门必修课最完整的内容，包含教学大纲所要求的必要知识。不仅如此，它还吸收了这个领域内最新的科研和教学成果。这是一套完整、全新的教材。
- 造型美观——封面书名处采用经典的蓝色作底，暗含了成为经典的美好意愿。封面上的拼图组件蕴含了阅读此书的目的——学习是一个探索真理的过程，每一本书中的知识就像这一个个小拼图，它们帮助读者拼出了对这个学科的真实认识。而书中如“阅读材料”“讨论与思考”“成功典范”“小辞典”等配合正文、形式多样的栏目设计，以及精心巧妙的版式设计都有助于读者消除阅读教材的枯燥感。
- 名家建造——我们相信好的作品总是出自好的作者之手。我们多次拜访这些在国内名校人力资源管理领域有着丰富教学与科研经验的名家，与他们反复沟通，确定由他们来编写这套教材。他们有丰富的一线教学经验，也愿意在这套教材中与读者分享他们的经验与体会。

FOREWORD
前　言

“21世纪最重要的是什么？是人才！”

电影《天下无贼》里的一句台词一夜之间像长了翅膀一样飞入寻常百姓家，成为一句家喻户晓的名言。这句名言传递了一个朴实无华的真理——人才是21世纪的战略资源。

“我劝天公重抖擞，不拘一格降人才！”

我国清代思想家、文学家龚自珍气势恢宏的诗句向我们提出了一个问题：我们应该用什么样的标准和方法来衡量人才、考查人才、测评人才？我们应该怎样打破常规发现人才、选拔人才、使用人才？

“千里马常有，而伯乐不常有。”

独具慧眼的伯乐诚然可贵，但是选拔人才不能完全依靠个别的伯乐。

人才难求，人才难得，人才难测。

常言道：“知人知面不知心。”

人才测评，可以说是一个世界性难题，难就难在：迄今为止，我们还没有发明像显微镜、X光机、超声波探测仪等那样的仪器，可以通过一系列技术手段精确地进行身体检查那样的方法来进行人才测评。当然，即使医学发展迅速，但还有许多疑难杂症无法诊断。而进行人才测评，不仅需要测量人才的知识、技能、智慧，还要测量其性格、情操、情绪，甚至观念、态度、心理等；不仅需要测量其现在的情况，还要测量其未来的变化；不仅需要把握人与事的匹配，更要预测人与人的组合是不是性格相容，能不能成为“黄金搭档”。特别是在现实生活中，无论是企业单位的经营管理还是事业单位的行政事务，都要靠团队协作来完成，都需要团队成员同舟共济、心心相印。

人们经常会感到纳闷：有些人学历很高，但是能力很低；相反，有些人学历并不高，但是事业很成功；有些人很有才气，但是目中无人，成为孤家寡人；有些人夸夸其谈，实际上不学无术；有些人开头表现很好，后来却一塌糊涂；有些高官在会上作反腐倡廉报告时慷慨激昂、振振有词，但是后来却被发现是个贪污受贿的腐败分子。为什么组织部门虽然经过严格审查、层层把关，还会出现“带病提拔”的问题？

如果我们的人才测评能够真正做到科学、准确，就不仅可以保证我们的事业蒸蒸日上，形成巨大的凝聚力和向心力，而且可以大大减少摩擦力和破坏力。

人才测评的重要性是不言而喻的。无论是招聘人才、吸引人才、安排人才，还是培养人才、考核人才、激励人才，都需要对人才有一个彻底的了解。不但要知道其技能和特长，还要了解其性格和脾气；不但要了解其兴趣和爱好，还要掌握其习惯和态度。

古今中外，对于如何进行人才测评，人们已经发明了五花八门的方法，积累了各种各样的经验。我们今天能够做的，也只是站在前人的肩膀上进一步向上攀登，在继承中创新，在实践中摸索，在改革中完善。

本书首先从人才测评的一般原理出发，着重论述了人才测评指标体系的设计，概括介绍了人才测评的方法，重点探讨了品德、情商、智商、能力、个性和职业兴趣的测评方法；其次详细介绍了评价的中心技术和胜任力模型；最后深入剖析了人才测评的质量检验。这样的思维逻辑比较顺畅，基本上能满足学生对理论学习的需要和实际部门进行人才测评的需求。在此基础上，为了使读者及时了解人才测评相关领域的研究前沿和实务进展，我们精心选择了一些延伸阅读材料，做成二维码，供读者参考。

参与本书写作的有：复旦大学张文贤（第一、第四章）、华东理工大学龙丽群（第二、第五章）、上海师范大学李辰彦（第三、第七章）、复旦大学高山川（第六章）、上海交通大学张静抒（第八章）、华东师范大学潘晓云（第九章）、上海财经大学王蕾（第十章）、华东理工大学董临萍（第十一章）。全书最后由张文贤和董临萍修改统稿完成。

我们要特别感谢科学出版社张宁、方小丽编辑的热情约稿和精心组织，在书稿写作过程中，她们一直与我们保持密切联系，及时沟通信息，使本书得以顺利出版。我们还要感谢在写作过程中提供帮助的朋友，如复旦大学哲学学院的邵强进博士等，他们参与了全书大纲的讨论，提出了许多宝贵的意见。书中有些内容是我们的课题研究成果，在此向参加课题研究的学者表示衷心的感谢，他们是杨湘怡博士、董临萍博士、高山川博士、张静抒博士，以及鞠强、陈平平、甘胜军、龙丽群等。在写作过程中，我们参考了国内外学者的许多著作和文献，吸收了其中的优秀成果，已在参考文献中予以标注。最后，我们谨向为本书出版提供过帮助的各位朋友表示衷心的感谢！

由于我们的学术功底和实践经验有限，书中难免存在不足之处。我们期待各位读者批评指正，如果您有什么疑问，欢迎与我们联系，共同讨论解决。

复旦大学管理学院

2017 年 12 月 1 日

CONTENTS

目　录

第一章
人才测评概论

学习目标

- 掌握人才测评的基本概念
- 了解人才测评的类型
- 理解人才测评的作用
- 掌握人才测评的步骤
- 掌握人才测评方法的发展趋势

引 子

没有最好的员工，只有最合适的员工

人们只知道Zoho公司在IT领域声名鹊起，拒绝了来自微软、Google、Yahoo的收购，但很少有人知道，这家印度公司制作“知识产品”软件采用的方法与工厂没有什么两样。当前该公司员工总人数高达600人。与其他IT公司不同的是，Zoho在市场端的硅谷地区竟只请了八个人。为了进一步降低人力成本，Zoho甚至坚持不招名校的学生，人只要聪明无所谓名校不名校。据报道，Zoho甚至派人深入高中校园，找来一些成绩不错但急着赚钱补贴家用的学生，训练他们九个月，开始工作。实践证明，Zoho挑选的人才恰恰能很好地满足公司的需求。

在实际操作过程中，我们能够选拔出最聪明、最优秀的员工，但他们对于公司就是合适的吗？也许从来没有人询问这样一个问题。所谓的“好”是有标准的，否则无所谓好。标准不应该来自于我们自己的主观经验，而应该来自于经过事实验证了的客观规律。选拔人才，只有最适合的，没有最好的。

（资料来源：节选自没有最好的员工，只有最合适的员工，http://www.ceconlinebbs.com/FORUM-POST-900001-900130-920777-0.HTM［2017-10-01］）

案例思考题：

“只有最合适的，没有最好的”，这句话揭示的正是企业在招聘过程中应该具备的用人观。试结合上述材料，谈谈你对企业人才选拔与测评的看法。

第一节 人才测评的概念

人力资源管理的核心是“知人善任”。“善任”的前提是“知人”，而“知人”是最困难的。常言道：“知人知面不知心。”在中国古代，基本上采用“察言观色”的办法来识别人才。孔子就有“九观”法：“故君子远使之而观其忠，近使之而观其敬，烦使之而观其能，卒然问焉而观其知，急与之期而观其信，委之以财而观其仁，告之以危而观其节，醉之以酒而观其侧，杂之以处而观其色。九征至，不肖人得矣。”（《庄子·列御寇》）

中国最古老的史书《尚书》称：“知人则哲，能官人。”意指只有聪明睿智的人，才能了解别人，才能用人得当。刘劭在《人物志》中写道：“夫圣贤之所美，莫美乎聪明；聪明之所贵，莫贵乎知人。知人诚智，则众材得其序，而庶绩之业兴矣。”诸葛亮说过：“夫知人之性，莫难察焉。美恶既殊，情貌不一，有温良而为诈者，有外恭而内欺者，有外勇而内怯者，有尽力而不忠者。”的确，人的表面与内心往往并不一致，尽管有人喜欢“相面”，但仅从长相来判断为人往往要上当。所谓“白鸽的容貌乌鸦的心”，说的就是这个道理。那么，是不是就没有办法“知人”了呢？也不是。诸葛亮说：“然知人之道有七焉，一曰：问之以是非而观其志；二曰：穷之以辞辩而观其变；三曰：咨之以计谋而观其识；四曰：告之以祸难而观其勇；五曰：醉之以酒而观其性；六曰：临之以利而观其廉；七曰：期之以事而观其信。”《心书》时代发展到今天，我们已不能满足于“察言观色”“八观六验”的知人办法，而要采用更科学的测评方法。

一、什么是测评

“测评”，顾名思义，即测量和评价，英文中也称为 testing 或 evaluation。测量是综合运用心理学、系统工程学、数理统计、模拟数学等学科知识来为测量对象指派一个可资比较的数字，而评价就是在这些数字度量的客观基础上加以深入的主观分析。

具体的测评过程是指测评主体采用科学的方法，收集被测评者在主要活动领域中（行为事实）的表征信息，并针对某一测评的目标做出数量的表征值与价值判断，或者直接从表征信息中引发和推断出某些结论。显然，前一部分主要是“测”的工作，后一部分则主要是“评”的工作。

这里的“测”包括测评者的耳闻、目睹、体察与调查，它是以认识与评判被测评者的某些特性为目的，以科学的测量、评价工具为手段的特定的信息收集活动。“测”包括测验、探测与观测，而“评”包括评论、评价与评定，主要是针对一定测评目标的质、量、值的品评，也包括直接对被测评者的分析与评论。

虽然测评离不开测量与评价，但测评并不等于测量与评价的机械相加，它是指一种建立在对个体特征信息“测”与“量”的基础上的分析判断。在测评过程中，测评者通过“测”与“量”的活动，获得所需信息，然后将它们与确定为标准的东西进行比较。这里的比较不是仅凭测评主体的感性经验，而是积极地借助于一定的测量评价工具，把最终的比较和判断建立在对客观的行为事实与特征信息的搜集、测量和分析的基础上，并且把分析判断的结果，用语言或分数的形式进行定性或定量的转化与解释，由此反映被测评者有关特性的客观情况。具体的方法有直接调查、问卷调查、抽样调查、比较分类、因果关系分析、因素分析、典型分析、理论分析、黑箱分析、移植分析、仿真分析、工作分析、强度测定、疲劳测定、定员定额、效益测量，等等。

二、什么是人才测评

结合测量和评价这两个概念，人才测评就是对人与事之间的适应关系，进行定量和定性相结合的测量和评价。具体的表述是：在人力资源管理领域里应用专门的手段和工具，依据科学的测量和评价原理，针对特定的人力资源管理目的，如招聘、安置、考核、晋升、培训等，对人的素质进行多方面、系统的测量和评价，进而为人力资源管理与开发提供可靠的参考依据。一般而言，要测评的素质包括身体素质和心理素质两大方面，其中，身体素质主要是指身体健康状况和体力；心理素质主要是指智力和技能素质，而品德素质、认知水平和其他一些个性素质，如兴趣、动机、气质、性格等，也是人才测评的研究对象。

作为一门独立的学科，必须具备三个方面的条件：一是要有独立的研究对象，而且研究对象自身活动应有规律性；二是要有较系统的理论知识基础；三是形成关于研究对象的知识体系和方法体系。人才测评的研究对象是被测个体的各种特性，这些特性都有自己本身的规律性，而人才测评的理论知识基础是指管理学、政治学、法学、心理学、社会学，以及系统工程科学、信息科学、预测技术科学等学科。这些学科在理论和方法上对其指导，并逐渐形成更完备的关于人才测评的知识体系和方法体系，这在后面几章里会有详细的介绍。因此，人才测评已成为一门独立的学科。

三、为什么要进行人才测评

人力资源是企业最重要的资源，是企业核心竞争力的根本。我们要有效地开发人力资源，提高企业的核心竞争力，就必须珍惜人才、尊重人才、选拔人才、培养人才、爱护人才、保护人才，做到人尽其才、才尽其用。

1. 发现人才

通过人才测评，可以发现人才。中国是全世界人力资源最丰富的国家。我们要从人力资源大国逐步转变为人力资本强国，首先必须发现人才。应该承认，人才是我们的稀缺资源。中国古代有“伯乐相马”的故事，现代的确也有“伯乐”发现人才、推荐人才的事迹，但如果没有科学的制度和方法，人们就会感慨“千里马常有，而伯乐不常有”。我们采用科学的方法进行人才测评，可以使人才的选拔机制更加公开透明，更加公平有效，保证真正优秀的人才脱颖而出。“我劝天公重抖擞，不拘一格降人才”这美好的愿望就能成为现实。

2. 合理配置人才

通过人才测评，可以为合理配置人才提供科学依据。因为人才不仅有能力的差异，而且有性格、气质、动机、兴趣等方面的差异，所以，要把最合适的人才放在最适当的岗位上，必须采用科学的人才测评方法，发挥人才优势，扬长避短。尽管我们可以长期观察、深入了解人的能力和品德，即所谓“路遥知马力，日久见人心”，但是，那样做毕竟时间太长，代价太大，成本太高，而且变化太多，往往错失良机，埋没人才。所以，我们应该采用比较可靠的科学方法，及时识别人才。

3. 有效培养人才

通过人才测评，可以为培养人才、提高培训效率提供科学依据。因为任何人才总是有自己的“短板”的，如果能够根据各自不同的情况设计培训规划，就能“量体裁衣”，“对症下药”，“有的放矢”，需要什么培训什么，使培训效果立竿见影，大大提高培训的“投资回报率”。

4. 为人才进行职业生涯规划

通过人才测评，可以更加有效地进行职业生涯规划。“人贵有自知之明”，这说明我们对自己其实不一定很了解。自己到底有什么优势、有什么劣势，应该怎样发展才是理想的选择，这些问题需要有人来指点迷津。如果我们个人也进行“SWOT”分析，认识到自己的优势、劣势、挑战和机会，我们就可以更有效地规划人生，同时把自己的理想与时代的发展结合起来，与企业的战略目标结合起来，就能够如蛟龙入海、鲲鹏展翅！

第二节　人才测评的类型

测评有很多种，对不同的标准有不同的理解。以测评的内容为划分标准，有智力（能力）测评、人格测评、职业兴趣测评、运动员测评、工人测评等；以测评事件为划分标准，有日常测评、单元测评、期中测评、期末测评、定期测评与不定期测评等；以测评结果为划分标准，有分数测评、评语测评、等级测评及符号测评等；以测评活动的性质为划分标准，有动态测评与静态测评等；以测评所用方法为划分标准，有标准化的纸笔测评、投射测评、行为模拟和观察类测评、工作情景模拟的综合类测评等；以测评所用依据为划分标准，有无目标测评、常模参照性测评与效标参照性测评（常模和效标的概念后文有详细介绍）等。晋升测评一般属常模参照性测评，人员录用与招聘也多属这种测评；驾驶员录用测评属于效标参照性测评，述职、小结等写实性测评，则属于无目标测评。

本书以测评目的与用途为划分标准，将人才测评分为选拔性测评、诊断性测评、配置性测评、鉴定性测评与开发性测评。

一、选拔性测评

选拔性测评是一种以选拔优秀人员为目的的人才测评，是人力资源管理活动中经常要进行的一种测评。许多待遇优厚、层次较高的职位，通常有很多求职者，这时就需要用一种公平而科学的方法在众多的竞争者中筛选出最适合的人才，即实施选拔性测评。它的基本原则是确保测评的公平性、公正性、差异性、准确性与可比性。与其他人才测评相比，选拔性人才测评的特点主要有以下五点。

（1）整个测评特别强调区分功能。选拔优秀的求职者，实际上就是“矮子中间拔大个”“高个中间找高个”，是一种相对性的测评，特别需要测评能把最优秀的或是最适合的求职者与一般性的合格者区分开来，便于雇主录用。

（2）测评标准的刚性最强。选拔性测评的目的既然是要把最优秀的求职者与一般性的合格者区分开来，那么人们对它的要求自然就非常严格、非常精确。因此，测评的标准无论合理与否，一旦实施就不能轻易变动，否则所选拔出的“优秀者”就难以取信于民。

（3）测评过程特别强调客观性。选拔性测评的改革过程就是使测评过程不断客观化的过程。这种客观化的明显标志就是测评方法不断地数量化与计算机化。

（4）测评指标具有选择性。一般来说，其他测评类型的指标都是将素质测评目标分解后直接制定的，是测评标准的具体体现，而选拔性测评的指标允许具有一定的选择性，以客观、便于操作与相关性为前提，甚至可以是一些表面上与测评标准并不相关的指标。

（5）选拔性测评的结果或是分数，或是等级，可以直观地看出高低差别，这一点较其他测评类型特别明显。评语式的测评结果很难发挥区分的功用。

二、诊断性测评

诊断性测评的主要目的是了解员工现状和确定进一步的开发方向，主要有以下四个特点。

（1）测评内容或者十分精细，或者十分广泛。如果是为寻找问题的原因，测评内容就应该包括每个细节；如果是为了解现状，测评内容就应该十分广泛。

（2）测评的过程是寻根问底式的。一般从现象出发，层层深入，步步综合，直到找到答案。

（3）测评的结果不公开。其他各种类型的测评结果一般都公开发布，但诊断性测评的结果只供内部掌握与参考。

（4）测评具有较强的系统性。诊断性测评要求从观察、搜索表面特征与标志入手，继而深入分析问题与原因，诊断“症状”，提出矫正方案，而其他类型的测评无此要求。

三、配置性测评

配置性测评的主要目的是合理配置人力资源。现代企业的人力资源管理要求以“人”为中心，使人力资源进入最佳发挥状态。人力资源最佳发挥状态的前提是领导知人善任，员工人事相匹，最终实现人尽其才、才尽其用。实践表明，每种工作职位都有一些特定的要求，当任职者现有的特点符合职位要求时，个体的人力资源就能主动发挥作用，创造出高水平的绩效。否则，个体的人力资源就处于被动状态，低能低效。因此，在人才测评中，我们常常要运用到配置性测评。

与其他类型的测评比较起来，配置性测评有针对性、客观性、严格性、准备性等特点。

所谓针对性，主要体现在整个测评的中心与目的能够做到“有的放矢”。配置性测评的目的是以所配置的工作职位要求为依据，寻求合适的员工。整个测评活动都是围绕这一目的进行的。适用于甲职位的配置性测评不一定适用于乙职位。

所谓客观性，主要体现在测评的标准能够做到“实事求是”。其他类型的测评标准可以有一些主观发挥的成分，但是配置性测评的标准必须是实实在在的，必须以职位的客观要求为标准，不能主观判断。

所谓严格性，主要体现在测评的标准和组织实施能够做到“精益求精”。有些工作，如飞行员的驾驶工作，绝不能因为一时找不到符合标准的人员而降低要求，滥竽充数，必须坚持宁缺毋滥的原则，但也不是标准越高越好，追求人才的“高消费”。为保证人事配置的适合性，不但测评标准要严格执行，而且测评方法、测评实施过程都应该十分严格，否则，就无法保证最后测评结果的准确性与人事配置应有的效果。

所谓准备性，主要是指此类测评是在人事管理过程的初始阶段进行的基础性工作，必须为整个工作系统流程作好充分准备。依据配置性测评结果所做的人事配置，是保证工作成效的一种必要条件。随着工作要求与人员素质的变化，配置也应有所改变，不能“一配定终身”。

四、鉴定性测评

鉴定性测评又称为考核性测评，是用来鉴定与验证某些人员是否具备特定的技能、素质或具备程度大小的人才测评。鉴定性测评经常穿插在选拔性测评与配置性测评之中。

与其他类型的测评相比，鉴定性测评的特点主要有以下四点。

（1）测评的结果主要是向意在了解被试素质水平的人或主试提供成绩或证明，是对被试素质结构与水平的鉴定，而其他类型的测评结果不以此为专门目的。

（2）测评侧重于被试现有素质的价值与功用，比较注重素质的当前差异，而不是素质发展的原有基础或者发展过程的差异。

（3）测评过程具有概括性的特点，因为测评的范围比较广泛，涉及个体表现的各个方面，是一种总结性的测评，而其他类型测评更明显的特点是具体性。

（4）测评结果要求有较高的信度和效度。也就是说，鉴定性测评与其他类型测评相比，更要求所做的评定结论有据可查，而且充分全面，确实能说明要考察的问题，测评结果和评定结论保持一致。

在操作与运用鉴定性测评时，应注意几个原则：全面性原则、充分性原则、可信性原则和权威性原则。①所谓全面性原则是指测评的范围要尽量包括个体素质形成的全过程及素质结果中的所有因素，这样才能突出鉴定性测评的概括性特征。②所谓充足性原则是指每一个评价结论都要有充足的依据，是事实本身的反映而不是对事实的主观推论。这种充足性应体现在开展测评依据与测评信息的搜集与确定上。③所谓可信性原则是指测评结果要令人信服，这就要求测评的方法科学客观，所用指标具体并有代表性。所谓权威性原则是指测评主持者应具有一定的权威性和专业性，保证在测评过程中应多让一些有代表性的群众参加，从质和量两方面保证测评结果的有效性。

五、开发性测评

开发性测评，也可称为勘探性测评，是一种以开发员工新素质为目的的测评，主要目的是为人力资源开发提供科学性与可行性依据。人的素质具有可塑性与潜在性，也许目前状况下有些人还不具备某方面的素质，但很可能他具有发展的潜力，这时就需要进行开发性测评。另外，人力资源开发应该具有针对性，不同类型的人力资源应有不同的开发策略，如对于“运用型”的人应把他们培养成“实干家”，对“革新型”的人应让他们有机会接触到最新的技术资料，并对他们持宽容和鼓励的态度，对“管理型”的人应把他们培养成基层骨干人员，引导他们对集体的事情多关心、多参与。要想明确不同形态的人力资源，就必须实施开发性测评。

开发性测评的特点是勘探性、配合性和促进性。所谓勘探性是指开发性测评对人力资源带有调查性，主要了解个体的总体特性结构中，哪些是优点，哪些是缺点，哪些是显性特性，哪些是潜在特性，哪些特性有开发价值等。所谓配合性是指测评一般是与个体特性开发相配合进行的，是为开发服务的。所谓促进性是指测评的主要目的不在于评定特性的好坏优劣，而在于通过测评激励与促进各种特性的和谐发展和进一步提高。

第三节　人才测评的作用

企业为什么要进行人才测评？现代人力资源管理理论认为，人力资源是一个企业中最重要的资源，只有有效地开发和合理科学地管理人力资源，企业才能健康发展。也就是说，如果人力资源作为一种可以运转的资本，那么管理者必须对它有所了解。因此，很多发达工业国家的大企业，都会在不同程度上以一定的方式采用各种类型的人才测评。但是一般情况下，人们并不擅长进行人才评价，而且很可能对他人的看法是主观且失之偏颇的，这就不能满足组织经常要对人力资源做出尽可能准确评价的需要。因此，企业要进行科学的人才测评。具体来说，人才测评的目的和作用可以概括为以下四个方面。

一、选拔人才

根据企业经营目标所要求的人力资源规格、规模、质量来招聘人才，并将其安置到预先规定的岗位从事所要求的工作，以实现期望的绩效。在这个过程中，考查评价应聘者是否满足岗位的需要，是最关键的环节。而人才测评在其中扮演着最重要的角色。在传统的招聘过程中，组织往往只是查看履历表、申请表，进行一些非结构性的面试，便作出判断。这样的过程缺乏科学的根据，并没有根据岗位要求对应聘者进行客观的评价，对不同应聘者的评价也因为缺乏考题的统一性而没有可比性，同时，也给“开后门、拉关系”之类的不公平做法提供了可乘之机。由此可见，人才测评的目的之一就是让选拔人才有据可依，使招聘工作有效、有序地进行。

二、培养人才

企业需要培训员工的情况有两种：一是虽有预先的招聘筛选，但由于人力资源供应市场的限制，刚刚招聘进来的人不一定完全符合企业目标对人力资源的要求；二是由于企业自身的发展，原有的人力资源已不再适合当前企业发展的要求，这时就需要利用人才测评来考核现有的人力资源状况，针对人力资源现状与企业目标要求之间的差距进行培训，以满足企业的发展需求。

有一些企业并没有做培训需求诊断和计划的意识，当意识到应当对培训加以投入时，也只是同意一些个人的培训申请，或者在培训市场搜寻一些信息，来完成预算。

更恰当、更有效的方法应当是对企业的人力资源现状进行诊断评价，再根据得出的结果找到培训的切入点，这样，个人得到开发，企业也得到人力资源的提升，进而带来工作绩效的改善，使企业的投资得到丰厚的回报。所以，人才测评的另一个目标就是保证企业的人力资源可以持续发展，时刻保证企业有充裕完备的人力资源。

三、考核人才

从广义上说，考核也属于人才测评的内容。组织中的考核不仅要考核绩效，而且要考核员工的表现，包括对组织的忠诚、对工作的投入、对职务的敬业等。但总体来说，都是要对人进行考查、评价，也都需要用到人才测评的技术，使考核有效、可信、公正、客观。

组织往往因为很多理由需要对员工进行考核。除了绩效考核，企业经营环境与目标的变化，往往是企业重新审视、考查人力资源的原因。企业需要随时掌握自身人力资源的状况，确保能满足企业发展的需要，从而实现企业的经营目标，这应当成为企业的一种自觉的经常化的意识。例如，一个企业可能要启动一项巨大的投资计划，如果资金、环境条件、市场潜力都有很好的评估，唯独对实现该计划的人力资源没有恰当的考虑和配置，那么该投资计划很可能要泡汤，这是因为投资计划是离不开人的执行的。由此可见，人力资源的考核意义重大，是人才测评的一个重要目的。

这种目的的测评通常在特定的时期内进行。在大多数组织里，这种测评是每年或每半年举行一次。对新任人员则在试用期结束时就要进行一次。在新员工上班后的第一年里，对其做出数次测评也是一种普遍采用的方法。例如，纽约时代公司（New York Times Company）每年都对其所有行会和非工会员工进行测评，但不包括行业工会；而通用面粉公司（General Mills Inc.）每年都对其所有员工进行测评，但操作工、非正式员工除外，他们是每 6 个月进行一次。

四、配置人才

配置人才主要包括升职、降职和平级调动三种。随着企业内外部环境和员工本身的变化，企业原有的一些职位可能产生了新的要求，原来的职位担任者可能不再适合继续担任，需要进行职位调动。这时就需要对当前的职位进行测评，确保人与工作的匹配。事实上，为了进行职位调动进行的人才测评与前面的招聘考核原理相同，但这里的职位调动涉及优胜劣汰后的匹配，有更复杂的一面。

在一些企业中，当调动决策是针对内部候选人时，常常只根据候选人过去的工作业绩来进行调动，这是有失公正的。过去的业绩只是候选人在过去的职位上做出的，好的成绩只是表明其符合过去职位的任职要求，但并不表示其对新职位也能胜任。因此，在考查内部人选是否符合调动的要求时，过去的业绩固然重要，但更重要的是看候选人是否具备拟聘职位所要求的任职条件。也就是说，应当应用人才测评工具对内部候选人进行系统评价。

第四节　人才测评的流程

人才测评的主要流程有评定、诊断反馈、预测三方面，现实应用中三者可能有所交叉，也可能互相影响。

一、评定

在人才测评活动中，最常用的就是把被测评者的特征行为与某种标准进行比较，以确定其素质水平。

（一）评定的标准

用来比较的标准有两种：一种是与测评对象本身无关的客观要求，如“效标”（criterion）；另一种是根据测评对象制定的“常模”（norm）。

所谓效标是指与被试群体无关的外部客观标准，它是明显无所争议的（如任职资格标准），是统一规定的，不会因测评对象群体性质的改变而变化。例如，在一般的百分制考试中，对于任何人而言，60 分就是通过，那么 60 分就是效标。

所谓常模就是特定群体的“效标”，如同样的百分制考试，在某个群体中分数都偏低，那么对于这个群体而言，55 分可能就被定为通过分，就是这个群体的成绩参照“常模”。当然，常模作为一个统计学指标，要求更加严格，其实质是一组具有代表性的被试样本的测验成绩的分布结构。所用指标主要有两个：一个是成绩的集中趋势，通常用平均数来表示；另一个是离散度，反映成绩的分散状况，通常用标准差来表示。

常模的作用就是提供一种科学可信的参照标准，来说明某一测验成绩在同类被测中所处的水平。例如，对于常用的智力测验，不同年龄段的算分标准不同，同样答对了 10 道题的个体，我们不能立即判断他是否达到了平均水平，而是要把他放到相应的群体中去判断。如果他是 8 岁以下，和 8 岁以下的常模比较他就达到了平均水平，而如果他是 20 岁以上的成年人，那么换成相应的常模一比较，他就是智力水平偏低了。

我们对测验成绩进行解释时不能直接用原始分数，而应将原始分数与常模相对照，然后做出可靠解释。常用的就是常模参照解释和效标参照解释。

常模参照解释与效标参照解释的区别在于：常模参照解释是将应试者的成绩与同类群体其他人（常模样本）的成绩进行比较，而效标参照解释是将应试者的成绩与外在效标（如卡车驾驶员的标准）进行比较。例如，实施一项驾驶员考试之后，如果将应试者与其他人的成绩相比较，我们就可以知道该应试者的驾驶技术知识是优秀、一般，还是较差，这就是参照常模进行的分数解释；如果将应试者的成绩与驾驶员等级标准（效标）进行比较，就可以知道该应试者是否达到了合格驾驶员的水平，这就是参照效标进行的分数解释。

无论是采用常模还是其他什么标准，通过直接或间接的比较，任何人的素质都会被确定在一个相应的位置上，以表明个体素质的优劣与水平高低。如果人才测评缺乏评定功能，那么就纯属一般的调查与了解。因此，可资比较的标准在人才测评中非常重要。

（二）评定的作用

首先，评定的作用一旦顺利实现，就可以促进个体提升自我素质，促进形成统一认可的规范，为人力资源管理带来积极效应。社会心理学研究发现，自我评价、他人评价与群体评价是衡量一个人素质高低的三个重要参数。通过自我测评和群体测评，一个人便具有了对他人和对自己的行为标准。一个人的行为基本上是按这个标准进行调整与安排的。调整的需要好像是在无意识中产生的。个体仿佛是自动地调整自己的行动去适应所确认的素质测评标准，以提高自己在这些标准上的测评分值。从人的自我意识的发展过程来看，通过他人测评、自我测评与群体中互相测评，每个人都能够认识自己的特点、优点和缺点各是什么，亟待改进的是什么，社会与工作需要的是什么、不需要的是什么，由此激发与产生改善自身修养的愿望和行为。因为人才测评的最后结果，既有热情的希望又有真诚的批评，所以通过测评可以把人力资源管理者的开发期望与被测评者的自我修养有机地结合起来，促进个体素质的进一步提高。

其次，评定的作用还表现在对个体的激励与强化上。每个人都有自我尊重与超越上进的愿望，希望自己在测评中取得好成绩。获得肯定性评价的行为将会趋于高频率出现，而获得否定性评价的行为将趋于低频率出现。有效的人才测评可以促使个体素质的培养和发展朝着社会所要求的方向进行强化。它从外部激发个体的内部动机，使培养者与修养者的动机处于积极向上的激活心态，从而产生动力、压力与活力，激励他们进行素质开发的行为更加自觉和积极，促进与提高被测评者的素质水平。

最后，评定的作用还表现在对员工自我修养和发展的导向上。测评的实践表明，测评过程中哪种素质的权重或分值比例越大，哪种素质就备受人们重视；反之，则受忽视。这种现象在鉴定性测评和选拔性测评中，表现尤为明显。因此，在人力资源中，应注意发挥人才测评的导向作用。

二、诊断反馈

人才测评活动的另一个特征是它搜集信息的广泛性与科学性。任何种类的人才测评都必须广泛而系统地搜集各种素质特征信息，然后在充分占有材料的基础上做出分析。因此，无论是在搜集信息的过程中，还是在做出评价之时，测评者都要涉及素质形成、人力资源管理与开发的方方面面。有些问题甚至要深入到根源处才能有结果。这样，测评者可以通过测评，对人力资源管理的全过程和人力资源开发的效率与效果有一个全面而细致的了解。加之测评是根据统一的标准按一定的方法来进行的，因此，对于效果好的测评，可以找出决定因素在哪里；对于效果不好的测评，也可以找出问题在哪里。如果测评者把所有这些信息都加以整理、记录，并转达给被试、上级领导或其他相关者，那就是反馈了。它可以让被试、上级领导或其他相关者了解与掌握人力资源开发的进程及素质形成的情况。

诊断反馈作用在人力资源管理的实践中可以表现在向人力资源管理提供咨询和参

考依据上。一般来说，进行素质测评活动之后，对于诸如以下问题都可以做出有根有据的回答：人力资源管理的目标制定是否科学合理？人力资源的配置是否科学合理？人力资源的开发方式选择是否得当？等等。在人才测评过程中，由于测评系统而全面地掌握了个体素质形成的过程，找到了一些问题的原因所在，明确了各个被测评者的优劣，就能有的放矢地在众多的开发方案中选择出一个最为有效的、能抓住素质形成与发展的关键点进行优化开发。

在人力资源管理的实践中，诊断反馈作用还可以表现在对测评本身的调节和控制上。从控制论角度来看，根据人才测评结果进行的开发和培养实际上也是一个调节与优化个体思想和行为发展方向的过程。

三、预测

人才测评的结果，尤其是心理素质测评的结果，是在对个体现在及过去的一些极具代表性的行为全面了解与概括的基础上，来判断个体心理、行为的特点和倾向。换句话说，我们并不是根据单个的特征行为来测评个体素质的，这些一定数量的特征行为对个体特性的揭示具有一定的必然性，因此人们可以依据这些表征行为发展的历史轨迹及趋向，对被测者的心理和行为发展进行某种预测。这种预测的有效性取决于所测特征的稳定性程度。

预测作用在人力资源管理中的主要表现是有助于员工的选拔。个体素质在数量与质量上的差异，是确认不同个体间差异的重要依据。测评的预测功能使人才测评的结果具有一定的前瞻性和后效性。换句话说，我们可以根据预测的结果，开发人才的潜力；同时，个体素质的差异会有一定的延续性，我们也就可以根据各个被测评者目前的素质差异来了解他们将来的发展差异。

第五节　人才测评的发展

人才测评的发展经历了从心理测验、能力测验、性格测验、职业心理测验到价值观测评和态度测评的转变。

一、心理测验

心理测验起源于实验心理学中个别差异研究的需要。1879 年，德国心理学家威廉·冯特（Wilhelm Wundt，1832～1920 年）在德国莱比锡大学设立了第一所心理实验室，实验中发现，个体的行为相互间存在个别差异，个别差异的确定引起了心理测量的需要。心理测验的发展大约可以分为萌芽时期、成熟时期、昌盛时期与完善发展时期。

1869～1904 年，心理测验处于萌芽时期。在这一时期，心理测验尚未形成自己的体系，依附于实验心理学与个别差异的研究而存在，测验的内容大都限于感觉-动作或简单反应时间的测量，属于简单身体素质测评。

1883 年，英国优生学家高尔顿（F. Galton）在《人类才能及其发展的研究》一书中首先提出了“测验”这个术语，1884 年他创设了“人类学测量实验室”，6 年间测量了 9337 个人的身高、体重、视力、听力、色觉等素质特征。1890 年，美国个性心理学家卡特尔（J. M. Cattell）发表了题为“心理测验与测量”的论文，介绍了他编制的第一套心理测验，这套测验共 10 个题目，主要测量个体的感觉能力与动作过程。1894 年，卡特尔首先用这种测验方法测量哥伦比亚大学的学生，使测验走出实验室，直接应用于实际。

1905～1915 年，心理测验发展到成熟时期。19 世纪后期，德国的冯特、英国的高尔顿、美国的卡特尔都对感觉能力的测量进行了研究。然而对心理测量的发展影响最大的应属法国的比奈，他与医生西蒙合作于 1905 年编制的比奈-西蒙量表，是世界上第一个标准化的心理测验。

1916～1940 年，心理测验处于昌盛时期。这一时期，不仅智力测验在广度与深度上有了突破性的发展，而且一般能力测验、特殊能力测验、人格测验相继出现，心理测验在理论上得到完善，在应用上得到了空前的发展。测验的表现形式，由文字扩展到图形、操作等非文字的智力测验，由直接的测量扩展到投射与预测的测验，测验的功用由研究走向社会服务。

第一次世界大战期间，美国运用智力测验挑选士兵，防止低能和不合格的人进入部队，后来该方法又被广泛运用于军官的选拔与安置。1937 年，卡特尔编制了 16 因素测验。1938 年，瑟斯顿（Thurstone）发表了《主要的心理能力》论文，概括出 7 种主要的智力：知觉速度、推理能力、语词理解、语词流畅、空间知觉、记忆和计算能力。同年，默里（Murray）与摩根（Morgan）编制了投射测验之一的主题统觉测验。第二次世界大战期间，美国又编制了一般分类测验，简称 GCT，借以预测军人的能力。第二次世界大战后，美国将测验应用于服务行业，兴起了职业测验的浪潮。

1941 年到现在，心理测验处于完善发展时期。在这一时期，心理测验一方面接受教育评价运动的挑战；另一方面在测验的理论、技术与编制方法方面，都有非常大的进步。20 世纪 40 年代初，哈瑟韦（Hathaway）和麦金利（Mckinley）编制了调查个人适应和社会适应的明尼苏达多相人格测验（MMPI）；1953 年，艾森克（Egsenck）夫妇编制了人格（个性）问卷（EPQ）。这一时期，还兴起了职业性向与职业技能测验的新高潮，用于挑选各行业的职员与管理人员。

从心理测验的起源与发展可知，心理测验产生于对个别差异鉴别的需要，它广泛应用于教育、企事业人员的挑选与评价。在这一过程中，人们编制了许许多多的心理测验。其中，比较有影响力的心理测验包括比奈-西蒙智力测验（1905～1911 年）、斯坦福比奈儿童智力测验（1916 年）、罗夏（Rorschach）墨迹测验、默里与摩根的主题统觉测验（EPQ）、卡特尔的 16 因素测验、皮亚杰（Piaget）的故事测验、科尔伯格（Kohlberg）的两难故事测验、雷斯特测验形式等。在所有的心理测验定义中，阿纳斯塔西（Anastasi）所下的定义比较确切：心理测验实质上是行为样组客观的和标准化的测量。

这个定义告诉我们如下几方面的内容。

（1）心理测验是对行为的测量。这些行为主要是心理的而不是反射性的生理行为（打喷嚏、打呼噜等），是外显行为而不是内部心理活动，是一组行为而不是单个行为。

（2）心理测验是对一组行为样本的测量，即所测量的是有代表性的一组行为。任何个体在不同时间、空间与条件下的行为表现是不尽相同的，如果我们所测评的行为抽样不同，所得到的结果就会不同。

（3）心理测验和行为样组不一定是真实行为，而往往是概括化了的模拟行为。例如，罗夏墨迹测验，答题行为均不是真实的行为，而是一种间接的行为反应。

（4）心理测验是一种标准化的测验。所谓标准化，在这里指测验的编制、实施、记分及测验分数解释程序的一致性，这是测验的内在要求。因为要使测验的最后结果具有可比性，测验的条件就必须具有等同性或统一性。

（5）心理测验是一种力求客观化的测量。

从上述所有测验中可以看出，这些测验所采用的种种技术，如采用问答、填空、选择等客观性试题，都是尽可能排除人为的主观影响。然而值得注意的是，这些测验并不能完全客观化。

二、能力测验

能力测验用来测定应征者成功完成某些活动所必须具备的个性心理特征。按能力种类划分，能力测验又可以分为一般能力测验和特殊能力测验。

一般能力是指大多数活动所共同需要的能力，是人所共有的基本能力、普通能力。观察力、注意力、思维力、想象力等，就是通常所说的智力。特殊能力是指为完成某项专门活动所必需的能力，其只在特殊活动领域内发挥作用，如机械运动能力、数学能力、音乐能力、写作能力等，都是完成相关活动必不可少的能力。

（一）智力测验

智力测验是通过测验方法来衡量人的智力水平高低的一种科学方法，由于人们常把智力看作是各种基本能力的综合，所以智力测验又可称为普通能力测验。智力测验的项目如表 1-1 所示。

常用测验有韦克斯勒成人智力测验量表。韦氏成人量表可以用来测量 16～17 周岁成年人的智力水平。量表包括言语量表和操作量表，分别包括 6 个和 5 个分测验（表 1-1），这些分测验从各个侧面来测量智力。在施测时，按言语和操作两个方面交替进行。韦氏成人量表是一种个别测验，每测一名被试需用 1.5～2 个小时，而且由于是单独施测，所以人力、财力花费较高，在选拔中并不常用。但是它在管理能力上有较好的效度，所以在选拔高层管理人员时比较有效。使用这一量表时，需由训练有素、有丰富经验的管理学家担任主试，以保证评分和分数解释的准确性。

表 1-1　智力测验的项目

测验项目	内容
言语量表	
常识（一系列有关人类日常生活的开放式问题）	知识广度
理解（一系列有关人们对社会规则了解的开放式问题）	实际知识与理解力
心算（所有问题是难题形式，以解决的正确性及所需时间计分）	算术推理能力
类同（阅读配对名词，分出其共有的特质）	抽象能力与鉴别能力
背诵数字（主试读出数位数字，由被试依记忆重复）	注意力与记忆力
词汇（被试对所给难度逐渐增加的字加以定义）	语言知识与表达能力
操作量表	
译码（一连串符号均各有一个数字为其代码，在限定的时间内，看着符号写出正确的数字代码）	学习与书写的速度
填图（指出每张图片中遗失缺漏的部分）	视觉的记忆与理解
积木图案（将积木尽快依图示拼凑成与图式相同的形象）	视觉的模式分析能力
图片排列（尽快将图片部分拼成一副完整的图画）	对社会情景的理解力
图像组合（在限定的时间内将图像部分拼凑完整）	处理部分与整体关系的能力

瑞文测验也是常用的一种智力测验，它是一种非文字测验，试题是一系列彩色或黑白的图形，右下角缺了一块，要求被试从这些图形的变化中找出规律，然后在下面提供的 6 小块或 8 小块图形中挑选一块最合适的填补上去，使图形完整。瑞文测验是一种团体测验量表，因此使用较为方便。评分时正确得 1 分，错误得 0 分，然后按总分及被试的年龄即可在常模表中查到其智商分数。瑞文测验具有一般文字智力测验所没有的特殊功能，由于是用图形方式出题，所以其对语言有障碍的被试、少数民族被试都适用，是一种比较公平的测试；并且由于其题量少，评分简单，所以施测时省时省力，是进行大规模智力筛选和考查的理想工具。

（二）特殊能力测验

特殊能力反映人们在某些方面的特长和技能，通过对这些特殊能力的测量可以推论、评估人们的较高层次的能力。有许多职位对任职者某方面的能力会提出一定的要求，这时运用特殊能力测验就可以为选拔提供依据。这类测验包括机械能力测验、文书能力测验、音乐美术能力测验等。贝内特机械理解测验就是机械能力测验的一种，它可以测量被试对机械关系和物理定律的理解能力。它以图形加问题的形式，要求被试根据图形回答问题。机械能力测验主要用来衡量人对机械原理的理解、对空间形象速度的判断，以及手眼协调的运动能力。该测验应用范围较广，有效对象为机械工程设计师、修理工、艺匠和工程师等职位的应聘者。文书能力测验包括与智力测验类似的题目，以及测量知觉速度和准确性的题目，因为文书工作需要较强的言语、数学能力，敏锐的洞察力，而且动作敏捷等，所以文书能力测验主要用于测验个人打字、速记、簿记、处理文书和联系工作的能力。

（三）多重能力倾向测验

测量人的各种能力，可以为每种特殊能力编制单独的测验，但这样往往比较费时，在人事选拔中也难以实现，因此有必要使用能同时测定几种能力的测验，多重能力倾向测验就可以满足这一要求。能力倾向是一种潜在的能力素质，即有效承担某项工作或成功履行某种职责的可能性，而并非已经具有的现实智能水平。它表现为一个人在一定环境中经过适当学习训练，能够做什么的潜力，即一个人能学会做什么。能力是由先天因素、后天学习和社会实践而形成的完成某项工作或活动的智能水平，或者说是从事某种活动（如承担某项责任、完成某项任务等）现已具有的主观条件，而不需进一步训练。因此，能力倾向既不同于智力，也不同于人在某方面接受教育和训练获得的专业知识和技能，它具有相对广泛性，可以影响一个人在各种领域中多种活动的效率。能力倾向还具有相对稳定性，它是由个人多年生活学习和实践积累形成的稳定的心理特征，很难改变，虽有可能改变，但不可能在短时期内迅速提高。

能力倾向测验就是用来测量与某些活动有关的一系列心理潜能的考试，能同时固定多种能力倾向。在各种人员的选拔方案中，能力倾向测验都被认为是必不可少的部分。这种测验主要有基本心理能力测验（PMA）、普通能力成套测验（GATB）及鉴别能力倾向测验（DAT）等。GATB 由 8 个纸笔测验和 4 个仪器测验组成，可以测量 9 个因素：言语能力、数字能力、空间能力、一般学习能力、形状知觉、文书知觉、运动协调、手指灵巧、手的敏捷。这 9 个因素中的不同因素组合代表着不同的职业能力倾向，如数字能力、空间能力强和心灵手巧的人适于从事设计、制图作业及电器职业，因此 GATB 也常用来测定应征者的职业倾向，进行职业指导。

（四）行政职业能力倾向测验

行政职业能力倾向测验（AAT），是国家公务员录用考试公共科目的重要组成部分。它有利于帮助人事部门了解考生从事行政工作的潜能，避免选人过程中出现“高分低能”的现象。AAT 成绩的优劣，将在很大程度上决定应试者能否加入公务员队伍。

AAT 属于一种潜能测试，即考查应试者在未来从事公务活动中潜在的能力素质，考查应试者有无成功履行公务员职责的可能性。因此，它既不是一种理论知识的考试，也不同于行政职业能力测验，而是介于两者之间。通过 AAT 只能说明应试者具备了进入国家机关工作的必要条件，即 AAT 只是在一定程度上体现了对公务员最低限度的要求，还需综合其他测评结果才能决定录用与否。

在内容结构和表现形式上，AAT 有测验面宽、题量大、题型稳定、题本与答卷分离等特点。该测验通常包括以下五个相对独立的分测验，共 150 题。

（1）知觉速度与准确性测验。考查应试者对数字、字母等视觉符号快速和准确地感觉、比较、转换、加工的能力，涉及感觉、知觉、短时记忆、判断等心理过程，是一种典型的速度测验。这一份测验不仅单独计时，并且答错要倒扣分。

（2）数量关系理解测验。测验题目所用的数学知识都很简单，主要以此考查应试者的算术能力。

（3）言语理解与表达测验。考查应试者对文字材料的理解、分析和运用能力。

（4）资料分析测验。以图形、表格文字表达的统计资料往往包含大量信息，如何准确理解、综合分析这些信息，是公务员必须具备的重要能力。

（5）判断推理实验。该实验涉及对图形、词语概念、事件关系和文字材料的理解、比较、演绎及综合判断，它的强弱反映一个人对事物本质及事物间联系的认知能力的高低。公务员必须具备较强的判断推理能力。

AAT 的测试内容主要以文字、数表和图形三种形式表现，一律采用客观性的标准化试题。与一般的标准化考试不同，AAT 有较严格的时限要求，其中，知觉速度和准确性测验的一道试题平均作答时间仅为 10 秒钟。在规定时间内不能完成所有题目是常有也是正常的现象。因此，AAT 的作答要求应试者思维敏捷，能迅速把握题意，并马上做出反应。

在测验实施上，AAT 也较为严格。由于有较多的时间限制，所以要求程序严密，操作规范。主试应严格按施测程序操作，并控制考生按指令作答，才能保证测试的有序进行。

对于考生来说，该测验测试的是个人由多年生活、学习和实践积累形成的稳定的心理特征。因此，既不能靠短时突击的死记硬背提高成绩，也没有相应的教学大纲或教材可以遵循。其实，AAT 测试题目并不难，如果有足够时间的话，多数人都可以取得较好的成绩。但若在时间有限、题量又大的紧张状态下，有些考生就难以正常发挥了。因此，它不仅是考生潜在能力水平的竞争，也是应试者胆识、意志力、信念、适应性等心理品质经受全面考验的过程。因此，只有以自信、乐观的心态接受考试，严格按照主试的指令答题，才能正常发挥，取得客观、真实的成绩。

（五）创造力测验

创造能力指产生新思想、发现和创造新事物的能力，是更高级的思维层次。在人员招聘选拔中，几乎所有的组织都倾向于选拔有创造力的员工，创造力往往会给组织带来意想不到的收益。因此，在心理测评中，创造力测验是非常重要的衡量创造性的工具。

主要的创造力测验有南加利福尼亚大学发散性思维测验、托兰斯创造性思维测验和芝加哥大学创造力测验等。以南加利福尼亚大学发散性思维测验为例，它主要以发散性思维（一项重要的创造性思维）为测量内容，由 14 项测验组成，分别要求被试对言语和图形内容做出反应，如迅速写出含有“O”字母的单词（词语流畅性）；列举如果人不睡觉可能会产生的后果（对事件后果的估计）；在给定的图形上增加线条，使之成为可辨认的物体（绘图）；移动指定数目的火柴以形成特定数目的正方形或三角形（火柴问题），等等。该测验适用于中学文化水平以上的人，具有良好的信度。现有的这些创造力测验多属于开放性题目，因此评分往往带有较大的主观性。在使用这一类创造力测验时，应严格参照评分标准进行评分，并且主试要经过严格训练，这样才能保证测验结果的可靠和有效。

三、性格测验

常用的性格测验主要有以下几种。

（一）明尼苏达多相人格测验

明尼苏达多相人格测验（MMPI）是问卷法的一种，它可以同时测量多种特质，因此被称为“多相”测验。MMPI 由 566 题组成，其中 16 题重复出现，以检验被试反应的一致性和做题的态度。被试只对每个问题根据自己的实际情况选择“是”（T）、“否”（F）两个中的一个。一般耗时 1 小时左右。MMPI 有 10 个临床量表，可以得到代表 10 种人格特质的分数，如表 1-2 所示。

表 1-2　MMPI 量表所示人格特质

序号	临床量表	符号	高分的解释
1	疑病	Hs	强调身体的疾病
2	抑郁	D	不快乐、抑郁
3	歇斯底里	Hy	对应激的反应有问题
4	精神病态	Pd	与社会缺乏一致性，经常处于法律纠纷之中
5	男性化-女性化	Mf	女性倾向（男子），男性倾向（女子）
6	妄想狂	Pa	多疑
7	精神衰弱	Pt	烦恼、焦虑
8	精神分裂症	Sc	孤独、古怪思想
9	轻躁狂	Ma	冲动、激动
10	社会内向	Si	内向、害羞

MMPI 还包括四个与效度有关的量表——疑问量表、说谎量表、效度量表、校正量表。它可以用来考查被试的作答是否可信、态度是否认真、是否有较强的防御机制，或者是否在回避问题、伪装疾病等。通过被试的回答可以得到其原始分，必须先将原始分转化为标准分（对照常模表），然后标注在剖面图上。将各量度表的标准分点按顺序连接起来，就得到被试的 MMPI 剖面图。通过对剖面图形态的研究，可以对被试的多相性格做出合理解释。

MMPI 的优点是题目较多，能够全面地测量个性特质的各个方面，信度效度较高。但由于题目多，也会影响被试做题时的情绪，并且它对各种性格特质的描述多用病理上的名词，用在正常人身上不是很合适。一般来说，MMPI 的施测和评分并不困难，但在对剖面图的分析上，必须是有丰富临床经验的心理学家才能够承担。所以在实际运用中，MMPI 还有一定的局限性和较高要求。

（二）卡特尔 16 种个性因素问卷

卡特尔 16 种个性因素问卷，简称 16PF，适用于 16 岁以上的人群，它可以在约

45 分钟里测量互相独立的 16 种个性因素（表 1-3）。

表 1-3　卡特尔个性量表中的 16 种人格特质

因素	特质名称	低分者特性	高分者特性
A	乐群性	缄默孤独	乐群外向
B	智慧性	迟钝、学识浅薄	聪慧、富有才识
C	稳定性	情绪激动	情绪稳定
E	好强性	谦逊顺从	好强固执
F	乐观性	严肃审慎	轻松兴奋
G	有恒性	权宜敷衍	有恒负责
H	敢为性	畏怯退缩	冒险敢为
I	敏感性	理智、着重实际	敏感、感情用事
L	怀疑性	信赖随和	怀疑、刚
M	幻想性	现实、合乎成规	幻想、狂妄不羁
N	世故性	坦白直率、天真	精明能干、世故
O	忧虑性	安详沉着、有自信心	忧虑抑郁、缺乏自信
Q1	实验性	保守、服从传统	自由、批评、激进
Q2	独立性	依赖、附和	自立、当机立断
Q3	控制性	矛盾冲突、不明大体	知己知彼、自律严谨
Q4	紧张性	心平气和	紧张困扰

16PF 还能根据实验统计结果所得的公式推算出许多种可以形容人格类型的次级因素，见表 1-4。这些次级人格因素并不直接用原始分准算，而是由几个有关的基本因素的标准分，经过数量权衡，连同指定常数相加而成的。常数和均衡数量的多少是由卡特尔根据多年的研究统计分析结果获得的。

表 1-4　卡特尔个性量表测定的人格类型

双重个性因素	高分者特性	低分者特性
适应与焦虑性	焦虑性高，易激动，易出现不满意感	焦虑性低，生活适应顺利，可能对困难的工作缺乏毅力
内向与外向型	外向，开朗，善交际，不受拘束	内向，趋于胆小，自足，和别人交往时拘谨、克制
感情用事与安详机警型	安详机警，富有事业心，果断，刚毅，但也易贸然行事，不顾后果	感情用事，情感丰富，含蓄敏感，性格温和，讲究生活艺术
怯懦与果断型	果断，独立，有气魄，有攻击性，有创造性	怯懦，顺从，被动，依赖，迎合迁就别人

此外，卡特尔还利用因素分析法演绎出了估量各种行为及其有关人格因素分数高低标准的特殊公式，包括评定心理健康者的个性特质公式、创造性强者的个性特质公

式、专业而有成就者的个性特质公式，以及在新环境中有成长能力的个性特质公式等。这些公式可以作为心理咨询或升学指导的诊断工具。

16PF 具有较高的信度和效度，编制比较科学，施测、评分和解释都比较方便。因此，16PF 是国际上颇有影响的一种人格测验，得到了非常广泛的运用。

（三）加利福尼亚心理测验

加利福尼亚心理测验（CPI）是由美国加利福尼亚大学心理学教授高夫设计的一种个性测验。该测验有一半题目来自 MMPI，另一半反映青少年和成人的个性。但与 MMPI 不同的是，CPI 更强调人的正常个性特质。CPI 由 480 道题目组成，可分成如表 1-5 所示的 4 个量表群，共 18 个分量表，每个分量表都可以评估一种在社会交往中表现出的个性特征。

表 1-5　CPI 的量表群及其分量表

量表及所测因素		分量表	内容
第一量表群	人际关系 社会适应性	支配性 上进心 社交性 自在性 自尊心 幸福感	领导能力、支配性和主动性 个人争取达到某种社会地位的能力和技术的程度 个人参与社交和人际关系的程度 在社交时的自在性和自信的程度 自我价值、自我接纳、独立思考与行动的程度 身心健康和自我满意的程度
第二量表群	社会化 成熟度 责任心 价值观	责任心 社会化 自制力 容忍性 好印象 从众性	责任心和诚实的程度 社会成熟程度和正直性程度 自我控制的程度 对人对己的宽容程度 社会认可性和可靠程度 个人与一般人符合的程度
第三量表群	成就潜能 智力水平	遵从成就 独立成就 智力水平	对成就关心或要求的程度 对社会自主及促进其成就的关心程度 智力程度
第四量表群	生活态度和倾向	共鸣性 灵活性 女性化	一个人对他人的需要、动机和兴趣的敏感程度 个人变通能力 个人的女性化程度

CPI 适用于 13 岁以上的正常人，可以个别施测，也可以团体施测，因此该量表使用很方便，应用也非常广泛，尤其是在企业职业选拔中表现出较高的实用价值。该量表适合于正常人的个性评定，除测量被试现在的性格特征外，还可以预测被试今后的学业成绩、犯罪倾向和职业成功的可能性等。如果被试几乎所有的分数都超过平均标准分数线，则表明他可能在社交和智力两方面都发展得较好。相反，则表明其可能在人际关系适应上发生困难。因此，用 CPI 可以测出行为异常、情绪不稳定者，减少这些人对组织发展的不良影响，确保录取人员行为和情绪的正常，并根据各岗位的职责要求选拔个性特点适宜的员工。

（四）投射法性格测验

投射法是间接测量人格的一种方法，它使用投射技术唤醒被试的内心世界或个性的不同表现形式，从而根据被试的反应来分析和挖掘其内在的需要等心理状态。

投射技术使用含糊、模棱两可的刺激材料，让被试在不受限制的情况下，自由做出反应，不知不觉地表露出自己的人格。在投射测验中，被试一般不清楚测验的目的，因此可以较大程度地避免防卫机制的出现。与问卷法不大一样，投射法主要关注对性格的总体评估，而不是个性因素的逐个描绘。投射法测验通过被试对不明确情景的自然反应（使潜意识中的欲望、冲突得以流露），从而整体地研究人格。因此，在问卷法中难以触及的潜意识，在投射测验中很可能表露出来。

罗夏墨迹测验是一种比较经典的投射法测验。这一测验向被试逐一展示 10 张没有内容、没有意义的墨迹图，然后问被试“你看到什么”“它像什么东西”“它让你想到什么”，等等，让被试完全根据自己的联想和感受自由回答。主试则把被试的反应都详细地记录下来，然后根据计分规则评分并解释测验结果。然而，罗夏墨迹测验的评分和解释是一项极为费时费力的工作，而且做起来非常困难，只有训练有素且临床经验非常丰富的心理学家才能掌握和熟练运用这种方法。此外，测验适宜个别进行，不适宜大规模使用。

主题统觉测验（TAT）也是一种著名的投射测验，它的材料是 30 张印有人物、风景的图片，以及 1 张空白卡片，对不同的被试选用不同的图片施测。被试的任务是根据不同的图片自由编造一个有戏剧性的故事，主试则记录被试的叙述及各种其他反应，也可以要求被试把故事写下来。主试在测验后还应与被试谈一次话，以便深入了解故事的内容。个人根据图片所编造的故事与他的生活经验有密切关系，因此在编造故事时，常常不自觉地把个人的心理活动和潜意识投射到故事中去。因此，通过对故事的分析，可以揭示被试的一些主要的动机、情绪和个性等。TAT 的特殊价值就在于它不但展示个体潜在的被压抑的倾向，还能整体地描述个性。

投射法性格测验都是以被试的自由想象和发挥为中介，从而推论被试内心潜伏的心理欲望、心理冲突等总体的人格特征，并可以同时考察个人的智能、创造力、解决问题的能力。它对测验结果的评分和解释有非常大的主观性，对主试要求也非常高，是一种比较费时、费力的测验方法。但它是对问卷法测验的补充，可以揭示人格中不易显露的一面，因此，该测验虽然不能广泛地运用于人事考评中，但仍具有一定的实用价值。例如，可以适当地用于评价高级总裁职位的候选人，作为选拔决策的一项重要依据。

四、职业心理测验

前面已提到，了解应征者的职业心理因素所属的类型及特点，即职业倾向、职业兴趣等，无论对于应征者自己确定合适的求职目标，还是对于用人单位预测应征者在某职业中的可能的成就和发展以作为选拔依据，都是非常重要的。要把握个体的职业心理特性，可以凭经验作出判断，但为了使评估更客观和有效，还是应使用职业心理测验量表。

（一）霍兰德职业倾向测试

霍兰德职业倾向测验量表是常用的职业心理量表之一，是由美国职业指导专家霍兰德在他本人大量的职业咨询经验及他所创立的“人格类型”理论的基础上编制的测评工具。霍兰德在其一系列关于人格与职业关系的假设基础上，提出了六种基本的职业类型，并解释了这六种职业类型基本的人格倾向，如表1-6所示。

表1-6 霍兰德职业类型

职业类型	基本的人格倾向
实际型	喜欢有规则的具体劳动和需要基本操作技能的工作，但缺乏社交能力，不适应社会性质的职业。其典型的职业包括技能性职业（如一般劳工、技工、修理工等）和技术性职业（如软件开发工程师、摄影师、机械装配工等）
研究型	具有聪明、理性、精确、批评等人格特性，喜欢抽象的、分析的、独立的定向任务等研究性质的职业，但缺乏领导才能。其典型的职业包括科学研究人员、工程师等
艺术型	具有想象、冲动、直觉、理想化、有创意、不重实际等人格特性，不善于事务性工作。其典型的职业主要分布在艺术领域（如演员、导演）和文学领域（如诗人、剧作家等）
社会型	具有合作、友善、善社交、善言谈、洞察力强等人格特性，喜欢社会交往，关心社会问题，有教导别人的能力。其典型的职业包括教育工作者与社会工作者
企业型	具有冒险、有野心、独断、乐观、自信、精力充沛等人格特性，喜欢从事领导及企业管理相关的职业。其典型的职业包括政府官员、企业领导等
传统型	具有顺从、谨慎、保守、实际、稳重等人格特性，喜欢有系统有条理的工作。其典型的职业包括办公室人员、会计、打字员等

霍兰德职业偏爱测验量表通过让应征者在一系列工作中做出符合自己意愿的选择的方式，统计分析所有被选的答案，来发现和确定应征者的职业兴趣和能力特长。这一量表共由七个部分组成。

第一部分，你心目中的理想职业（专业）。要求填写最想从事的三种工作或最想读的三种专业。

第二部分，你所感兴趣的活动。在分归于六类的60种活动中，用选择“是”“否”的方式回答“你喜欢从事下列活动吗”的问题。

第三部分，你所擅长或胜任的活动。在分归于六类的60种活动中，选出你能做或大概能做的事，在“是”栏里打“√”，否则，在“否”栏里打“×”。

第四部分，你所喜欢的职业。在分归于六类的60种职业中选出自己感兴趣的职业。

第五部分，你的能力类型简评。评定自己在六类职业能力方面的大致水平。

第六部分，统计和确定你的职业倾向。将各部分中各类的测验分数（即选“是”的个数）填到得分表中，并相加得到总分。然后将六种职业倾向得分按高低排列。

第七部分，你所看重的东西——职业价值观。从所附的九项工作价值标准中选出你认为最重要和最不重要的两项因素。

测验完成后，可以对照职业索引表，判断被试的职业兴趣及适合被试的职业类型。这一量表使用非常简单，在职业指导和人才选拔中运用十分广泛。

（二）气质测试

气质是个人相对稳定的心理动力特征，它使人的日常生活带有一定的色彩，形成一定的风貌。构成气质类型的心理特征有感受性、耐受性、反应的敏捷性与灵活性、可塑性与稳定性、外倾性与内倾性、情绪兴奋性。这些不同的心理特征构成了四种不同的气质类型：多血质、胆汁质、黏液质和抑郁质（表 1-7）。一般来说，具有某种典型气质特征的人是很少的，三种气质的混合型也很少，多数人是近似其中某一类型或者是两种类型的混合。

表 1-7　气质与神经类型的行为特点

气质与神经类型	强度	均衡性	灵活性	行为特点
胆汁质/兴奋型	强	不均衡	不灵活	攻击性强，易兴奋，不易约束，不可抑制
多血质/活泼型	强	均衡	灵活	活泼好动，反应灵活，好交际
黏液质/安静型	强	均衡	惰性	安静，坚定，迟缓有节制，不好交际
抑郁质/抑制型	弱		不灵活	胆小畏缩，消极，防御反应强

气质在人的实践活动中不起决定作用，但有一定的影响，主要表现在它可能影响活动的效率。例如，要求做出迅速灵活反应的工作，具有多血质和胆汁质的人比较合适，而黏液质和抑郁质的人则较难胜任。反之，要求持久细致的工作，黏液质、抑郁质的人较为合适，而多血质、胆汁质的人又较难适应。显然，为了提高工作效率，不同职位和岗位对员工的气质特性有特定的要求，否则是难以适应和胜任工作的。华东师范大学俞文钊教授研究发现，多血质、黏液质，或两者混合型的人是较适宜做管理人员的。

常用的气质量表有瑟斯顿气质量表、吉尔福特-齐默尔气质量表及中国的陈会昌等编制的气质调查表等。陈会昌气质调查表共 60 题，每种气质类型包括 15 题。要求被试对题目的陈述根据自己的实际情况在“很符合”、“比较符合”、“介于符合与不符合之间”、“比较不符合”及“完全不符合”中进行选择。采取五级评分制计分，根据得分多少确定气质类型。该调查表简单易行，信度和效度均较高。

五、价值观测评

价值观是个人对客观事物的意义与重要性的总评价，它使人的行为带有个人的某种稳定的倾向性。人们对各种事物的评价，在心目中有轻重主次之分，这种主次的排列，就构成了一个价值体系。价值观及其体系是决定个人行为与态度的基础。在相同的条件下，不同价值观的人会有不同的行为与态度。价值观不仅影响个人行为，而且还影响整个组织的行为，进而影响企事业单位的经济效益与社会效益。因此，在人员录用时，也必须考虑价值观的测评。

价值观的类型有不同的划分，其中有两种类型对测评有参考价值。

（一）斯普兰格六类型

斯普兰格认为，人的价值观有六种类型。

（1）理论型：表现为乐于发现真理，凭借观察和推理发现事物之间的一致性和差异性，具有实验的、批判的和理性的爱好。

（2）经济型：强调事物的实用性，凡事以有效与实惠为尺度。

（3）审美型：这种人总是从形式与和谐中寻求最高价值，以文雅、优美、对称和恰当的标准去判断每一种经验。

（4）社会型：这种人的特征是利他与仁慈，他们在社会实际生活中往往表现出宽容、富有同情心和无私等品德。

（5）政治型：这类人热衷于追逐个人权力、影响力和声望等，他们在政治以外的活动领域中，也希望通过竞争、奋斗获得名誉与地位。

（6）宗教型：这是一种理想信念主义者。他们在工作和生活中总是以自己的信仰与理想为准则。

（二）格雷夫斯七等级型

（1）反应型：这种人只追求自己的基本生理需求获得满足，而不考虑其他人与周围条件。

（2）宗教式忠诚型：这类人喜欢按部就班地看问题，做工作好依赖，服从习惯与权势。

（3）自我中心型：这类人粗犷、富有闯劲，为了取得自己想要的东西，愿意做任何工作。

（4）顺从型：这种人的特征是忠诚努力、尽职尽力、勤勤恳恳、谨小慎微，喜欢任务明确。

（5）权术型：这类人重现实，好活动，有目标，追求功利，喜欢玩弄权术，乐于奉承有关的上级。

（6）社交中心型：这类人重视工作集体的和谐，喜欢平等的人际关系，把善于与人相处和被人喜爱看得重于自己的发展。

（7）价值主义型。这类人喜欢自由和创造性的工作，喜欢灵活的职务，重视挑战性的工作和学习成长的机会，把金钱和晋升看作是次要的，能高度容忍不同观点的人和模糊不清的意见，对于僵化的制度、滥用权力等现象，能直言不讳。

价值观是一种高级的认知形式，问卷测验是常用的一种测评形式。这方面国外较为推崇的是阿尔波特、韦农和林达塞所编制的“价值观研究（study of value）量表”，此量表发表于 1931 年，后来在 1951 年与 1960 年修订过两次。

“价值观研究量表”是以德国哲学家斯普兰格的六类型理论为依据编制的，一共 45 题，前 30 题每题 2 个选项，后 15 题每题 4 个选项，下面是该量表中的两道题。

第一部分例题：

如果你在报纸上看到同样大小标题的新闻时，你倾向于先读哪一条：

A. 反对派领导人协商解决双方冲突

B. 世界投资环境有明显改善

第二部分例题：

根据你自己的意见，一个整年都忙碌工作的人，星期天最好去：

A. 读一些严肃的书籍

B. 参加体育比赛

C. 去听一场交响音乐会

D. 去听一次好的布道

所有的题目均由自己填写，不受时间限制，允许但不希望被测者有不答的题目。对于第一部分试题的计分方法是，对于A、B两个选项，若肯定一个而否定另一个，则分别赋予“3”分和“0”分；如果只是稍微偏向一个而并不否定另一个，则分别赋予“2”分和“1”分。对于第二部分试题的计分方法是，给最赞同的选项“4分”，最不赞同的选项“1分”，中间依此类推。

该量表总共120个选项，其中对应每种类型（六种类型）的选项各20个，经过相加与校正，获得6个总分。被试在哪种类型上的总分最高，他就倾向于哪一种价值观类型。

六、态度测评

态度是个体对某类型的人、事物、机构及观念的较为稳定的行为倾向，其操作定义是，个体针对一组社会事物而产生的具有一致性的反应群。它的表现形式有三个层次：一是认知层面，是指个人对事物的了解、认识、看法，其中最重要的是评价性的见解；二是情感层面，是个体对事物的情感与好恶；三是行为倾向层面，是个体对事物的可观察的行为倾向。例如，怕苦怕累思想与情绪较严重的人不愿意到第一线去工作。每个层面都有方向性（赞成与反对）、强弱（非常、比较、一般）及多面性（指每一层面由哪些种类构成，如爱可以分为友谊、吸引、尊敬、恋爱等）。三个层面之间还存在一致性（包括方向上与强度上）。

态度与意见、价值观作为表达个人理性与情感的评价形式，其功能是相同的，但是它们又有不同的地方。意见通常指个人对特定的、具体的事物对象作短暂性的评价，大多涉及公共事物；态度反应所涉及的对象更广泛、更抽象些，持续性比意见更久；价值观也指信念，较态度更基本、更持久些。

由于态度主要是一种内心活动形式，在认知、情感与行为上具有一致性，所以对态度的测评，最常用的是问卷测验和认知量表形式。

下面结合几种态度量表介绍一下有关的编制方法，以了解态度测评的原理与方法。

（一）瑟斯顿态度量表的编制方法

（1）根据所要测评的态度对象，搜集与对象有关的态度语（叙述句）100～200句。搜集态度语的原则是：①措辞简单，语句通顺；②语句意义易于了解，不产生歧义；③每一态度语需对态度对象表明一个确切的态度；④公认的理论或确切的事实不适合作为态度语；⑤每一态度语必须是一个完整的句子。

（2）请 50～60 位对态度对象熟悉而又客观的专家，按每一态度语表示的态度将所有的态度语划分为若干组。一般是 7～13 组，最好 11 组，请专家按照下面的要求把态度语归到相适宜的类别组中：第一组内放置最极端反对的态度语，第十一组内放置那些最为赞成的态度语，其余各组按顺序放置，使第二组内的态度语尽管是反对的，但不及第一组那么强烈，第三组也是反对的，但不如第二组那么强烈，依此类推。特别要注意使每组之间的距离，看起来要相等。

（3）做出每一态度语的累积百分比分布表。

（4）做出每一态度语的累积百分比分布图。

根据累积百分比分布图找出中位数（即与 50% 累积百分比相应的横坐标的数值）。该中位数即为这一态度语的量表值。从累积百分比分布图上找出与 25% 累积百分比相应的横坐标值 Q_1，再找出与 75% 累积百分比相应的横坐标值 Q_3，两数之差 $Q=Q_3-Q_1$，即为鉴别态度语质量的主要指标。Q 值越小，说明评判人对该态度语的判断越一致，即该态度语越不含糊；反之，Q 值越大，说明态度语越含糊不清。当 $Q\geqslant 2$ 时，态度语就不便选用。

（5）选出 Q 值小且 1～11 组之内都有相应量表值的态度语 20～30 句，就构成了瑟斯顿态度量表。这是一个等距量表。

表 1-8 列出了一个用于测量妇女在经济界地位的态度量表。

表 1-8　妇女在经济界地位的态度量表

量表值	题号	态度语（项目）
2.5	1	妇女工作，增加男子失业问题的困难
9.9	2	依靠男子之妇女，如同寄生物
7.0	3	在家庭外做事的妇女喜欢交往
7.6	4	如家庭事务不重，妇女最好在外有事做
4.3	5	妇女经济地位，不是一个紧要的社会问题
3.4	6	凡有幼童的妇女，不应任其在外做工
1.3	7	妇女的地位是在家庭之中
9.3	8	男女在职业界，应占有同等地位
4.5	9	苦累的工作，不得任妇女去做
5.1	10	妇女做事，应只占有次等的地位
10.6	11	政治上的重要地位，应完全由妇女充任
8.8	12	应当鼓励妇女就业
2.8	13	工商业界聘用妇女，必致降低工作效率
3.8	14	做工的妇女，失其娇态
0.1	15	任何工种都不应雇用女工
6.0	16	只有未婚的女子，才准做工
10.4	17	如工业都由妇女管理，我们的一切经济问题，皆可能解决
8.2	18	妇女有专职的，其子女必羡慕
6.8	19	必要时，妇女应自食其力
0.6	20	妇女应完全依靠男子供养
5.7	21	妇女应否做工，当视其家庭经济状况而定
6.4	22	妇女如情愿做工，应准其做
7.8	23	未曾在外做过工的妇女，其眼界是很窄小的
5.4	24	我们对妇女做工问题，无甚成见
1.6	25	妇女之最要职业，是生育子女

在实施测验时，被试就上述量表各项目表示赞成或不赞成。赞成的项目记“√”，不赞成的项目记“×”。如果是团体测验，不允许被试之间相互交谈。填写答卷一般没有时间限制，但为避免拖延，普通时限为15～20分钟。计分方法实际上很简单，一般将表示同意的项目依分数高低排列，求出中位数，以此居中项目的量表值为该被试的态度分数。如某一被试对2、4、8、12、17、18、23诸句表示同意，其相应的量表值如表1-9所示。

表 1-9　某被试表示同意的项目对应的量表值

态度语	2	4	8	12	17	18	23
量表值	9.9	7.6	9.3	8.8	10.4	8.2	7.8

然后将表1-9中的量表值按大小排列等级，求出中位数8.8，见表1-10。

表 1-10　按量表值大小排列等级求中位数

量表值	9.9	7.6	9.3	8.8	10.4	8.2	7.8
等级	2	7	3	4	1	5	6

这一关于妇女在经济界地位的态度量表规定，分数越高越赞成妇女从事社会劳动，因此该被试的分数8.8意味着比较赞成妇女到社会上工作。

瑟斯顿量表的信度一般为0.8～0.9。

（二）利克特量表的编制方法

利克特量表是总和量表中最常用的一种，这种量表形式是利克特于1932年提出的。它分别以肯定（正面）或否定（反面）的方式表述项目（即一句判断话或一个命题），然后假设每个项目之间都是等值的，均按反应中同意或不同意的程度统一赋分，所有项目上的得分总和即为个人态度的分数。

由此不难看出，利克特量表中所有的项目必须是同质的，即每个项目都是评定同一件事物（或同一个主题）；编制的关键在于每个项目的选择是否妥当。具体的编制步骤如下。

（1）针对态度对象选择量表项目，以肯定或否定方式表述。一般要求所选择的项目是同一性质，但因为态度间的相关性，所以也可以利用看来与测评某一态度不是直接有关但实际相关的项目来测评该态度。例如，人们对规范遵守的态度，与对规范合理性认识的态度是相关的，因此可以选用一些有关规范认识的态度语。利克特量表的项目一般为20～25个。

（2）试测。抽选一组有代表性的被试，就上述初选出来的项目做出评价。通常分五个等级：1表示非常同意；2表示同意；3表示无意见；4表示不同意；5表示极不同意。

（3）赋分。正面方式叙述的项目，越赞成给分越高。就五个等级类别的反应而言，非常同意的给5分，极不同意的给1分，中间的档次依此类推。反面方式叙述的项目，越赞成给分越低。非常同意的给 1 分，极不同意的给 5 分，刚好相反。

（4）分析项目并进行筛选。按总分高低将所有被测者按顺序排列，将态度总分最高的 25%被测划为一组，总分最低的 25%被测划为一组，然后计算此两组被试在每一项上平均得分的差异，即为该项目的区分度或鉴别力。差异越大的项目区分度越高，越有保留价值。

（三）哥特曼量表的编制方法

哥特曼量表由单独且同质的少量项目构成。项目内容是对现象的描述，可以是短语，也可以是句子，数量不超过 10 个。每个项目一般都有五个等级性的选项：①经常；②有时；③只有一次；④从来不；⑤不予以作答。要求被测从中选择最适合他们情况的答案。当项目所描述的现象是正面的，选①②③的赋 1 分，选④⑤的赋 0 分。所有的项目得分相加即为总分。

哥特曼量表的编制步骤如下。

（1）设计出可用于揭示某测评对象特征的短语或语句。赞成的以“1”表示，不赞成的以“0”表示。

（2）抽选一个有代表性的样组进行测试。假设某项目让 15 个人试验，其结果如表 1-11 所示。

（3）将被测依总分从上至下排列，见表 1-11 中的第（1）栏与第（3）栏。

（4）将项目按赞成次数最多至赞成次数最少从左至右排列，见表 1-11 中的第（2）栏。

表 1-11　哥特曼量表分析

被测	测评项目（2）								分数
（1）	7	5	1	8	2	4	6	3	（3）
15	1	1	1	1	1	1	1	1	8
7	1	1	1	1	1	1	1	0	7
9	1	1	1	1	1	1	1	0	7
10	1	1	1	1	1	1	0	0	6
1	1	1	1	1	1	1	0	1	7
13	1	1	1	1	1	1	0	0	6
3	1	1	1	1	1	0	0	0	5
2	1	1	1	1	0	0	0	0	4
6	1	1	1	1	0	0	0	0	4
8	1	1	1	0	0	1	0	0	4
14	1	1	1	1	0	0	0	0	4
5	1	1	1	0	0	0	0	0	3
4	1	1	0	0	0	0	0	0	2
11	0	0	0	0	0	0	0	0	0
12	1	0	0	0	0	0	0	0	1

（5）去掉某些不易找出分割点的项目（指那些“0”“1”不是集中于上下端，而是随机出现的项目），因为这类项目无法判断是被赞成还是被反对。

（6）计算交叉系数。交叉系数的计算方法是，先从表1-11中的分割线上找出“0”的个数，从表中的分割线之下找出“1”的个数。本例中，分割线上的“0”共有2个，而分割线下的“1”共有4个，总计有6个交叉数；把交叉数代入公式$C=1-$（交叉数/0与1的总个数）$=1-(6/120)=0.95$。当$C>0.09$时，则单向性量表即算成立。

从哥特曼量表分析被试得分高低，可直接看出态度的差异情况，不会像前面两种量表那样出现分数相同而形态不同的现象。

第六节　脑象图测评技术在人才招聘中的应用研究

一、脑象图测评技术

（一）脑电图的生理基础

人类大脑是一个具有动态特征的细胞王国，每一个活着的细胞就像一个小发电机一样在进行脑部电活动，在生理学上，这样的脑部电活动共分为四类：当大脑处于安静平和深思状态时，主要呈现α波（频率8～13Hz），大脑越安逸，α波活动增强越明显；当大脑处在警觉兴奋状态时，主要呈现β波（频率18～30Hz），大脑越专注，β波活动所占份额越高；当大脑处于非常开放自由的创造状态和灵感思维状态时，主要呈现θ波（频率4～7Hz），大脑越是不受束缚越是自由，θ波活动越是典型完美；当大脑处在无梦深睡状态时，主要呈现δ波（频率0.5～3Hz），睡眠越深，δ波活动频率越慢。这些脑电活动往往实时反映出了大脑的生理和病理状态，通过物理学放大技术，利用头部皮肤将脑电活动的具体情况记录在纸上，即为脑电图，脑电图技术主要应用在临床医学领域，用来判断脑部疾病的存在及发展趋势（段文敏和阎宝云，2013）。

脑电图技术在临床上已应用了90多年，自问世以来，α波一直被认为是正常成人的大脑在安静状态下的正常波型，但随着医学技术的发展，在先天愚型患者大脑中也发现了良好的α波活动，在人昏迷状态下也出现了以α波为主体的脑部电活动，称为“α昏迷”。因此，α波的性质一直是学者们热衷研究的课题，对大脑活动的测验也引进了新知识、新理论和新技术。

（二）脑象图测评技术的介绍

脑象图测评技术就是一种测量大脑高级功能的全新技术，弥补了脑电图技术无法区分α波的不足之处，在临床脑电图研究的理论基础上，将人在平静状态下的α波收集起来，再通过计算机系统进行编码处理，绘制成直观的物理几何图形（刘名顺等，2014），将正常健康α波与先天愚型α波区分开来。该技术是由我国著名脑电图专家王德堃教授发明的生物活动参量的处理方法，是一项我国首创的并且融合了生理、物理、数学、教育等诸多学科的高科技测评技术。对所获得的信息进行一系列的计算和分析，就可以对被测的思维介质基础和潜在能力做出科学判断，能够更科学地分析其对应大脑的质量特征和功能势态，由此可以更客观地解读被试大脑的四个脑区和左右两颞的优势特征、劣势特征、个性倾向、思维方式、职业倾向等（赖靖等，2013）。

脑象图测评技术应用中最重要的一个环节就是“取图”，即获得被测脑电波信号经计算机算法后生成的脑象图。脑象图是按照图形特征来分类的，图形特征相近似的归为一类，一共分为 13 类，分别是内方形、准内方形，鹰目形、准鹰目形，实莲花形、空莲花形，内雷达形、外雷达形，隧道形，列阵形，奇异形，虚心形，简洁形，锁定形，弧圈形，其他形，类似形，各类脑象图图例如图 1-1 所示。其中，内方形、鹰目形、实莲花形、隧道形属于经典图形，准内方形、准鹰目形、空莲花形属于准经典图形，内雷达形、外雷达形、列阵形、奇异形、虚心形属于边缘图形，简洁形、锁定形、弧圈形、其他形、类似形属于简单图形。当测试结果中出现的虚心图、类似图和其他类形图总计超过 15 个，则测试无效，需要重新测试；当测试结果中出现简洁图、无序图和弧圈图时，需要检查仪器是否连接成功。根据脑象图图形的面积、线间距、网格化、轨迹、立体感、丰满性、对称性、均匀性、起伏性、急转弯等十个指标将图形划分为五个等级，分别是特优、优秀、良好、中等、一般。

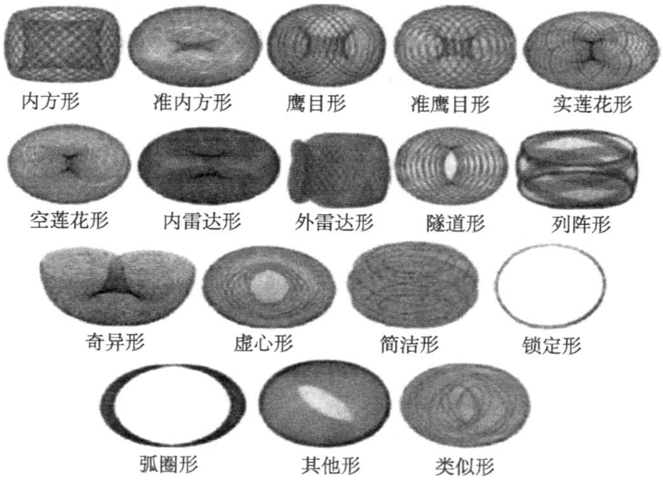

图 1-1　各类脑象图图例

（三）脑象图测评技术的主要应用

脑象图测评技术涉及生物学、物理学、数学、体育学、管理学、心理学等诸多学科，广泛应用于特殊人才教育与选拔、幼儿学前教育、就业指导、脑智慧认知与开发、企业招聘等诸多领域，并取得了一定的成果。北京体育大学于 1993 年利用脑象图测评技术为中国青年女排“希望队”选拔优秀的女排运动员；北京空军招飞办于 1995 年采用脑象图测评技术对所有全天候飞行员及已被录取的青年学员进行测试，结果表明双中心图形的出现率最高并将此图形命名为“鹰目形”；北京 507 所于 1997 年参与了航空航天课题研究，将脑象图评技术运用于航天员的选拔；河北秦皇岛某钢琴学校采用脑象图测评技术进行钢琴比赛候选人的挑选；人力资源和社会保障部研发国家级课题“创新型人才的脑功能特征”；山西大学体育学院、天津体育学院分别利用该技术研究优秀射箭运动员、击剑运动员的脑象图特征；还有许多企事业单位利用脑象图测评技术测试员工的综合素质，并以此为依据进行岗位安置和人才选拔等。许多著名高校、机构等也纷纷建立专门研究脑的实验中心，利用脑象图测评技术帮助学生进行文理选科、专业选择、就业选择职业生涯规划等，医学上主要是运用该技术进行弱智儿童和老年性智力减退的研究、精神分裂和精神转化的研究等。

二、脑象图测评技术在人才招聘中的应用

（一）脑象图测评技术的实际应用

为了了解脑象图测评技术是否能真正应用到人才招聘中增强招聘效果，我们邀请镇江市正在招聘的部分企业进行了相关的调研，下面以 A 公司和 B 公司的招聘为例。

首先，我们了解到 A 公司是一家专门从事厢式类专用汽车研发与制造的有限责任公司，目前正在招聘人事专员和汽车研发工程师。

A 公司对人事专员的岗位职责要求是：①在人力资源各方面有实际操作能力；②熟练操作 Office 办公软件，计算机水平良好；③具有优秀的书面、口头表达能力，较强的沟通能力和应变能力；④工作认真负责，有良好的执行力及职业素养。

A 公司对汽车研发工程师的岗位职责要求是：①掌握厢类专用汽车相关的前沿知识和开发技术；②熟悉整车及零部件生产工艺和质量控制体系；③熟知汽车整车开发流程并能制订相关工作计划，包括汽车产品的开发、设计、改进等工作；④具备较强的组织能力、设计能力和创新意识；⑤熟练操作机械制图软件。

不管是对人事专员还是汽车研发工程师的面试环节，A 公司都对相关岗位的面试者进行了三个环节的测试。第一个环节为笔试，只有笔试合格者才能进入第二个环节面试，面试结束后，为了避免面试结果的主观性，采取第三个环节的脑象图测试，分析并解读测试报告，为 A 公司选择合适的应聘者提供参考性建议。

其次，我们了解到 B 公司是一家专业从事人居环境智能集成系统的销售及服务公司，目前正在招聘销售人员，对销售人员的岗位职责要求是：①具有一定的市场分析和判断能力，积极开发新客户，维护老客户；②性格外向、语言组织能力强、反应迅速，并具有较强的沟通能力和团队协作意识；③适应能力强、抗压能力强，有良好的客户服务意识。B 公司对销售人员的面试分为两轮：第一轮是由面试官直接进行面试，面试结果出来后，再针对犹疑的对象进行脑象图测试，确定是否录用。

（二）脑象图数据采集流程

首先，为了采集到更准确有效的数据，脑象图测试对被试有一些基本的要求：①被试者在测试前避免进行大运动量的活动，保持情绪的稳定；②测试前原则上要求被试洗净头发，以免影响电极正常工作；③被试测试当天或前一天不能喝酒，不能服用镇静类药物；④被试不得将手机等电子工具带入测试室内；⑤被试以正常姿势坐在

椅子上，双腿自然垂直，两手平放至双腿，双目微闭。因此，在通知被试进行脑象图测试之前，先对其进行详细的讲解，以提高测试的有效性。

然后，采用天智脑象测试仪 Talents-300 对被试进行脑象图测试。先将脑象仪开机预热 10 分钟，在这段等待时间内，可以为被试选择并佩戴合适的电极帽，按照电极帽的设计，将左右脑电极（左右脑各 9 个、中间 1 个）对称、均匀分布在脑区各个位置，并保证电极能充分接触头皮，最后将导线连接完毕即可。在准备工作一切就绪的前提下，对被试采集脑电波，进行取图，共采集 3 轮，每轮产生 12 次数据，每一次数据都会生成六个对应其四个脑区和左右两颞的脑象图图形，如图 1-2 所示；再由专业人员对图形进行筛选，选出有效图形，筛选完毕后剩余有效数据的次数为 15～20 次。

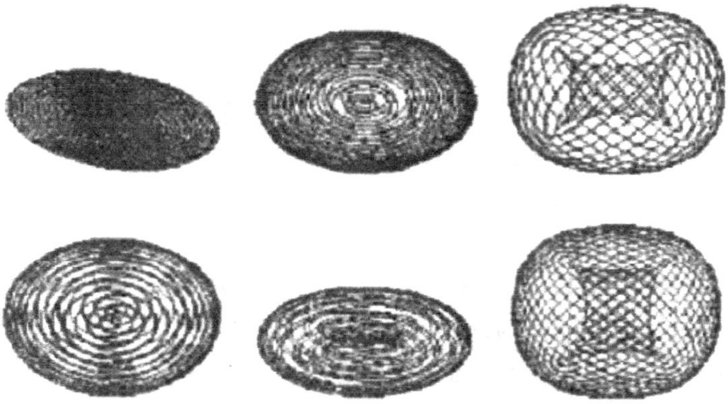

图 1-2　脑部四个区域及左右两颞的脑象图例图

最后，由系统生成脑象图测试报告。报告中会显示被试测试图例的类型及数量、思维特征测试值、脑功能及对应脑区示意图、行为风格特征示意图、智能类型及得分、合适的职业取向等内容，其中对脑功能的介绍是不随被试的不同而改变的，不同的只是被试脑区优劣势的分布差异。人类的大脑包括四个脑区和左右两颞，左前脑代表知识智慧，优势包括知识积累、学术研究、逻辑推理、分析量化等；左后脑代表经验智慧，优势包括控制管理、组织实施、程序安排、细节操作等；左颞代表的是机械记忆。右前脑代表创造智慧，优势包括直觉判断、发明创造、想象前瞻、风险意识等；右后脑代表感觉智慧，优势包括关系协调、人际沟通、情感表达、咨询服务等；右颞代表的是情景记忆。脑象图报告中还给出了具体的九种智能类型，分别为语言组织智能、数理逻辑智能、发现创新智能、人际交往智能、动手操作智能、音乐感知智能、书法绘画智能、身体运动智能、空间感受智能，每类智能的得分值用星星的个数表示。

（三）应用结果分析

依据以上对脑象图测评技术的介绍和应用，现对进入 A 公司第三轮面试的人事专员应聘者林某和汽车研发工程师应聘者杨某的脑象图报告进行分析。

在林某的脑象图报告中，简洁图、无序图、弧圈图均为 0 个，说明仪器连接正常，虚心图 2 个、类似图 4 个、其他形 0 个，即测试无效图共 6 个，较少，属于正常现象，说明测试得出的脑象图报告是有效的，可进行报告分析，否则需重新测试。林某脑功能与对应脑区示意图如图 1-3 所示，林某的脑优势在左脑、右后脑及右颞区域，相对而言较弱的脑区是右前脑和左颞，行为风格特征属于左前右后平衡、左后强右前弱。总体而言，林某是一个目标明确并能持之以恒、计划有条理、谨慎务实、善于沟通、应变能力强的人，但创新意识不足，缺乏想象力。

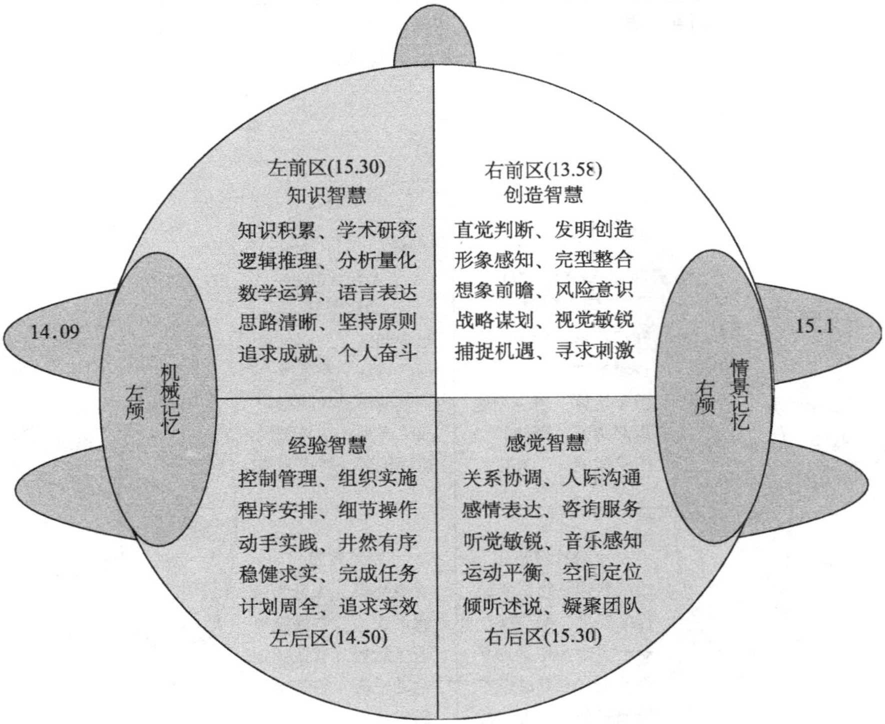

图 1-3　林某的脑功能与对应脑区示意图

深色区域为相对优势区域

林某的各类智能得分如图 1-4 所示，林某在人际交往、动手操作、音乐感知和空间感受这些方面具有较高的得分，得 4 颗星；在语言组织、数理逻辑、书法绘画、身体运动这些方面表现一般，得 3 颗星；在发现创新方面得分最低，得 2 颗星。测试结果显示林某比较适合从事关注理念、操作性强并与人打交道的职业，如人事总监、采购经理、医生、咨询师、经纪人、谈判专家等。林某具有优秀的实践动手能力、协调合作能力、沟通能力和组织能力，因此，林某是符合 A 公司的招聘要求的。

在杨某的脑象图报告中，简洁图、无序图、弧圈图均为 0 个，说明仪器连接正常，虚心图 2 个、类似图 1 个、其他形 1 个，即测试无效图共 4 个，较少，属于正常现象，说明测试得出的脑象图报告是有效的，即可进行报告分析，否则需重新测试。杨某的脑功能与对应脑区示意图如图 1-5 所示，杨某的脑优势在前脑、左后脑及左颞

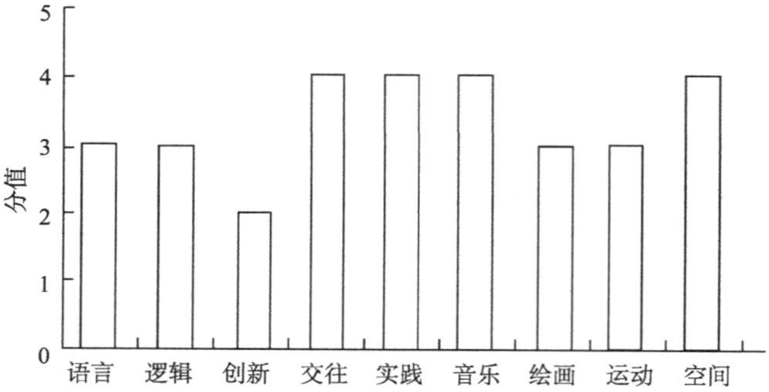

图 1-4　林某的各类智能得分

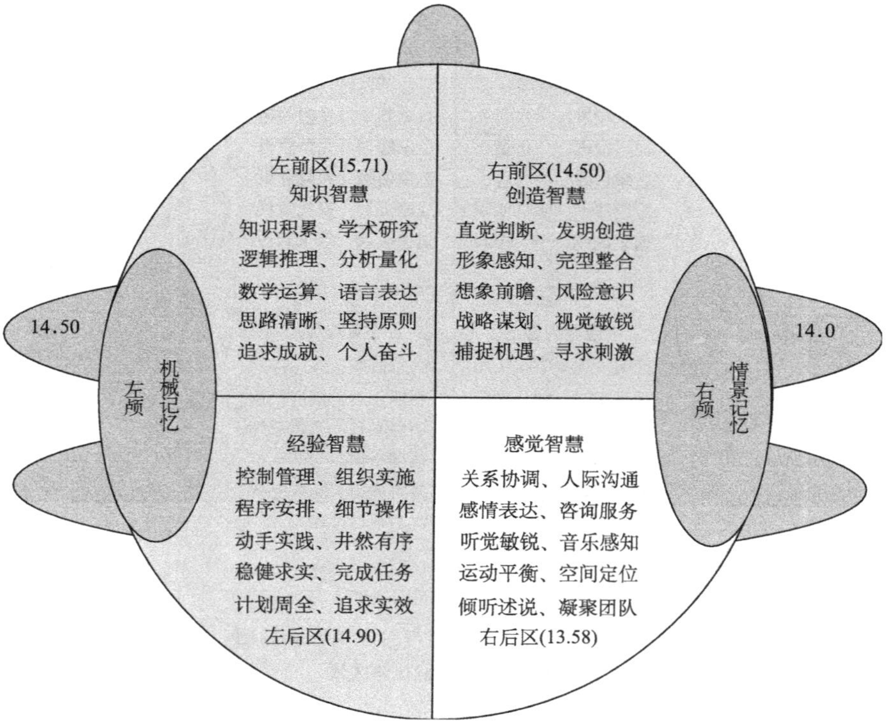

图 1-5　杨某的脑功能与对应脑区示意图

深色区域为相对优势区域

区域，相对而言较弱的脑区是右后脑和右颞，行为风格特征属于右前左后平衡、左前强右后弱。总体而言，杨某是一个善于知识积累、计划周全、好奇大胆、富有想象力、做事细心、条理性强、动手能力强的人，但坚持个人主见，人际关系良好。

杨某的各类智能得分如图 1-6 所示，杨某在语言组织、发现创新、动手操作和书法绘画这些方面具有较高的得分，得 4 颗星；在数理逻辑方面表现一般，得 3 颗星；在人际交往、音乐感知、身体运动、空间智能这些方面得分较低，得 2 颗星。测试结果显示杨某比较适从事关注理念、对创新性和操作性均有较高要求的职业，如发明家、建筑师、高级工程技术人员、研发人员、策划人员、科学家等职业。杨某具有非凡的知识积累能力、优秀的发明创新能力、实践动手能力、组织能力和机械记忆能力，因此，杨某是符合 A 公司的招聘要求的。

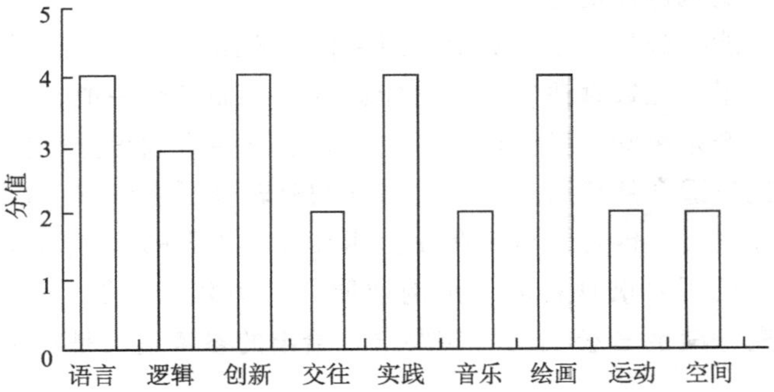

图 1-6　杨某的各类智能得分

在胡某的脑象图报告中，简洁图、无序图、弧圈图均为 0 个，说明仪器连接正常，虚心图 1 个、类似图 2 个、其他形 2 个，即测试无效图共 5 个，较少，属于正常现象，说明测试得出的脑象图报告是有效的，即可进行报告分析，否则需重新测试。胡某的脑功能与对应脑区示意图如图 1-7 所示，胡某的脑优势在左前脑、右前脑及右

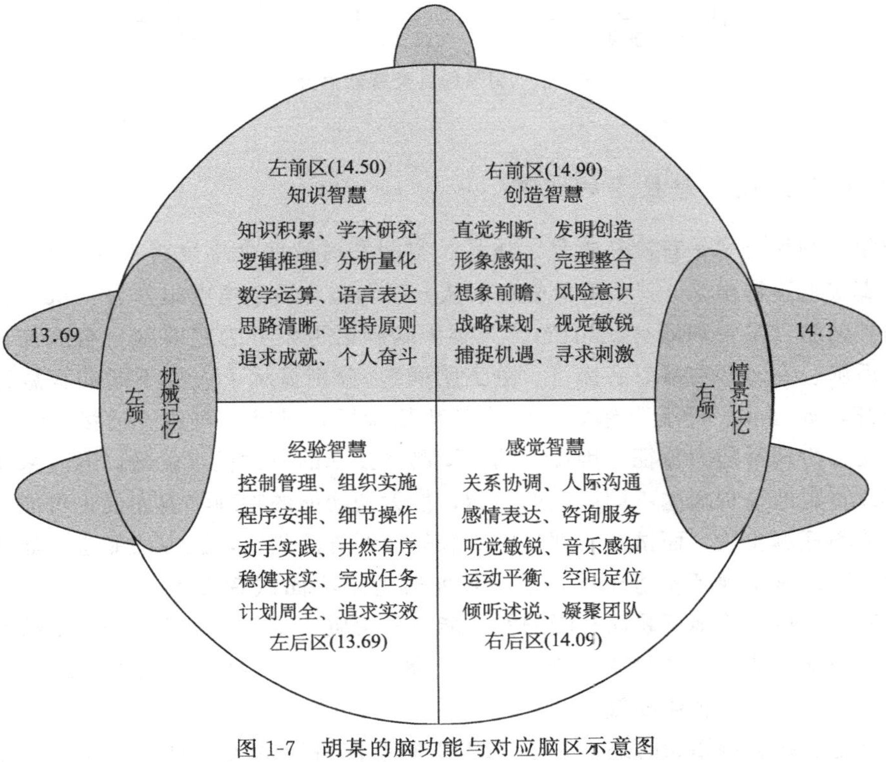

图 1-7　胡某的脑功能与对应脑区示意图

深色区域为相对优势区域

颞区域，相对而言较弱的脑区是左后脑、右后脑和左颞，行为风格特征属于左前强右后弱、右前强左后弱。总体而言，胡某是一个善于知识积累和逻辑推理、敢于尝试、做事比较细心、情景记忆能力优良的人，但是也存在不足之处，如沟通能力一般、计划组织能力一般、实践操作能力一般等。

胡某的各类智能得分如图 1-8 所示，胡某在语言组织、发现创新两个方面具有较高的得分，得 4 颗星；在数理逻辑、书法绘画两个方面表现一般，得 3 颗星；在人际交往、动手操作、音乐感知、身体运动、空间智能这些方面得分较低，得 2 颗星。测试结果显示胡某比较适合从事对理念和创新性均有较高要求的职业，如思想家、政治家、哲学家、研究人员、创意人员等职业。胡某具有优秀的理解能力、分析能力、想象能力，但是销售员所要求具备的人际沟通能力、团队合作能力不是十分优秀，因此，胡某并没有充分满足 B 公司的招聘要求，给出的参考建议是不录用。

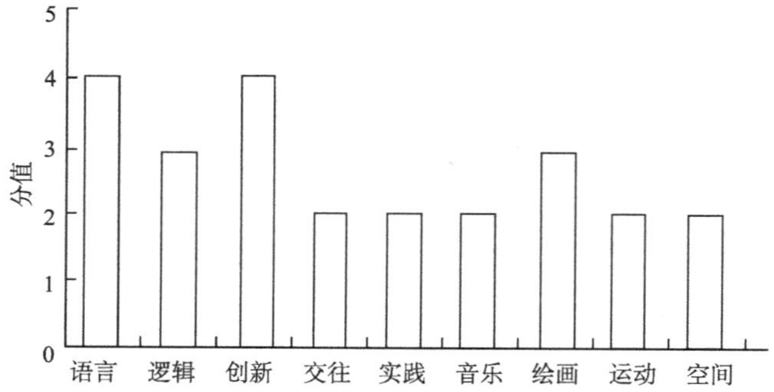

图 1-8　胡某的各类智能得分

（四）脑象图测评技术的优势

脑象图测评技术是首次从能量、质量、空间和时间四个维度将人脑的活动精致、唯美、真实地诠释出来，其重要价值在于从分析和整合两个角度出发分别认识物质的脑和精神的脑（洪悦和邱勇，2012）。人类大脑脑区可划分为左前脑、右前脑、左后脑、右后脑、左颞和右颞，各脑区“分工明确”，分别显示了人类不同的智慧特征和能力特征，如知识、经验、感觉、创造等智慧特征，思维、表达、记忆、组织、计划、社交、协调等能力特征。因此，脑象图测评技术的一大优点就是，通过采集脑电波，可以直观地呈现大脑不同脑区的图像，使大脑功能的物理学表述成为可能。与普遍使用的心理测验法、面试法、评价中心法等测评方法相比，该方法能避免面试者主观因素、面试官主观评价等干扰，能现场实时地采集面试者大脑生物信号，能更直观、更客观、更准确地反映面试者的实际能力和素质，能更好地帮助公司招聘到真正符合公司需求、能给公司带来效益的员工，更好地帮助企业识别人才、提高招聘效率，从而带来更高的企业绩效。

部分企业在进行招聘时还会采取 MBTI 职业性格测试或气质类型测验对应聘者有个大致的了解，但是这些测验方法得出的结论较为笼统，不能明确到具体的能力强弱，而且应聘者多数对这些测试题目很了解，知道应该选择哪些答案而不是遵从自己的本心作出判断，所以测验结果的真实性、准确度就大大降低了。而脑象图测评技术不同，它不需要被测者主观地判断，而是通过计算机成像技术将被测者的真实性格、能力特征展现出来，可信度较高，为企业有效招聘提供合理依据，是一项十分科学实用的工具。

三、总结

脑象图测评技术帮助人们从有限的大脑物质结构中读懂人类无限的精神世界，脑象图千人千面，没有雷同，它作为独特的物质载体正在改变人们的理念和思维方式。"因脑施教""因脑选材""以脑识人""以脑择业"等理念逐步深入人心，也深刻影响着人们的生活，甚至带来某些领域（如人力资源领域）的革命性突破。

人才招聘是以人为中心的人才素质测评，需要对各类岗位的职责要求做基础性和实践性的工作。目前，我国人才测评理念主要参考国外的体系，而且方法单一、效果一般。因才适用是每一个优秀管理者的渴望，是每一家企业人员配置的最好状态，脑象图测评技术作为一项特殊的脑功能状态评估技术，可以帮助企业更有效地"识人"和"用人"，客观地分析被测者的脑区优势，如企业决策层人员的组成，其大脑优势区最好呈现互补状态，这样其作出的决策才会更全面，减少企业发展的风险；前脑优势的人更适合成为思想家、管理学家，因为他们更注重理念和创新思维，却不适合从事销售行业，销售需要极强的表达能力和沟通能力，所以必须要具备右后脑优势；左脑优势型的人在听说读写能力、推理判断能力、实际操作能力等方面会有更大的潜质和发展空间；具备右前脑劣势的人在日常生活和工作中，往往循规蹈矩，思维比较单一，缺乏创新意识，所以不太适合做研发人员、广告策划、作曲家等。企业只有了解员工的脑优势特征才能招聘到合适的员工，才能真正做到人岗匹配、人尽其才，从而提高招聘效率，促进企业的快速发展。因此，新兴的脑象图测评技术引入到传统的人才招聘中，是 21 世纪人才测评技术史上的重要飞跃。①

本章小结

在中国古代，人们基本上采用"察言观色"的办法来识别人才。② 时代发展到今天，我们已不能满足于"察言观色""八观六验"的知人办法，而要采用更科学的测评方法。

人才测评就是在人力资源管理领域里应用专门的手段和工具，依据科学的测量和评价原理，针对特定的人力资源管理目的，如招聘、安置、考核、晋升、培

① 毛翠云，陆婷婷．2016. 脑象图测评技术在人才招聘中的应用研究．中国人力资源开发，06：47-54.

② 参见诸葛亮．2009. 诸葛亮集．北京：中华书局：78

训等，对人的素质进行多方面系统的测量和评价，进而为人力资源管理与开发提供可靠的参考依据。

测评有很多种，不同的标准有不同的理解。以测评目的与用途为划分标准，测评包括选拔性测评、诊断性测评、配置性测评、鉴定性测评与开发性测评。

人才测评的目的和作用可以概括为选拔人才、培养人才、考核人才和配置人才。

人才测评的主要流程包括评定、诊断反馈、预测三个方面，现实应用中可能有所交叉，也可能互相影响。

人才测评的发展经历了从心理测验、能力测验、性格测验、职业心理测验到价值观测评和态度测评的转变。

中英文对照关键词

人才测评 talent measure
心理测验 psychological test
能力测验 ability test
性格测验 nature test
职业心理测验 occupational psychological test
价值观测评 sense of value measure
态度测评 manner measure
选拔人才 select talent
培养人才 develop talent
考核人才 check on talent
配置人才 dispose talent
效标 crierion
常模 norm

案例分析题

一家科技型民营企业老板给记者讲了一个故事：企业发展急需生物工程专业技术人员，经历多渠道层层筛选，最后根据个人简历，从网上选中一位拥有大学本科学历的“人才”。这位老板说：“选中他不只是因为他学的是生物工程，主要是看中了他的工作经历，26 岁便有 10 年驻俄罗斯经历，很不容易啊!”经过双方的认真协商，公司高薪聘请他担任项目负责人。谁知，这位“人才”根本没有实际工作能力，不到一个月便被炒了鱿鱼。临走，他才说了真话，他不但没有上过本科，也根本没去过俄罗斯。据说，不久后这位“人才”又被另一家民营企业聘用，只是在他的个人简历上又增加了一项——“曾在某公司做过业务主管”。这位民营企业老板说，绝大多数企业用人讲究“实际、实用、实效”，谁也不会花高价聘个“花瓶式”人才当摆设。

记者采访过一位怀揣“博士文凭”求职的人才。与上面那个人相反，该博士到用人单位求职，只说自己是专科学历，于是被安排到一个不显眼的职位工作。两三个月下来，优良的业绩让老板产生了怀疑。老板把他叫到办公室，问道：“你不可能是专科学历吧!”他拿出了本科学历证书。不久，他被提拔为中层管理人员。又干了一段时间，他再次被老板唤到办公室，老板问他到底是什么学历。到这时，他才拿出博士文凭。很快，他被聘为公司副总经理。老板重用这样的人才是正确的，因为他表现出来的不仅仅是工作能力，更重要的是自信和策略，这在市场竞争中尤为宝贵。

一些企业界人士对“泡沫人才”进行了归纳。一是“自吹自擂型”。上面讲到的那位有10年驻俄罗斯经历的“人才”便是典型。二是“眼高手低型”。一些刚刚走出校门的毕业生，认为有了文凭便有了一切，求职时挑三拣四，对薪水斤斤计较。三是“万金油型”。目前企业用人正从“通用型”向“技能型”转变，有些人怀揣多个证书却“放斤不够斤，放两不够两”，难挑重任。

案例思考题：

“是骡子是马，拉出来遛遛”，这句俗语揭示的正是一种实际的识人观、用人观。试结合案例，对此进行分析。

复习思考题

1. 什么是人才测评？
2. 为什么要进行人才测评？
3. 人才测评有哪些类型？
4. 你认为什么样的人才测评比较有效？
5. 请你用性格测试表对自己进行一次性格测评或者为你的亲人作一次性格测评。

附　　录

一、性格测试表

说明：在以下各行的词语中，用“√”在最适合的词前作记号。要做完40题，不要漏掉任何一题。若你不能肯定哪个是“最适合”，请回忆一下你在18岁以前的行为特点，再确定哪个是答案。

1. ——	□ 愿意冒险	□ 适应力强	□ 生动	□ 善于分析
2. ——	□ 乏味	□ 忸怩	□ 露骨	□ 专横
3. ——	□ 坚持不懈	□ 喜好娱乐	□ 善于说服	□ 平和
4. ——	□ 散漫	□ 无同情心	□ 缺乏热情	□ 不宽恕
5. ——	□ 顺服	□ 自我牺牲	□ 善于社交	□ 意志坚定
6. ——	□ 保留	□ 怨恨	□ 逆反	□ 唠叨
7. ——	□ 体贴	□ 自控性	□ 竞争性	□ 令人信服
8. ——	□ 挑剔	□ 胆小	□ 健忘	□ 率直
9. ——	□ 使人振作	□ 受尊重	□ 含蓄	□ 反应敏捷

10. ——	□ 急躁	□ 无安全感	□ 优柔寡断	□ 好插嘴
11. ——	□ 满足	□ 敏感	□ 自立	□ 生机勃勃
12. ——	□ 不受欢迎	□ 不合群	□ 难预测	□ 不善表达
13. ——	□ 计划者	□ 耐性	□ 积极	□ 推动者
14. ——	□ 固执	□ 即兴	□ 难以取悦	□ 犹豫不决
15. ——	□ 肯定	□ 无拘无束	□ 按部就班	□ 羞涩
16. ——	□ 贫乏	□ 悲观	□ 自负	□ 放任
17. ——	□ 井井有条	□ 迁就	□ 坦率	□ 乐观
18. ——	□ 易怒	□ 无目标	□ 好争吵	□ 不合群
19. ——	□ 友善	□ 忠诚	□ 有趣	□ 强迫性
20. ——	□ 幼稚	□ 消极	□ 鲁莽	□ 冷漠
21. ——	□ 勇敢	□ 可爱	□ 外交手腕	□ 细节
22. ——	□ 担忧	□ 不善交际	□ 工作狂	□ 虚荣
23. ——	□ 令人高兴	□ 贯彻始终	□ 文化修养	□ 自信
24. ——	□ 过分敏感	□ 不圆滑老练	□ 胆怯	□ 喋喋不休
25. ——	□ 理想主义	□ 独立	□ 无攻击性	□ 激励性
26. ——	□ 多疑	□ 生活紊乱	□ 跋扈	□ 抑郁
27. ——	□ 感情外露	□ 果断	□ 尖刻幽默	□ 深沉
28. ——	□ 反复	□ 内向	□ 排斥异己	□ 无异议
29. ——	□ 调解者	□ 音乐性	□ 发起者	□ 喜交朋友
30. ——	□ 杂乱无章	□ 情绪化	□ 言语不清	□ 喜操纵
31. ——	□ 考虑周到	□ 执着	□ 多言	□ 容忍
32. ——	□ 缓慢	□ 顽固	□ 好表现	□ 怀疑
33. ——	□ 聆听者	□ 忠心	□ 领导者	□ 活力充沛
34. ——	□ 孤僻	□ 统治欲	□ 懒惰	□ 大嗓门
35. ——	□ 知足	□ 首领	□ 制图者	□ 惹人喜爱
36. ——	□ 拖延	□ 多疑	□ 易怒	□ 不专注
37. ——	□ 完美主义者	□ 和气	□ 勤劳	□ 受欢迎
38. ——	□ 报复型	□ 烦躁	□ 勉强	□ 轻率
39. ——	□ 跳跃型	□ 无畏	□ 规范性	□ 平衡
40. ——	□ 妥协	□ 好批评	□ 狡猾	□ 善变

二、性格分析卷

现在将标有“√”符号的选择移到计分卷上，将得分加起来（每个特点记 1 分）。

	活泼型	力量型	完美型	和平型
1. ——	□ 生动	□ 喜好冒险	□ 善于分析	□ 适应力强
2. ——	□ 露骨	□ 专横	□ 忸怩	□ 乏味
3. ——	□ 喜好娱乐	□ 善于说服	□ 坚持不懈	□ 平和
4. ——	□ 散漫	□ 无同情心	□ 不宽恕	□ 缺乏热情

5. ——	□ 善于社交	□ 意志坚定	□ 自我牺牲	□ 顺服
6. ——	□ 唠叨	□ 逆反	□ 怨恨	□ 保留
7. ——	□ 令人信服	□ 竞争性	□ 体贴	□ 自控性
8. ——	□ 健忘	□ 率直	□ 挑剔	□ 胆小
9. ——	□ 使人振作	□ 反应敏捷	□ 受尊重	□ 含蓄
10. ——	□ 好插嘴	□ 急躁	□ 无安全感	□ 优柔寡断
11. ——	□ 生气勃勃	□ 自立	□ 敏感	□ 满足
12. ——	□ 难预测	□ 不善表达	□ 不受欢迎	□ 不合群
13. ——	□ 推动者	□ 积极	□ 计划者	□ 耐性
14. ——	□ 即兴	□ 固执	□ 难以取悦	□ 犹豫不决
15. ——	□ 无拘无束	□ 肯定	□ 按部就班	□ 羞涩
16. ——	□ 放任	□ 自负	□ 悲观	□ 贫乏
17. ——	□ 乐观	□ 坦率	□ 井井有条	□ 迁就
18. ——	□ 易怒	□ 好争吵	□ 不合群	□ 无目标
19. ——	□ 有趣	□ 强迫性	□ 忠诚	□ 友善
20. ——	□ 幼稚	□ 鲁莽	□ 消极	□ 冷漠
21. ——	□ 可爱	□ 勇敢	□ 细节	□ 外交手腕
22. ——	□ 虚荣	□ 工作狂	□ 不喜交际	□ 担忧
23. ——	□ 令人高兴	□ 自信	□ 文化修养	□ 贯彻始终
24. ——	□ 喋喋不休	□ 不圆滑老练	□ 过分敏感	□ 胆怯
25. ——	□ 激励性	□ 独立	□ 理想主义	□ 无攻击性
26. ——	□ 生活紊乱	□ 跋扈	□ 抑郁	□ 多疑
27. ——	□ 感情外露	□ 果断	□ 深沉	□ 尖刻幽默
28. ——	□ 反复	□ 排斥异己	□ 内向	□ 无异议
29. ——	□ 喜交朋友	□ 发起者	□ 音乐性	□ 调节者
30. ——	□ 杂乱无章	□ 喜操纵	□ 情绪化	□ 言语不清
31. ——	□ 多言	□ 执着	□ 考虑周到	□ 容忍
32. ——	□ 好表现	□ 顽固	□ 怀疑	□ 缓慢
33. ——	□ 活力充沛	□ 领导者	□ 忠心	□ 聆听者
34. ——	□ 大嗓门	□ 统治欲	□ 孤僻	□ 懒惰
35. ——	□ 惹人喜爱	□ 首领	□ 制图者	□ 知足
36. ——	□ 不专注	□ 易怒	□ 多疑	□ 拖延
37. ——	□ 受欢迎	□ 勤劳	□ 完美主义者	□ 和气
38. ——	□ 报复型	□ 烦躁	□ 勉强	□ 轻率
39. ——	□ 跳跃型	□ 无畏	□ 规范型	□ 平衡
40. ——	□ 善变	□ 狡猾	□ 好批评	□ 妥协
	总		分	
	______	______	______	______

第二章
人才测评指标体系

学习目标

- 掌握人才测评指标体系的内涵
- 掌握确定人才测评指标体系的方法
- 理解人才测评指标体系构建的步骤

引 子

财务总监的招聘

A 公司是中国家电行业领先者之一，产品远销 30 多个国家，员工人数共 6 万多名。由于业务发展需要，公司现诚聘财务总监一名。以下是该公司招聘简章：

招聘职位：财务总监

招聘人数：1 人

职位描述：

(1) 全面负责财务部的规划及日常管理工作；

(2) 负责财务管理制度及规范化管理体系建设；

(3) 负责财务融资管理及进出口的管理；

(4) 负责与当地政府财务部门建立并保持良好的关系。

任职资格：

(1) 本科以上学历，财务专业，中级及以上职称；

(2) 5 年以上大中型企业财务部门管理经验；

(3) 熟悉本地区企业财务管理制度与系统策划，熟悉该地区税务体制；

(4) 对公司财务体系与制度能有效建设与管理，有良好的财务系统策划能力，熟悉融资管理和进出口税务。

(5) 饱满的工作热情、良好的职业道德，年龄 27～46 岁，男女不限。

（资料来源：赵曙明 .2014. 招聘甄选与录用：理论、方法、工具、实务. 北京：人民邮电出版社：154）

案例思考题：

请根据上述招聘要求，建立 A 公司财务总监的测评指标体系，并给出招聘工作的具体方案。

根据研究，世间万物的测量都可以分为物理测量与心理测量两类。我们对物理现象进行测量，采用的是长度、重量、体积、密度等能够表现物体物理指标特点的测量单位。而心理测量与物理测量存在较大的差异。心理测量是对人的心理活动与心理现象的测量，人才测评就是心理测量的范畴。人才测评的主体是人才的素质，所以人才测评又称为人才素质测评。进行人才测评也应该建立与物理测量一样的测评指标体系。而构建人才测评指标体系，并使测评指标体系标准化是测评结果准确、客观的基本保障。

第一节　人才测评指标体系概述

一、什么是人才测评指标体系

人才测评指标体系是由一组相互联系、互相作用的测评指标组成的，但每项测评指标又都保持了独立性。每项测评指标从不同的侧面表现人的特定素质，每项测评指标分别构成素质的不同方面。主测通过对被测者进行每项测评指标的测量与评价，推理出被测者综合性的素质特点。

二、构建人才测评指标体系的意义

人才工作包括人才培养、开发、使用和评价等环节。要做到正确地使用人才、吸引人才和开发人才，首先必须做到科学准确地评价人才、鉴别人才，这样才能做到人尽其才、才尽其用。而人才测评是一项非常复杂的工作，测评内容广泛，测评因素众多。由于测评主体的价值观、经验、专业及测评视角的不同，在测评时难免会出现仁者见仁、智者见智的情况，所以不同的测评主体对同一测评对象的评定结果往往相差甚远。因此，建立人才测评指标体系，一方面，可以统一测评主体的评价标准，有效克服测评主体的主观随意性，提高人才测评的客观性和科学性；另一方面，人才测评指标体系的建立有利于测评主体深化对员工和工作的认识。无论是人还是事，都是一个复杂的系统，在制定与熟悉人才测评标准体系的过程中，测评主体必须根据工作分析，按照岗位需要把测评对象各种素质和行为中的每一个可以独立出来的因素，单独加以特别认识与理解，并给予权重分析，这样才可能进一步深化对测评对象和工作岗位的认识。

三、人才测评指标体系的构成

人才测评指标体系的构成见图 2-1。

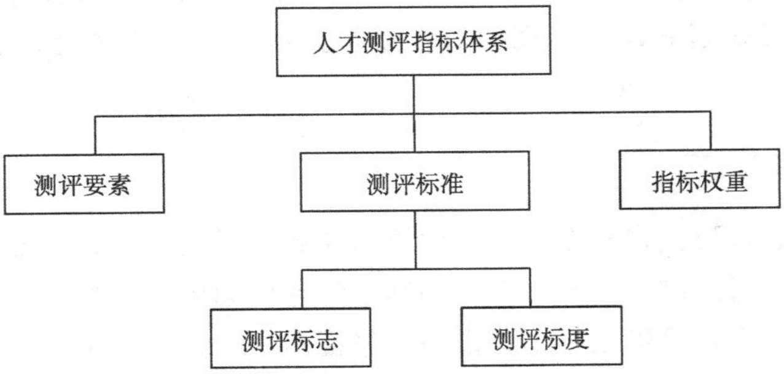

图 2-1　人才测评指标体系的构成

（一）测评要素

通过对测评对象的认识与分析可以确定要测评的内容。所谓测评要素是指对测评内容的细化。将测评要素进一步分解为测评项目、测评指标，就意味着完成了指标体系的设计。指标体系具有一定的层次结构，第一层可以称为一级指标（测评要素），第二层可以称为二级指标（测评项目），第三层可以称为三级指标（测评指标），如表 2-1所示。测评要素反映受测者各个方面的素质内容，它因岗而异，如公务员的测评要素一般采用德、能、勤、绩模式。分析测评对象是设计测评要素的基础，虽然要素设计的方法有很多种，但均要不同程度地依赖对测评对象的认识与分析。

表 2-1　指标体系的层次结构

一级指标（测评要素）	二级指标（测评项目）	三级指标（测评指标）
文化素质	知识素质	学历
		继续教育情况
	专业知识	专业知识
		专业培训情况

（二）测评标准

测评标准是指在实际工作过程中能够导致不同结果的行为标准，如组织能力的差异可以导致任务的计划与执行效果不同。表现组织能力差异的行为标准就是不同的评价标准。测评标准的观点能够很好地解释多个不同岗位对同一测评指标要求的差异性。营销经理与营销主管都有组织能力的要求，但对营销经理的要求较高，相对而言，对营销主管的要求则较低。制定评价标准能够让主测对被测者的某项素质进行深入、客观的评价。评价标准一般与不同的分值区间相对应，各个岗位对特定指标的要求并不是越高越好，而是需要岗位工作的特点与对应的标准对应，并用不同的分值来表现。测评标准由两部分组成：一是测评标志；二是测评标度。

测评标志是指每个测评要素确立的关键性描述特征或界定特征，要求可分辨、易操作。通常，一个测评要素要由多个测评标志来说明，表现形式多种多样。测评标度是对标准的外在形式划分，常表现为对素质行为特征或表现的范围、强度和频率的规定。

1. 测评标志的形式

测评标志的表现形式多种多样，有评语短句式、设问提示式和方向指示式三种。

评语短句式是对所测评的要素作出判断与评论的句子。例如，工作态度的测评指标之一是工作主动性，可以用以下评语短句来揭示：工作积极主动，经常提出一些建议；工作较主动，偶尔能提出一些建议。

设问提示式是以问题形式提示测评主体来把握考评要素的特征，如表 2-2 所示。

方向指示式则只规定了从哪些方面去测评，并没有具体规定测评的标志与标度，而是让测评主体自己去把握，如表 2-3 所示。

表 2-2　设问提示式测评标志

测评要素	测评标志	测评标度				
		优	良	中	可	差
协调性	1. 合作意识怎么样 2. 见解、想法不固执吗 3. 自我本位感不强吗					

表 2-3　方向指示式测评标志

测评要素	测评标志	测评标度
业务经验	主要从应聘者所从事的业务年限、熟悉程度、有无工作成果等方面进行考评	根据具体情况把握

从测评指标的操作方式来看，有测定式和评定式两种。

测定式标志中规定的内容是利用各种测评工具或测量仪器、仪表直接测出或计量出来的，并根据有关标准可以直接确定测评标度。例如，岗位测评中的体力劳动强度、有效工时利用率，人才测评中的产品数量、产值等。评定式标志是指目前无法用仪器、仪表与测量工具测出或计量出有关标志的精确数据，只能根据现场观察、了解和对有关资料的分析，由主测人员根据有关标准直接评定出结果的标志。例如，岗位测评中的劳动责任、工作难度等指标中的标志，人才测评中的品德素质指标等，均属于评定式标志。

2. 测评标度的形式

从目前现实中的测评指标分析来看，测评指标的标度大致有等级式、数量式、数轴式、图表式、定义式和综合式等。

等级标度是用一些等级顺序明确、具有程度差异的字词、字母或数字来揭示测评标志特征状况的刻度形式。例如，精通、善于、一般、较差，A、B、C、D、E，1、2、3、4、5 等。

数量式标度是以分数来揭示测评标志水平变化的一种刻度。它有连续区间式与离散点标识两种，如表 2-4、表 2-5 所示。

表 2-4　连续区间式标度示例

测评要素	测评标志	测评标度
应变能力	1. 反应迅速，能很好地处理突发事件，随机应变 2. 能处理一些突发事件，有一定应变能力 3. 面对突发事件显得手足无措，不能随机应变	5～3 3～2 2～0

表 2-5 离散点标识标志示例

考评要素	考评标志	考评标度
创造力	1. 善于创新，经常有一些新点子和设想	10 分
	2. 能接受新事物，偶尔有一些新想法	5 分
	3. 因循守旧，缺乏创造力	0 分

定义式标度是用许多字词规定各个标度的范围与级别差异。

综合式标度一般是综合上述两种或更多的标度形式来揭示测评标志不同状态与水平变化的情况。

（三）指标权重

任何岗位的素质都不是简单堆砌在一起的，而是有机结合而成的。结合的规律由岗位任务的特点决定。每个岗位的素质群中都有重要与次要的素质。在测评指标上的表现就是根据不同的权重关系，表现测评指标的重要程度。重要的指标权重就高；反之，权重就低。

第二节　人才测评指标的制定

一、人才测评指标制定的原则

人才测评指标体系的设计既是理论问题，又是实践问题，体系的科学性直接制约着评价的效度和信度，因此，在构建人才测评指标体系时，应遵循一定的原则。

1. 针对性原则

人才测评指标在设计选择时要有所侧重，具体问题具体分析，对不同类型、不同层次、不同行业的人才测评指标，选择时不能千篇一律。例如，党政人才、企业经营管理人才、专业技术人才这三类不同类型的人才在指标选择时：党政人员反映群众认可度和工作效率的指标要全面一些，企业经营管理人员反映经营业绩的财务指标和管理能力的非财务指标应较全面，专业技术人员反映专业资格、技术创新、社会品牌方面的指标应较全面。在同一类型内部，对不同层次的人才，选择评价指标也要有所侧重。例如，高级层次人员反映决策指挥情况的指标要全面一些，中级层次人员反映组织监督情况的指标应相对重要，一般工作人员反映执行操作情况的指标要相应全面一些。

2. 合理性原则

测评指标中的两个组成部分：测评要素和测评标准之间应相互吻合，不能过高，也不能过低。过高会使人感觉目标难以实现，从而失去努力的动力。过低就失去了应有的鉴别力，测评变得没有意义。设计合理的指标应该使每个人都能够找到适合自己水平的评价。例如，在企业中，测评指标应既能适合优秀员工，又能适合仅能够胜任本职工作的员工。

3. 科学性原则

依据一定的目的设计的指标要求在理论上必须有科学的依据，在实践中能量化的必须量化，这样可以尽量避免主观评判标准的不一致。例如，在对科技人员进行测评时，测评指标“工作成绩”可以用完成图纸的张数、发表论文的篇数等数字来衡量。但将所有的测评指标都量化也不现实，例如，对“事业心”之类的指标就只能以主观评判为主。

4. 可操作性原则

评价体系设计过简、过繁都会造成评价流于形式，达不到评价的目的，因此指标的设置不应追求尽善尽美，而应该追求可行有效，易于操作。表达要简明扼要，措辞应尽量避免或少用专业用语，尽量采用大众化的语言，减少文字理解偏差造成的差异和失误。另外，测评标准的各测评要素之间的内涵要表述清晰，不能含糊不清、模棱两可，更不能带有暗示性或偏颇性的用词，否则会影响测评结果的正确性。

二、人才测评指标的确定方法

测评指标的确定需要进行前期相应岗位的详细分析调查，就方法而言有许多种，如工作分析法、胜任力特征分析法，等等。胜任力特征分析法的具体内容将在第十章介绍，这里不再赘述。下面我们着重介绍工作分析法。

工作分析是人才测评工作的起点，也是人才测评指标构建的客观依据和基础，在人才测评指标的构建中起着至关重要的作用。人才测评的目的是选择合适的人到合适的岗位上工作，测评指标的设计必须达到这个目的。要做到这一点，首先，要对这个工作岗位有充分的了解；其次，对这个工作岗位对人的要求有清楚的认识。而这两点恰恰是工作分析的结果。所以，工作分析应该包括两方面的内容：对工作本身作出规定和描述，确定胜任该项工作的人员所应具备的素质。

（1）工作岗位本身的特征分析，主要是工作名称的选择与概括，以及工作任务、工作责任、工作关系与工作强度的分析，使人对某工作岗位有一个清楚的认识，并为后续的资格分析打好基础。

（2）工作环境及危险性分析，主要包括物理环境分析、安全环境分析及社会环境分析，以明确本工作岗位的特定的外部环境。工作环境会影响到工作人员的体力或脑力健康，所以工作环境的特定性将会决定工作岗位所需要的人员条件。

（3）资格分析，主要是岗位对人的需求分析，包括必备的知识、必备的经验、必备的技能及必备的心理素质。这些都是为了找出胜任这个工作岗位的个人特征，为测评提供一个基本标准。

（4）其他相关信息的分析。例如，培训经历及优先权的条件、非工作行为条件等，以及一些特殊行业岗位的特殊信息。

信息分析完成后，要将分析结果以一定形式表现出来。例如，工作描述，是对工作自身结构的概要描述；工作说明书，又叫职位描述；资格说明书，也称工作规范；职务说明书，是工作分析结果中最为完整的一种形式，包括工作说明书、资格说明书，甚至更多的内容。一般来说，应包括以下项目：工作状况、工作概要、工作关系、工作任务与责任、工作权限、考评标准、工作过程与方法、工作环境、任职资格、福利待遇及其他说明。

工作分析的方法一般有以下几种。

（1）观察分析法，一般是由有经验的人，通过直接观察的方法，记录某一时期内工作的内容、形式和方法，并在此基础上分析有关的工作因素，以达到分析目的的一种方法。

（2）主管人员分析法，是由主管人员通过日常的管理权力来记录与分析所管辖人员的工作任务、责任与要求等因素的一种方法。

（3）访谈分析法，是通过对与工作岗位相关的人员进行访谈来收集与工作相关的信息的一种方法，一般来说包括对个人的访谈、对做同种工作的群体的访谈和对主管人员的访谈。

（4）问卷调查分析法，是通过被调查人员填写问卷来获取与工作分析有关的信息，以达到工作分析目的的一种方法。设计者会根据需要，把要调查的内容设计在一张调查表上，写好填表说明和要求，分发给有关人员填写，收集和征求不同人员的意见。

此外，还有纪实分析法、工作实践分析法及文献资料分析法等。

第三节　人才测评指标体系的构建步骤

要构建一套有效的人才测评指标体系，需要一套规范的流程，并且通过反复的实践检验才能达到较为科学的效果。

一、明确测评对象和目标

测评对象不同，测评标准体系就不同。因此，构建人才测评指标体系时，首先要确定测评对象及目的。测评对象的特点一般由行业性质和职业特点决定。企业一般员工和企业高级管理人员的测评显然完全不同。测评目的为选拔型的测评指标体系，显然有别于配置型的测评指标体系。

二、确定人才测评指标体系的结构

工作分析法是确定人才测评指标的非常有效的方法。工作分析是按一定的层次进行的，作为工作分析结果的素质测评标准体系也具有一定的层次结构。第一分析层次的各个项目称为一级指标（测评要素），表示测评对象的总体特征；第二分析层次的各个项目称为二级指标（测评项目），反映一级指标的具体特征；第三分析层次的各个项目称为三级指标（测评指标），说明二级指标的具体内容。无论哪一级指标都是反映或说明测评对象的特征，只不过具体反映与说明的程度有所不同，如

表 2-6 所示。

表 2-6　指标的层次结构

<table>
<tr><th>一级指标</th><th>权数/%</th><th>二级指标</th><th>权数/%</th><th>三级指标</th><th>权数/%</th></tr>
<tr><td rowspan="6">心理素质</td><td rowspan="6">30</td><td rowspan="2">价值观</td><td rowspan="2">10</td><td rowspan="2">1. 事业心、进取心</td><td>10</td></tr>
<tr><td>5</td></tr>
<tr><td rowspan="2">智力</td><td rowspan="2">10</td><td>2. 学习能力</td><td>5</td></tr>
<tr><td>3. 综合能力</td><td>5</td></tr>
<tr><td rowspan="2">人格</td><td rowspan="2">10</td><td>4. 积极性</td><td rowspan="2">5</td></tr>
<tr><td>5. 自信与开拓性</td></tr>
</table>

目标分解的过程一般是：将一级指标分解为几个相互联系的子系统，子系统中的元素一般称为项目（二级指标）。每个子系统又继续分解为下一层次的若干子系统，直至每个具体测评项目都能满足可测性的要求为止。满足可测性要求的因素一般称为指标。目标分解应该有整体观念，从全面出发，从整体上把握各个子系统中元素所表现的一般性质。

三、测评指标的表述及筛选

通过上述的层层分解工作，我们可能会获得大量的测评指标，但对每一个指标我们都必须进行认真的分析研究，给予清楚准确的表述，使测评者与被测者都能明确测评指标的含义，特别要保证测评者不会因对测评指标不理解而影响测评效果。

另外，还要分析指标体系的整个内涵，对测评指标进行筛选，把内容上有重复的指标删掉，保留优良指标。我们可以逐个检核每一个指标是否具有实际价值，如果有，在测评时是否切实可行，或者虽有可行的条件但实际价值不大，没有实际价值的指标都应删掉。检验一个测评指标的实用价值和可行性的方法是：第一步，对这个测评指标陈述一个明确的理由与用途，说明为什么需要这个测评指标，以及所得结果将如何使用。做到这一点就回答了这个测评指标的潜在价值。第二步，考察这个测评指标的可行性与现实性。考察的方法是：①保留这个测评指标在逻辑上是否可行；②从这个测评指标中是否能得到所需的数据结果及行为表现；③实施这个测评指标的条件是否具备；④这个测评指标的保留有无充分的价值，是否有理由保证其使用结果。

四、制定测评标准

这一步是对测评指标进行清楚、准确的表述和制定。测评标志是进行文字意义和情景意义上的定性表述和界定；测评标度是进行数量等级或程度上的表述和界定，这是使测评指标和指标体系具有可操作性的关键步骤。详细内容参见第二章第一节中的“人才测评指标体系的构成”。

五、确定测评指标的权重

所谓权重，即测评指标在测评体系中的重要性或测评指标在总分中应占的比重。对各个指标具有权衡轻重作用的数值称为权数。

在一个测评指标体系中，各个指标所处的地位和作用是不同的，不能将每个测评指标等量齐观，简单加总。即使是同一测评指标，相对于不同的测评对象，也会有不同的地位和作用。例如，测评指标“社交能力”，对研发人员和销售人员的要求显然是不同的。这种不同，可以用测评指标的权重来表示，重要的指标权重高；反之，权重就低。对测评指标权重的分配还取决于测评对象的组织文化，不同的组织文化对同一指标的权重要求是不一样的，不同的组织性质和组织的不同发展阶段对同一指标的权重要求也是不同的。

为测评指标加权的形式一般有两种。

(1) 绝对权数，即分配给测评指标的分数，以绝对数量的形式表示。

(2) 相对权数，即依据测评指标体系中各部分指标相对总体的不同比重，赋予不同的百分数，以区分测评指标在总体中的重要性，通常以权重系数的形式表示。

确定权重常用的方法有主观加权法、德尔菲法、层次分析法和回归分析法，等等。

(一) 主观加权法

所谓主观加权法，即加权者依据自己的经验权衡每个测评指标的轻重加权。例如，选拔“德”“才”兼备的领导人才，若认为两者同等重要，则等额赋分，即各 50 分或 0.5 的加权系数（若测评总分为 100 分）；若强调能力，则可以“德” 30 分或加权系数 0.3，“能” 70 分或加权系数 0.7。运用主观加权法时要注意，加权者应该在调查研究的基础上进行定性分析，然后根据以往的经验和当前的实际来确定权数。

(二) 德尔菲法

德尔菲法（Delphi Method）是由美国兰德公司的赫尔默创造并首先在未来学研究中应用于直观预测的方法。它以分发征询表的形式，征求、汇集并统计个人意见或判断，以便在一些问题上使大家取得一致的意见，从而对未来做出预测。近年来，德尔菲法在社会学、管理学、心理学、教育学等领域也得到了广泛的应用。

德尔菲法与一般的民意调查或征询意见不同，有以下几个主要特点。

(1) 调查的内容由该领域的专家拟定并进行过充分讨论，调查表经过专家的精心设计，能够保证调查表的质量。

(2) 接受调查的对象为该领域的专家或权威人士，他们不仅对该问题有深入的研究和发言权，而且有高度的责任心和认真的态度。因此，他们的意见比普通人的意见更值得重视。

(3) 调查往往采用书信的方式进行，可以避免相互讨论影响其他人的判断。由于评价者互不见面，也消除了人情的影响，能够真实地发表自己的意见，也可避免现场评价被某一权威人物或某种因素影响而产生“一边倒”的现象。

(4) 将收回的调查问卷进行汇总、统计分析，然后将统计分析的结果反馈给评价者，由他们进行第二轮评价。在进行第二轮评价时，要将第一轮的统计分析情况反馈给专家，第二轮评价时这些评价者可能会根据第一轮的总结果对自己的判断进行一些调整，并要请偏差较大的评价者尽量做出新的判断。将第二轮的结果回收后进行统计分析，如此往复，最后就会使专家们的意见趋于一致，得到较为一致的权重系数。统计的内容有两项：一是每一指标权重系数的平均估计值；二是每位专家的估计值与平均估计值的偏差。

由于德尔菲法具有以上优点，在现代人才测评中经常被用来作为确定测评指标权重的重要方法。它能够让专家发表自己真实的意见，并经过大多数专家一致同意后得到最终结果，可靠性和可接受性都比较高。德尔菲法的弱点是多次重复问卷，征询周期较长，财力和人力的成本投入较高，一般只在一些重大的测评中采用。当然，也可将调查对象限定在较小的范围内，加快工作节奏，以提高效率。

(三) 层次分析法

层次分析法是一种多目标决策方法。应用此法，首先必须把测评要素分解为多级指标，把同一层次上的各指标，根据管理学家斯塔的相对重要性等级表（表 2-7）进行比较估分，列出两两比较矩阵，按照式（2-1）计算出每项指标的相对权重。

$$w_i = \frac{1}{n}\sum_{j=1}^{n}\frac{a_{ij}}{\sum_{i=1}^{n}a_{ij}} \tag{2-1}$$

式中，w_i 为该项指标的权重；n 为标准体系中指标的个数；i 为行号；j 为列号；a_{ij} 为相对重要性等级估分。

表 2-7　斯塔相对重要性等级表

相对重要程度	定义	说明
1	同等重要	两者对所属考核目标贡献相等
3	略为重要	据经验，一个比另一个对考核结果略为重要一些
5	高度重要	据经验，一个比另一个对考核结果更为重要
7	确实重要	实践证明，一个比另一个对考核结果更为重要
9	绝对重要	重要程度是显而易见的，是最高的
2、4、6、8	以上两相邻程度的中间值	需要折中采用

例如，设有 A、B、C、D 四个指标，要确定它们各自的权重，根据斯塔相对重要性等级表进行指标间的两两比较，把估分写成矩阵形式，如表 2-8 所示。

表 2-8 考核指标权重计算表

指标 权重 指标	A	B	C	D	w_i
A	1	1/3	1/2	1/6	0.07
B	3	1	3	1/4	0.28
C	2	1/3	1	5	0.30
D	6	4	1/5	1	0.35
$\sum_{i=1}^{n} a_{ij}$	12	5.7	4.7	6.4	

在表 2-8 中，权重估值的具体方法是：当 A 与 B 比较时，认为 B 略微比 A 重要的就在 B 行 A 列交叉处记 3，而在 A 行 B 列交叉处记 1/3；当 A 与 C 比较时，若认为 C 比 A 稍微重要，则在 C 行 A 列处记 2，在 A 行 C 列处记 1/2，依此类推，直到都完成比较为止。第五行与第五列的计算方法是，首先按列求和，从第一列开始 $\sum_{i=1}^{n} a_{ij}$ 分别为 12、5.7、4.7、6.4，然后代入公式 $w_i = \frac{1}{n}\sum_{j=1}^{n}\frac{a_{ij}}{\sum_{i=1}^{n} a_{ij}}$，求出各指标的

权重：

$$w_1 = 1/4(1/12 + 0.33/5.7 + 0.5/4.7 + 0.17/6.4) = 0.07$$

以同样方法求出：$w_2 \approx 0.28$，$w_3 \approx 0.30$，$w_4 \approx 0.35$，则

$$\sum_{j=1}^{n} w_i = 1$$

层次分析法把经验认识与理性分析很好地结合起来，并且两相直接比较的过程使一些不确定和主观因素大大减少，因此它在权重分配计算中是一种常用的方法。

（四）回归分析法

回归分析法是将以往所有测评指标测试后获得的数据作为自变量，将相关数据作为因变量进行回归分析，获得的各变量的回归系数即为各测评指标的权重系数。这里的因变量，一是可以用同一系列职位，如研发工程师的所有测评对象的总体测评分（可以是初步加权的测评统计分，也可以是测评专家的总体印象分）；二是经过测评录用后同一系列职位，如研发工程师的绩效考核数据。回归分析法是运用多元统计分析方法获得各测评指标相对应的重要程度的方法，要求操作者有多元统计方面的知识基础。

六、测评指标的计量

除了上面的权数，还有对各测评指标的计量问题。对测评指标中的每一个指标都要有统一的计量办法，否则很容易造成测评误差。任何一个测评指标的计量都要从两个方面来实现。

(一) 计量等级及对应分数

为了使测评结果规范化、统一化和计分简单化，便于计算机处理，对测评指标体系中的每一个指标，都可采用统一的分等计分法，即每个测评指标都分为 1～5 等，分别对应分数 5～1 分。从 1 等到 5 等均匀而连续地递降排列，1 等是最高水平，5 等是最低水平。

(二) 计量的规则或标准

一般来讲，测评指标分客观性测评指标与主观性测评指标两种。

1. 客观性测评指标

有些测评指标具有客观性的数据与结果，如在岗位考评指标中，打字速度、取活次数都属于客观指标。如果客观指标有法定标准可依，则可参照标准进行计量。若没有法定标准，可以按有关的政策规定或国内外的经验数据来制定参考标准，并以参考标准为效标，根据测评对象偏离效标的实际程度进行计量。具体方法为：把测评对象在某一测评指标上实际达到的水平从低到高排列，以获得最高分者得 5 分为标准，除此之外，按比例量表折算，确定等级得分。例如，被测对象是 4 个文书，他们的打字速度分别是 120 字/分钟、100 字/分钟、87 字/分钟、70 字/分钟。这里，速度最快的是 120 字/分钟，因此确定他为 5 分，其余三位依次为 4.17 分、3.625 分、2.92 分。

2. 主观性测评指标

在测评指标体系中，大部分指标是很难量化的，这就要求测评者根据以往的经验，在充分调研的基础上，并结合当前实际，确定测评对象在该指标上的等级水平并给以相应的分数。为了保证测评结果的相对客观与准确，一般要求测评者是一个群体，具体的计量方法是每个测评者对某一测评指标按统一的等级量表测评对象，然后统计出各评判等级上的总人数，并据此算出分数。

例如，在某一测评中，有 15 个测评者对某一测评指标进行测评，测评结果中评 5 分的 3 人，评 4 分的 5 人，评 3 分的 4 人，评 2 分的 2 人，评 1 分的 1 人。则在这个测评中，此测评指标下的得分为

$$5\times(3/15)+4\times(5/15)+3\times(4/15)+2\times(2/15)+1\times(1/15)\approx 3.47(\text{分})$$

对于主管测评指标的计量还可以采用分段赋分法，即将每个测评指标分成若干等级，然后将指派给该测评指标的分数（权重分），根据等级个数划分为相互连接的数段。此外，还有分点赋分法、连续赋分法、计分赋分法等。

七、测评指标体系的测试及完善

测评指标体系构建完成后，其客观性、准确性如何，可行性怎样，必须经过实践的检验。因此在正式施测前，先要在小范围内试测，对测评中出现的问题要及时记

录，对测评结果详细分析，根据实践结果，对测评指标体系进行不断的修改与完善，最后达到客观、准确、可行，以保证正式测评时的可靠性与有效性。对评价质量的衡量，主要包括对分项及综合评价结果的分析，如可以进行效度、信度及区分度等方面的分析，具体的计算方法可以参阅第十一章，在此不再详细论述。

第四节 人才测评指标体系构建案例

下面以湖北美岛服装有限公司（简称美岛公司）的非计件员工为例，介绍人才测评指标体系的构建过程。

一、背景描述

创建于 1991 年的美岛公司，是一家中日合资企业。公司地处湖北东部的黄石市，现有员工 4000 多人，总资产达 1.2 亿元，是国家级的中型服装企业。严谨的管理、精良的产品质量、一流的商业信誉使美岛公司的经营业绩不断上升，并被日本《纤研新闻》称为“女装王国的万能工厂”。2001 年 2 月 9 日，美尔雅临时股东大会通过关于出让美岛公司股权的议案，这次股权变动对于美岛公司来说，机遇与挑战并存。面对激烈的市场竞争，美岛公司加快了向经营型企业转变的步伐，并制定了稳住日本市场、大力拓展国内市场和欧美市场的企业发展战略。管理层从企业发展战略出发，敏锐地认识到要实现这一目标，人才是关键。为了发现人才、用好人才，并为人才的成长创造一个好的环境，美岛公司决定建立一套规范合理的绩效考核体系，并对公司所有非计件员工进行一次测评，以综合考察公司现有的人力资源状况。

美岛公司以生产高档女装为主，其业务长期以来集中在对日贸易方面，对内贸易、欧美贸易近年来也有所发展。与这种业务性质相适应，美岛公司的组织结构由人力资源部、财务部、公关部、生产技术部、外经贸部、信息部、内贸部、设备部和生产厂组成。美岛公司的非计件员工有 80 多人，主要分布在辅助生产部门及生产部门的管理岗位，与生产一线的计件员工不同，这些员工学历相对较高，岗位绩效无法定量，能力表现也多样化，是公司人力资源开发的重点。美岛公司管理层希望通过该次测评，达到以下几个目的：①希望通过科学的人员测评，对每个人的能力进行一次全面公正的评价，以便在实践中更好地配置人力资源；②希望能够发现一些具有发展潜力的人才，以便公司重点培养和加以重用；③希望员工通过测评能够更好地认识自己，以便在以后的工作中进升工作绩效。

通过背景资料，我们了解到美岛公司的基本情况及建立测评指标体系的目的。下面我们将按照上一节所讲的人才测评指标体系的步骤来构建美岛公司的人才测评指标体系。

二、测评对象和目的

1. 测评对象

美岛公司的非计件员工，主要分布在辅助生产部门及生产部门的管理岗位，如人力资源部、财务部、公关部、生产技术部、外经贸部、信息部、内贸部、设备部和生产厂。

2. 测评目的

(1) 希望通过科学的人才测评，对每个人的能力进行一次全面公正的评价，以便在实践中更好地配置人力资源。

(2) 希望能够发现一些具有发展潜力的人才，以便公司重点培养和加以重用。

(3) 希望员工通过测评能够更好地认识自己，以便在以后的工作中提升工作绩效。

三、确定人才测评指标体系的结构

能力是内在于人体之中体力和智力的总和，每个人的能力都是由各种素质要素耦合而成的综合体，因而衡量人与人之间的能力差异首先要建立一个表示人员素质及其功能行为的各个方面相互联系、相互制约的要素体系，只有在此基础上，我们才能通过测量个体在各个素质要素上表现出来的差异来全面衡量人的能力。一般来说，人的能力由心理素质、身体素质、文化素质和工作技能等几大方面组成，其中心理素质包括智力、人格和价值观等要素，身体素质包括健康状况与体力状况两个方面，文化素质由知识素质与专业素质构成，而工作技能包括专业技能与社会能力。美岛公司总结出的初步的测评指标体系见表 2-9。

表 2-9　初步的测评指标体系

测评要素	测评目标
心理素质	智力、人格和价值观
身体素质	健康状况、体力状况
文化素质	知识素质、专业素质
工作技能	专业技能、社会能力

四、测评指标的表述及筛选

能力要素体系涵盖了个体能力表现的总和，然而，企业实施人员测评不可能针对每一个要素进行测量，因此，合理选择与工作绩效密切相关的要素进行测评是人员测评成功的关键。美岛公司人员测评指标体系的建立，实质上就是根据美岛公司的实际情况筛选出绩效相关要素并据以设计测评指标的过程。

接下来，美岛公司通过对员工的学历、工作年限、工作性质等项目的总体调查，发现参与测评的员工以事务性工作为主，较少参与体力劳动，因而剔除了身体素质要素；然后对要测评人员的工作岗位进行分析，明确岗位职责及任职资格，结合与美岛公司各部门员工代表的访谈结果，确定绩效相关要素及测评指标，如表 2-10 所示。

表 2-10　美岛公司人才测评指标体系

一级指标	权数/%	二级指标	权数/%	三级指标	权数/%
心理素质	30	价值观	10	1. 事业心、进取心	10
		智力	10	2. 学习能力	5
				3. 综合分析能力	5
		人格	10	4. 积极主动性	5
				5. 自信与开拓性	5
文化素质	30	知识素质	15	6. 学历	6
				7. 继续教育情况	9
		专业素质	15	8. 专业知识	7
				9. 专业培训情况	8
工作技能	40	专业技能	15	10. 专业技能与经历	15
		社会能力	25	11. 人际交往能力	5
				12. 领导与管理能力	10
				13. 科学决策能力	10

五、确定指标权重

由测评小组使用主观加权法，经过反复修订，得到如表 2-10 所示的各测评指标权重。

六、测评指标的计量

由于非计件员工的测评指标无法进行客观计量，所以，只能利用主观性测评指标的计量方法进行计量，即每个测评指标都分为 1～5 等，分别对应分数 5～1 分。从 1 等到 5 等均匀而连续地递降排列，1 等是最高水平，5 等是最低水平，如表 2-11 所示。

七、人员测评方法体系的设计

明确了测评指标，接下来就需要确定用什么方法进行测评才能让个体能力在各项指标上表现出差异。常用的测评方法有心理测验法、笔试法、面试法、情景模拟测验法、评价中心法和评定法等几种。美岛公司在此次测评中综合使用了多种方法，其测评方法体系如表 2-12 所示。

上述测评方法体系之所以没有涉及心理测验法和评价中心法，是因为这两种方法主要用于企业招聘与甄选、人力资源开发及高层次管理人员的选拔。在现代企业管理实践中，笔试被广泛运用于人员招聘、选拔和培训开发。在此次测评中，笔试主要用于测评员工的工作技能；为了提高测评的效度，该次测评将情景模拟测验法引入笔试，让被测者直接针对实际的或模拟的工作内容和需要解决的问题进行分析。与此同时，为了增强试卷的区分度，试题的难度也依次有所变化。试题最后一项内容为结合本职工作写一篇建议书，它综合考核了被测者的工作能力。

表 2-11　美岛公司测评指标的计量

一级指标	权数/%	二级指标	权数/%	三级指标	评价等级及赋分					权数/%
					一等	二等	三等	四等	五等	
心理素质	30	价值观	10	1. 事业心、进取心	5	4	3	2	1	10
		智力	10	2. 学习能力	5	4	3	2	1	5
				3. 综合分析能力	5	4	3	2	1	5
		人格	10	4. 积极主动性	5	4	3	2	1	5
				5. 自信与开拓性	5	4	3	2	1	5
文化素质	30	知识素质	15	6. 学历	5	4	3	2	1	6
				7. 继续教育情况	5	4	3	2	1	9
		专业素质	15	8. 专业知识	5	4	3	2	1	7
				9. 专业培训情况	5	4	3	2	1	8
工作技能	40	专业技能	15	10. 专业技能与经历	5	4	3	2	1	10
		社会能力	25	11. 人际交往能力	5	4	3	2	1	10
				12. 领导与管理能力	5	4	3	2	1	10
				13. 科学决策能力	5	4	3	2	1	10

表 2-12　美岛公司人员测评方法体系

测评方法	对应的测评指标	权数/%
笔试法＋情景模拟测验法	7. 继续教育情况	30
	9. 专业培训情况	
	10. 专业技能与经历	
	12. 领导与管理能力	
	13. 科学决策能力	
面试法	1. 事业心、进取心	20
	3. 综合分析能力	
	5. 自信与开拓性	
	8. 专业知识	
学历、工作经历评定法	2. 学习能力	15
	6. 学历	
	7. 继续教育情况	
	8. 专业知识	
	9. 专业培训情况	
	10. 专业技能与经历	
绩效考评： 1. 目标考核 2. 过程考核	综合评定	20

续表

测评方法	对应的测评指标	权数/%
群体评议	4. 积极主动性	15
	10. 专业技能与经历	
	11. 人际交往能力	

注：这里的权重是指测评方法的使用权重

学历是一个人综合智力的反映，而工作经历则是对工作经验的一个综合评价。面试法有结构化面试与非结构化面试两种，综合考虑两种方法的优缺点，美岛公司采用了以结构化面试为主、非结构化面试为辅的面谈方式。具体来说，就是事先确定面试的题目、顺序和分项评分标准，而在实际面试过程中，针对每个人的实际情况，部分地运用非结构化面谈方式了解必要信息。

群体评议是我国常用的人事管理工具，俗话说，“群众的眼睛是雪亮的”，谁干得好，谁干得不好，每个人心里都有一杆秤，所以，这种方法用于人员测评具有一定的可靠性，如测评员工的人际交往能力。如果采用案例分析试题测评这些能力，要么不真实，要么显得比较单薄，显然，用群体评议对这些能力进行测评更合理些。

结论与启示：人的能力素质从运动形式来看包括能力的形成、能力的发挥和能力的发挥效果三个方面，学历和工作经历主要从能力的形成过程来考查人的能力大小；绩效考核则重在衡量人的能力发挥效果，这种方法比较实用，但是人的能力发挥效果常常会受到环境因素的影响，所以还需要其他方法的补充才能客观衡量人的能力水平；心理测验、情景模拟、评价中心等方法剔除了特定环境因素的影响，将所有的被测人员置于同一测试标准或模拟环境下考核其能力的发挥，可以弥补绩效考核的缺陷；然而在测评实践中，这些方法常常受测评技术水平的限制而表现出不稳定性。因此，人员测评不仅仅只是心理测评，更重要的是结合工作岗位的测评，美岛公司就为企业基于绩效考评的人员测评提供了实例。

当然，适用于一个企业的测评方案不一定适用于其他企业，要想设计一套适合的测评方案，还需要注意以下几点。①依据测评对象设计测评方案。基于绩效考评的测评方案只适合对在岗员工的测评，对于新员工而言，根本就没有绩效记录，所以，这时候设计测评方案应以学历、工作经历、面试、情景模拟等方法为主。②依据测评目的设计测评方案。对于希望对多数员工进行测评，以优化人员配置的测评目的而言，基于岗位职责的绩效考核可以提供有力的数据；然而，对于希望对少数员工进行测评，以从中选拔出一个或几个员工予以提升的测评目的而言，考核绩效就不一定有效，因为参与测评的少数员工可能都是在各自岗位上表现突出的，这时如果仅从绩效入手，很难测出他们之间的差别，而需要用心理测验、情景模拟、评价中心等方法。③人员测评的经济性分析。实施人员测评是需要成本的，测评方法的选择也是基于一定成本的，因此，只有在重要岗位的选聘时，才适宜采用一些高成本的测评方法。

最后，一次人员测评是否成功，还取决于被测方如何使用测评结果。人员测评不是万能的，它只是给管理层提供一些辅助决策的信息。要用好人员测评，还需结合企业管理的实际，只有这样才能真正体现出它的作用。

资料来源：美岛公司案例由作者根据《人才测评在企业中的实施与应用案例》一文改编，http：//www. zeedy. com/zdwk/rlzy/rccp/20080323/1138 _ 2. html.

本章小结

建立人才测评指标体系，可以统一测评主体的评价标准，有效克服测评主体的主观随意性，提高人才测评的客观性和科学性。通过人才测评指标体系的建立，测评主体对测评对象和工作岗位的认识也进一步深化。

人才测评指标体系由测评要素、测评标准和指标权重构成，其中，测评要素是指对测评内容的细化。将测评要素进一步分解为测评项目、测评指标，就意味着完成了指标体系的设计。测评标准是指对测评内在的规定性，是对测评结果评判的方式。它由两部分组成：一是测评标志；二是测评标度。所谓权重，即测评指标在测评体系中的重要性或测评指标在总分中应占的比重。对各个指标具有权衡轻重作用的数值称为权数。

制定人才测评指标应遵循四项原则：针对性原则、合理性原则、科学性原则和可操作性原则。

测评指标的确定需要在前期进行相应岗位的详细分析调查，就方法而言有许多种，如工作分析法、胜任力特征分析法等。其中，工作分析是人才测评工作的起点，也是人才测评指标构建的客观依据和基础，在人才测评指标的构建中起着至关重要的作用。

要构建一套有效的测评指标体系，需要一套规范的流程：明确测评对象和目标，确定人才测评指标体系的结构，确定测评指标，制定测评标准，确定测评指标的权重，计量测评指标、测试并完善测评指标体系。

中英文对照关键词

人才测评 talent assessment
指标体系 indicator system
测评要素 assessment elements
评价标准 evaluation criterion
指标权重 index weight
计量标准 measuring standard

案例分析题

选谁做市场部经理

尚海是一家专营 PC 的销售公司总经理，该公司的总部设在北京，销售网点遍及广州、上海、武汉等地，每年的销售业务以35%以上的速度递增。

就在前几天，他遇到了一个让他非常棘手的问题：市场部经理卞亚由于个人原因向公司提出辞职。虽然公司多次挽留，但卞亚仍然没有改变他的决定。现在公司急需一位市场部经理来代替卞亚，但是尚海和公司其他部门的几位负责人讨论了几天，也没有达成一致的意见。

尚海认为现任市场部副经理韩少不错，可以接替卞亚的职位，但这个想法遭到其他人的强烈反对。人事部经理刘杰最先反对："韩少有很强的分析能力，能够很快适应环境变化，但我认为他太强势，甚至有点刚愎自用，很少听取别人的意见。如果由他当市场部经理，下面会怨声载道，而且，他只有高中文化程度，下面的人多数都是大学毕业生，让一个没有什么学历的人来担当经理，他们会服气吗？"

销售部负责人也插言："韩少干得的确不错，但是过分热心和乐观令人感到有点不安，这有可能导致他无法进行正确而实际的市场调查和研究工作。"

尚海又想到了市场部另一位副经理肖凌。与韩少不同，肖凌做事不张扬，为人非常随和，最善于团结下属，办起事来也很有韧性，在工作上肖凌的表现总是很出色。但尚海还是犹豫不决。因为肖凌有时心太软，他手下有几位表现很差的销售员，按理说应该辞掉，可肖凌却不忍心这样做。

这两天，有人透露给尚海一个信息：某公司市场部经理李纹最近与老板闹翻了，正要辞职。我们何不趁此机会把她挖过来呢？她的能力我们都清楚，绝对没有问题。尚海听后，觉得也是一个办法。但考虑后，又觉得不太妥当。李纹虽然是一位难得的人才，但她能否很快熟悉本公司的业务、理顺各种关系、有效地开展工作呢？外来的和尚不一定就会念经。再说，这样做很可能会挫伤本公司市场部门人员的积极性。

面对这些候选人，尚海陷入了沉思：到底该选谁担此重任？

（资料来源：冯立平 .2006. 人才测评方法与应用 . 上海：立信会计出版社：40）

案例分析题：

如果你是尚海，你会怎样做？请说明理由，并给出详细具体的方案。

复习思考题

1. 什么是人才测评指标体系，构建人才测评指标体系的意义何在？
2. 如何用工作分析法确定人才测评指标体系？
3. 什么叫指标权重，在人才测评指标体系中为何要设立指标权重？

第三章
人才测评方法

学习目标

- 了解人才测评的常用方法及测评方法的新进展
- 了解自陈量表法的含义、优缺点及国内外常用的人才测评方法
- 了解投射测验法的类型及优缺点
- 了解情景测验的类型

引　子

360 度测评风波

大腾煤炭设计院有限公司（简称大腾）为了选拔储备干部，最近在搞360度测评。几个环节过后，测评结果终于出来了，谁知公司却炸开了锅。

建筑所所长钟一凡给本所H项目组组长曹秋林做测评反馈，两人就弄得很不愉快。曹秋林是建筑所的业务尖子，钟一凡平时很器重他，想让他锻炼两年当副所长，所以这次报了他当储备干部候选人，参加测评。他怎么也没想到曹秋林的综合得分居然会很低，要是照这个分数，曹秋林根本进不了第一梯队，连第二梯队都没戏。

其实，钟一凡一直不看好这次评估，第一次开管理会讨论时，他就提醒过人力资源总监于小溪，因为他不相信参加测评的人能诚实作答，只要有人不诚实作答，那么真相就会被扭曲。所以，他对360度测评的公正性、客观性、有效性和可操作性提出了强烈质疑。除了钟一凡，其他几个部门的头儿也纷纷表示出同样的疑虑。

但于小溪对钟一凡他们的挑战早有准备。首先，她解释说360度测评和反馈工具是从国外成功企业和世界500强企业那里引进的，实践证明，这个工具在绩效管理和人才培养方面成效卓著。大腾经过改制和这些年的发展，人员结构进行了很大调整，由新生代构成的主力军形成了新的企业文化，这种文化较之以往更加开放也更加坦诚，这为360度测评提供了群众基础。其次，360度工具是由管理专家和学者多年研发而成的，理论基础厚实。最后，公司这次是与有国际声望的管理咨询公司合作，而且他们会为大腾量体裁衣。于小溪的话似乎无可辩驳，而且还有公司总经理谢涛支持她，360度测评就这样在公司展开了。

现在，测评结果出来了，郁闷的不只有钟一凡和曹秋林，于小溪那里也很不安生。没入选干部梯队的有抱怨，入选的也有抱怨，嫌发展计划把人分成三六九等。面对这些消息，于小溪一边惊讶消息的泄露和传播，一边还得做解释安抚工作。她又回顾了一遍认为整个计划是缜密的，而且直到反馈之前都可以说是顺畅的，各位中高层干部似乎也很配合。可是，为什么到了反馈环节就跑偏了呢?

测评风波也惊动了公司总经理谢涛。先是钟一凡找到他，要求公司慎重考虑选拔计划，对曹秋林这种业务尖子有所变通。随后热力工艺所所长朱强找上门来，抱怨自己所这次无人入选一、二梯队，是因为不懂潜规则。有个大所的所长还透露给谢涛一个消息，说他底下的人，不管进梯队的还是没进梯队的，都要联名上书，要求公司将培养储备干部的钱拿出来，进行全员培训，他们的口号是：人人享有被培训的权利。

真没想到一个360度测评会引起如此轩然大波，这完全背离了谢涛做这件事的初衷。他本来是想给大家创造一个好的发展环境，为公司规划一个可持续发展的未来。谁知事到如今，冒出了这么多不同的声音。一个测评弄得全公司士气低落、飞短流长，乱成了一锅粥。

（资料来源：中国人力资源网，2010-12-27，http：//www.hr.com.cn/p/1423411712）

案例思考题：

1. 上述公司在使用360度反馈测评时出现了什么问题，为什么会造成这样的局面？

2. 请对这种测评方法的优缺点做出评价。

3. 如果你是该公司的人力资源专员，面临选拔储备人才这一问题，你会选择何种测评方法，并给出具体实施方案。

第一节　人才测评方法概述

一、人才测评方法的含义

人才测评方法是指实施人才测评的方法、手段。不同学者对人才测评的方法有一些不同的观点。我国学者俞文钊认为，人才测评的方法有广义与狭义之分（俞文钊，2005）。所谓广义的测评方法，是包括哲学方法、要素设计方法、标准编制方法、计量方法、实测方法、评价方法、思想教育方法、组织和培训方法等的方法环，如图3-1所示。

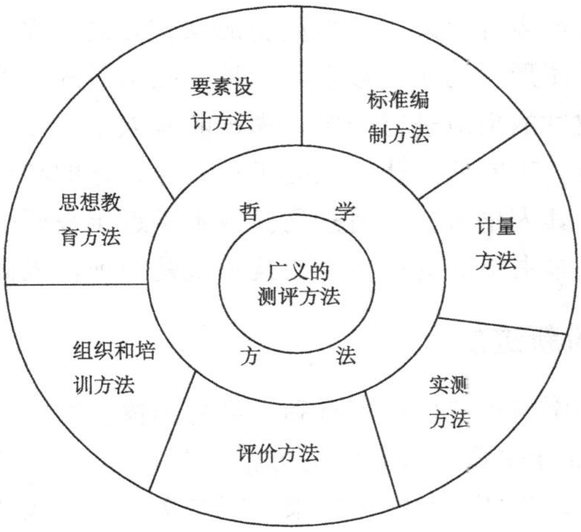

图3-1　广义测评方法环

狭义的测评方法指的就是图3-1中的实测方法，即在实施测评时采用的方法。狭义的测评方法是在既定的要素、标准和计量等基础上合理进行测评的特定方式和方法。它能对广义测评方法进行综合协调，以保证广义测评方法的实现。

有学者认为，人才测评方法是建立在教育测量学、心理学、行为科学、管理学、计算机技术等基础上的一种综合方法体系。它是指测评者采用科学方法收集被测评者在主要活动领域的表征信息，根据岗位需求及企业组织特性，运用履历判断、答卷考试、心理测验、面试、情景模拟、评价中心技术、观察评定、业绩考核等多种手段，对被测评者的知识水平、能力、个性特征、职业倾向和发展潜力等方面的素质进行综合测评的一种过程。

总之，人才测评方法是指在人才测评的过程中，基于各种学科体系，采取的各种方法手段的总和。

二、人才测评的常用方法

人才测评常用的方法有三种：问卷测验法、投射测验法及情景测验法。

问卷测验法简称问卷法，就是把要收集的资料编成问题（也称项目），每个问题有几种回答反应（即备选答案），让被试对这些问题的回答反应做出适合自己看法的选择。这些问题的设计是在经验和有关知识的基础上，通过科学的程序和心理测量学的信度、效度检验而研究制成的。利用问卷法进行人才测评，需要对被试填写的问卷使用统计分析方法进行处理，进而得出推论性的结果。

人才测评中常用的问卷法有自陈量表法和他评量表法两种。在心理测验中，自陈量表法和他评量表法的应用十分广泛。

投射测验法是一种特殊的人才测评技术，主要用于人格测验当中。它是根据心理学的投射原理编制的。投射原理认为，人们对模糊刺激情景的反应是受其当时的心理状况、过去的经验和人格特征影响的。当人们面对主题不明确的测验材料时，就会不自觉地把自己的人格特征表现出来。投射测验的操作方式是提供预先编制的一些未经组织的、意义不明确的图形、词句或数字，让被试在不受限制的情景下，自由地做出反应，施测者通过对被试的反应进行分析，来推断其人格特征。

情景测验是一种行为观察法，让被试处于事先设计好的特定情景中，施测者观察其行为反应，从而推断其人格特征。情景测验技术是近年来颇受重视的评估技术，常用于特殊人才的选拔。本书提到的评价中心技术就是一种情景测验。

三、人才测评方法的新进展

人才测评方法首先应用于战争中军官和士兵的选拔。第一次世界大战期间，美国心理学家于1917～1919年采取团体施测的方法，先后对200多万人进行测验，来选拔军队所需的各种人员，收到了良好的效果。第二次世界大战结束之后，西方各国经济发展迅速，科技不断进步，对人力资源开发提出了紧迫的要求，在这种背景下，人才测评方法开始广泛应用于各个领域，尤其是在企业管理中。企业广泛采用人才测评方法来招聘和选拔人员，收到了其他评价手段难以企及的效果。

近年来，知识经济的快速发展，对人力资源的重视程度日益提高，获取合适的人力资源成为企业提高竞争力的重要手段之一，人才测评的作用逐渐凸显。人才测评的方法不断更新，并出现了一些全新理念的人才测评方法。

1. 360 度反馈测评

360 度反馈（360 degree feedback）测评是指根据当事人的领导行为和管理才能，由员工自己、直接部属、同事，甚至外部顾客等进行全方位的评价，并在评价之后给予反馈。通过 360 度反馈系统，受评者不仅可以获得全方位的回顾，更可以从这些不同的反馈中认清彼此的差距，进而正确地了解自己所需要改进的方面。目前看来，360 度反馈测评大多用于员工的绩效评价。

2. 传记式问卷测评法

传记式问卷也称传记式资料或背景资料，它把一个人过去的传记用系统的问卷节录下来，犹如一份很详细的履历表。它涵盖的内容常常是个人过去的背景与生活经验，包括受教育的经历、兴趣、家庭、休闲及个人健康状况、早期工作经验、态度及价值观等。

传记式问卷在选拔预测力上比人格测验、心理测验、面谈、评价中心更好。传记式问卷不仅经济实惠而且效果较好。在已有的研究中，通过传记式问卷测得的社会取向、经济稳定性、工作伦理取向、学业成就、自信等五个因素可以更好地预测员工能否成功（工作成功、个人成功、生涯成功）及适任。

3. 同事提名测评法

同事提名测评又称同事评价（peer assessment），是应征者相互评价的一种程序，其结果可作为人才选拔的依据。

常用的同事提名测评法有三种：一是同事提名（peer nomination），是指每位成员根据与工作有关的每一维度提名团体中的每一位成员，并予以评分；二是同事评分（peer rating），指每位成员根据工作维度，运用评定量尺给团体中的每一位成员评分；三是同事评比，指每一个成员根据一个或多个工作维度，对团体中的所有成员依其表现的优劣加以排序。研究表明，同事提名测评法具有良好的预测领导能力的效果。

第二节　自陈量表法

一、自陈量表的含义及形式

（一）什么是自陈量表

自陈量表（self-report inventory）又称自陈问卷或自评量表，是目前人才测评中人格测评最常用的工具和形式。自陈量表是一种自我报告式问卷，依据要测量的人格特征，编制一系列的有关问题，要求被试根据自己的实际情况逐一回答，然后依据被试直接报告自己的情绪、态度、经验和行为表现，来推断其人格特征，结果更具有客观性。但是由于在回答问题时，被试可能会受到好恶倾向、社会赞许等思维定式的影响，做出虚假反应。

自陈量表的原型是伍德沃斯个人资料调查表（Woodworth personal data sheet）。该调查表在第一次世界大战期间产生并使用，主要目的是使对精神病人的访谈标准化，它采用的是团体测试的方式。问题涉及一些偏离行为，如变态恐惧或恐怖、强迫、噩梦和其他睡眠障碍，过度疲劳和其他身心症状、幻觉，以及运动障碍，如痉挛和震颤。现代人格测验中自陈量表的编制继承了伍德沃斯的做法，即当新的题目产生时，题目作者的说明一般还是基于对所要评定的行为领域的内容分析。

编制自陈量表的基本假设是：只有被试自己最了解自己的人格特征，且被试能真实地反映自己的人格特征。编制自陈量表的关键是确定所要测量的人格特质，并明确地给出该特质的操作性定义，然后围绕该特质编制出能够全面反映该特质的题目。

（二）自陈量表的形式

自陈量表的表现形式主要有以下几种。

（1）是否式，即提供一个陈述句或一个问句，并列出“是”“否”两种选择，要求被试选择其中一个最符合自己情况的选项。例如：

我喜欢安静的环境。　　是□　　否□

你遇到问题常常举棋不定、优柔寡断？　　是□　　否□

（2）是否折中式，即提供一个陈述句或一个问句，并列出“是”“否”“不确定”（如“介于是否之间”）三种选项，要求被试选择其中一个最符合自己实际情况的选项。例如：

我认为和各种类型的人交朋友是一种快乐。　　是□　　不确定□　　否□

你认为许多人都像特务一样狡猾？　　是□　　不确定□　　否□

（3）二择一式，即提供两个意思相反的陈述句（a、b），要求被试选择一个符合自己实际情况的选项。例如：

a. 在事业上成功的人与他们的努力是分不开的。

b. 事业上成功的人大多数是因为运气比较好。

（4）等级式，即提供一个问句或陈述句，同时列出几个程度不等的选项，要求被试选择其中一个选项。通常是 5 个等级或 7 个等级，有时也有 10 个等级，一般称为利克特等级量表。例如：

在工作中遇到困难时，我通常能找到几种解决方案。

完全不符合□　　比较不符合□　　不确定□　　比较符合□　　完全符合□

你认为管理者在与下属打交道时有必要经常运用权威和权力吗？

完全不同意□　　比较不同意□　　不确定□　　比较同意□　　完全同意□

二、自陈量表的优缺点

（一）优点

自陈量表的优点有以下几点。一是简便易行，效率高。自陈量表一般采用纸笔测验的形式施测，操作起来方便，能节约时间、人力，可以在相对较短的时间内获取多人的资料，适用于团体或个人测验。二是可以进行个体间的比较。自陈量表通过建立常模可以进行个体间的比较，从而获得客观化、标准化的人格测评结果。

（二）缺点

自陈量表法因其简便易行得到了广泛应用，但是其局限性也非常明显。

第一，测验结果常常受被试“社会称许行为”的影响。被试希望测试结果对自己有利，使自己得到好的评价，常常不是按照自己的实际情况，而是按社会期望的行为方式作答，这样一来，测评结果的有效性就将受到影响。例如，在招聘的人才测评中，应聘者会尽量选择那些使自己看起来更有责任感、更积极主动、更乐观的选项，以博得面试主考官的好感。

第二，自陈量表受文化背景的影响较大。我国使用的测量人格的自陈量表大多是根据西方的人格自陈量表改编而成的。西方的人格自陈量表是基于西方人的人格结构编制而成的，因为文化的差异，中国人在做心理测验时有着不同于西方人的反应心向（response set）。例如，中国人习惯于向亲朋好友倾诉衷肠，而不习惯于向陌生人倾诉，更不习惯于向外界、公众评价自己；中国人不真诚回答的倾向较大，因此测谎题上得分较高；中国人有较强的“社会取向”“社会期望”；中国人从众性强，在测试中倾向于选择多数人可能选择的答案，而并非自己的想法；在使用 5 点或 7 点等级量表时有选择“中庸”的倾向。所以，在使用西方的人格测验自陈量表时，应注意这一问题。

第三，人格自陈测验量表很难测量行为本身。有研究者认为，人格自陈量表测验所得的结果往往是各种行为类别的语义相关，即由人的记忆所得对人的行为的评价，而非真实的行为本身，因而测得的结果仅为一种观念而不是一种真实的行为。

三、国内外主要的自陈量表

（一）SCL-90 心理健康自评量表

SCL-90 是一个典型的自陈量表，原名为症状自评量表（sympotom check-list90，SCL-90）是以 Derogatis 编制的 Hopkin's 症状清单为基础而设计的。主要用来筛查心理问题和心理病理症状，包括简要描述的 90 项症状（如食欲缺乏、软弱乏力或头晕目眩等）。与其他自评量表相比，SCL-90 具有容量大、反应症状丰富、能更准确地刻画人的自觉症状等优点。该量表共包含 90 个项目，涉及比较广泛的神经科症状内容，从感觉、情绪、思维、意识、行为直至生活习惯、人际关系、饮食睡眠等方面。SCL-90 的项目类似于那些早期的检查表，项目的选择基于内容关联和临床效用。项目由心理病理学的九个维度组成，分别为躯体化、抑郁、焦虑、敌意、精神病性、人际敏感性、恐怖焦虑症、偏执及强迫症状。根据应用和临床检验，SCL-90 有良好的信度和效度。在分类诊断神经症中，能反映各类疾病的特点，可作为检测各类神经症的工具。

SCL-90 是一个 5 点等级量表，要求被试指出在过去 7 天内他们在每一个问题（或症状）上的程度，各个程度如下。

0 表示没有：自觉无该症状（问题）。

1 表示很轻：自觉有该症状，但发生得并不频繁，也不严重。

2 表示中度：自觉常有该症状，其程度为轻到中度。

3 表示相当重：自觉常有该症状，其程度为中到严重。

4 表示严重：自觉该症状的频度和强度都十分严重。

这里，“轻度、中度、重度”的具体定义应该由评定者自己去体会，不必作硬性规定。

SCL-90 的项目示例：

本评定量表共有 90 个项目，分别列出了有些人可能会有的问题。请仔细阅读每一条目，然后根据最近一星期内你的实际感受，选择一个与你的情况最相符合的答案。A 表示没有该项症状，B 表示有该症状但不频繁，C 表示有该症状但属中等程度，D 表示该症状相当严重，E 表示该症状很严重。

请你不要有所顾忌，应该根据自己的真实体验和实际情况来回答，不要花费太多的时间去思考，应顺其自然，根据第一印象作出判断。

注意：测验中的每一个问题都要回答，不要遗漏，以避免影响测验结果的准确性。

1. 头痛（　　）。

A. 无　　B. 轻度　　C. 中度　　D. 相当重　　E. 很严重

2. 神经过敏，心中不踏实（　　）。

A. 无　　B. 轻度　　C. 中度　　D. 相当重　　E. 很严重

3. 头脑中有不必要的想法或字句缠绕（　　）。

A. 无　　B. 轻度　　C. 中度　　D. 相当重　　E. 很严重

4. 头昏或昏倒（　　）。

A. 无　　B. 轻度　　C. 中度　　D. 相当重　　E. 很严重

5. 对异性的兴趣减退（　　）。

A. 无　　B. 轻度　　C. 中度　　D. 相当重　　E. 很严重

（二）明尼苏达多相人格调查表

明尼苏达多相人格测验（Minnesota multiphasic personality inventory，MMPI）是 20 世纪 30 年代末期由美国明尼苏达大学教授哈萨维（S. R. Hathaway）和麦金利（J. C. Mckinley）编制的，它是采用效标控制策略编制自陈量表的典范。两位教授从大量的病史、早期出版的人格量表、医学档案、病人自述、医生笔记及一些对人格描述的书上搜集了1000多个题目，然后将这些题目在临床中进行施测。经过反复验证与修订，在1966年编制的MMPI的修订版中确定了566个题目，其中16个项目是重复项目，用来测验被试前后反应的一致性。在通常的临床测验中，只使用前399个项目，即4个效度量表，10个临床量表，其余的项目则与一些其他研究量表有关。

四个效度量表如下。

(1) 疑问量表（?），又称“无回答”，被试对项目无法回答或对项目“是”“否”均作回答的项目总数，即为分量表的项目数和得分。

(2) 说谎量表（L），共15个项目，每个项目与社会赞许度密切相关。该分量表的目的是识别被试是否“装好”而虚伪作答。

(3) 诈病量表（F），共64个项目，每个项目与身体或心理异常有关，且一般人不会作肯定回答。

(4) 校正量表（K），共30题，其分数与L量表、F量表相联系，可更为巧妙地测量被试的态度。

10个临床量表的具体情况如下。

(1) Hs：疑病症（hypochondriasis），包括30个项目，主要特征是对身体不适过于担忧。

(2) D：抑郁症（depression），包括60个项目，主要特征是感到悲伤、沮丧和绝望。

(3) Hy：歇斯底里（hysteria），包括60个项目，是一种利用疾病来逃避冲突的神经症。

(4) Pd：精神病态偏离（psychopathic deviate），包括50个项目，主要特征是极端地无视社会规范及道德规范。

(5) Mf：男子气-女子气（masculinity-femininity），包括60个项目，主要特征是刻板地接受自身的性别角色。

(6) Pa：妄想症（paranioa），包括40个项目，主要特征是关系妄想、被害妄想和夸大妄想。

(7) Pt：精神衰弱（psychasthenia），包括48个项目，主要特征是强迫的意念或行为。

(8) Sc：精神分裂症（schizophrenia），包括78个项目，一种复杂的精神病，表现为认知、情感和意志的失调。

(9) Ma：轻躁狂（Mania），包括46个项目，情绪介于强烈的愉快感与躁狂之间。

(10) Si：社会内向性格（social introversion），包括70个项目，主要特征是极端的退缩和自我关注。

MMPI适用于16岁以上的被试，并且被试需具有小学以上文化程度，且没有影响测验结果的生理缺陷。

在MMPI最初编制成功的20世纪40年代，它的主要功能是测查个体的人格特征，以区别精神病患者和正常人，是精神病诊断过程中的一种辅助工具；到了60年代，MMPI 成为主导的人格测验，用于正常被试的咨询、就业、医学、军事和法律等方面，其使用次数甚至比用于精神病人更多；到了 80 年代，对 MMPI 的研究大量呈现，有关 MMPI 的文献有数千种，它的使用也非常广泛。目前，MMPI 已被翻译成多种文字，广泛地应用于人格鉴定、心理疾病的诊断和治疗、心理咨询，以及人类学、医学、社会学等研究与实践领域。另外，许多研究者在使用 MMPI 的过程中，又制定出许多新的量表，如焦虑量表、压抑量表，等等。在差不多半个世纪里，MMPI 是使用最广泛和研究最透彻的人格测验。

大量的实践表明，MMPI 的表面效度较高，对临床测试确实有效。但 MMPI 也有一些不足：一是由于被试的选取有限，所以其常模的代表性不高；二是 MMPI 的题量过大，施测时间过长，且还有一些使人反感的题目，如性偏好等，容易引起被试的消极情绪；三是 MMPI 使用了很多晦涩难懂的病理词汇，常常使人看不懂，从而影响测试结果。

最近，MMPI 已经再版，并重新建构了两个独立的版本，即 MMPI-2 和 MMPI-青少年版。中国科学院心理学研究所的宋维真等于 1980 年开始修订 MMPI，1984 年完成修订工作，并建立了中国人的人格量表常模。大量数据表明，MMPI 自引入中国后，已成为我国精神科临床上使用最多的心理量表之一。1991 年，以宋维真为首的全国协作小组开始了对 MMPI-2 的引进、研究与修订工作，如今 MMPI 已在中国得到了广泛运用。

除了上面介绍的 SCL-90 和 MMPI，常见的自陈量表还有卡特尔 16 种人格测验及 MBTI 人格测验，因这两种测验在本书的第七章个性测验部分将有详细介绍，这里不再赘述。

第三节　投射测验法

一、投射测验概述

（一）投射测验的基本含义

“投射”一词最初来源于弗洛伊德（S. Freud）对一种心理防御机制的命名。所谓投射是指个体把自己的思想、态度、愿望、情绪、性格等心理特征无意识地反映于对事物的解释之中的心理倾向。也就是说，被试在对客观事物的特征进行想象性解释的过程中，不自觉地将自己的心理特征呈现在这种想象的解释中。

投射作为一种评估术语最早由主题统觉测验（TAT）的创建者默里在 1938 年使用。1939 年，由弗兰克（L. R. Frank）首先使用“投射技术”一词。弗兰克在《人格研究的投射技术》一文中，明确地提出了投射技术（projective technique）是“一种研究人格的方法，它使被试面对某种情景并根据这一情景对它的意义做出反应”。一般认为，“投射技术”一词与“投射测验”（projective test）一词通用，两者的含义基本上一致。

对投射技术的理解一般包含三个方面：一是刺激性质是含糊不清的，允许被试自由发挥；二是被试的反应（或回答）不受限制，不需要一致的反应；三是反应本身具有多维性，解释者的分析是整体的，针对独特的个体。

投射技术是经过掩饰的测验方法，使被试难以觉察对他们的反应所做的心理学解释。投射技术通常是指定一个相对非结构性的任务，即这个任务允许被试做出自由的反应。为了使个人展开自由想象，只提供一个指导语。然后通过分析被试的反应，推断其人格特点。

投射技术是对人格评价的综合方法，它描述的是人格整体，而不是测量个别特质。投射技术的拥护者认为，投射技术在揭示人格中隐蔽的、潜在的和无意识的方面特别有效。投射技术源于临床，至今仍然是临床医生的主要工具。

投射测验揭示了个体在无意识状态下流露出的人格特征，反映了精神分析理论的无意识观念。精神分析理论认为，无意识的内容很难为意识所认识。自陈量表无法探测无意识的内容，而投射测验则能做到。

（二）投射测验的优点及局限性

与自陈量表法的心理测验相比，投射测验的优势十分明显。第一，可以测验被试的真实反应。尽管被试没有做出真实回答，仍然可以通过被试完成的活动产品分析其投射出来的心理反应。第二，投射测验因是通过被试的活动或完成的产品来推断测试结果，所以不受被试文化背景的影响。第三，可以了解被试潜意识的想法。

投射测验的缺点也很明显。一是结果难以量化。投射测验的主要缺点在于很难客观记分。刺激情景的非结构性和被试反应的自由性，以及缺乏客观的评分标准，都给客观记分带来了困难。二是对施测者要求较高。因投射测验很大程度上依赖于施测者主观对被试的反应做出解释，所以，施测者必须经过专门和严格的训练，具备较高的素养及大量的临床经验才能胜任。三是信度与效度不易建立。虽然投射测验目前应用较为普遍，但是测验本身的性质决定了其难以获得确切的信度与效度资料。

（三）投射测验的类型

投射测验根据测验目的、刺激情景、反应方式及解释方法的不同，分为不同的类型。本书介绍林德塞（G. Lindaey）的分类。

（1）联想型。要求被试根据呈现的一系列刺激（如字词、图画等）进行联想，并报告联想的内容，施测者根据被试报告的联想内容分析其人格特征。罗夏墨迹测验就属于这种类型。

（2）构造型。要求被试根据自己所看到的图画编造一个含有过去、现在及将来发展的完整故事，通过对被试构造的故事内容进行分析来推断其人格特征。主题统觉测验属于这种类型。

（3）完成型。要求被试对一些不完整的句子、故事或短文等材料进行自由补充，使之完整。通过分析被试补充的内容来推测被试的人格倾向或人格特征，如语句完成测验。

（4）选排型。要求被试根据自己的判断准则，把呈现的项目（如图片、照片、数字等）进行分类、选择或排列，根据被试的操作过程或操作结果来分析其人格特征，如图形排列测验。

（5）表露型。让被试借助某种方式自由表露其心理状态，通过分析被试在活动中的行为表现，以了解其人格特征，如画图测验。

二、罗夏墨迹测验

（一）罗夏墨迹测验简介

罗夏墨迹测验（Rorschach inkblot test）是由瑞士精神病学家罗夏（H. Rorschach）创立的。罗夏于1921年出版的《心理诊断法》一书，介绍了罗夏墨迹测验。虽然早在罗夏之前就有人利用墨迹技术来了解人的想象力，但罗夏是第一个使用该技术对人的心理健康进行诊断的研究者。

罗夏在精神病的临床实践中发现，精神病人和正常人对同样的墨迹图反应不一样，精神病患者和正常人报告他们看到的东西是不同的。经过大量的临床实验和观察，罗夏最终选出了10张墨迹图，并确定了一套记分与解释系统，罗夏墨迹测验正式产生。在创立此技术的过程中，罗夏通过对智力落后人群和正常人群，以及对艺术家、学者和其他特殊人群的补充测验，使记分方法进一步细化。该测验的主要目的是借助被试对一些标准化墨迹图形的反应，对其人格进行整体性的定性反应。罗夏墨迹测验问世以后，引起了西方学者的极大兴趣，并在欧美国家广泛运用，主要运用于人格测验和心理诊断等领域。

罗夏墨迹测验共有10张墨迹图片，其中，五张是浓淡不同的黑色墨迹图，两张是红黑相间的墨迹图，三张是由几种颜色混合而成的墨迹图，也被称为彩色图片。

（二）罗夏墨迹测验的使用

在实施罗夏墨迹测验时，典型的做法是先让被试放松，使其感到舒适，然后向被试呈现每一张墨迹图，一次一张，要求其讲出墨迹图可能代表什么。在呈现墨迹图时，施测者使用简单的、标准化的指导语告诉被试如何完成测验，指导语中尽量不要加进自己的观点或其他说明。指导语一般是："要给你看的图上印有偶然形成的墨迹图形，请你将看图时所想到的东西说出来，无论你想到了什么，都原封不动地说出来，回答无所谓正确与不正确，所以，请你看到什么就说什么。"

罗夏墨迹测验是个别测验，不能团体施测。在测试的过程中，施测者尽量不要打断对方，也不要插话。如果被试有不明白或不明确的地方而进行试探性提问时，施测者不要作明确的回答或暗示性的提示，一般应采取中性的回答，可以说"你看到什么，就说什么"。

在整个测试的过程中，要注意以下几点。一是根据被试所回答的内容判断其人格特征。要注意被试对图片的反应内容是生命的还是非生命的、是人还是动物、是可爱的还是厌恶的，据此解释被试人格上的差异。二是对内容的解释可以有象征性意义。三是解释时要注意全部的回答情况。

罗夏墨迹测验的施测过程可分为四个阶段：自由反应阶段、提问阶段、类比阶段及极限测验阶段。

（1）自由反应阶段。自由反应也称自由联想。这一阶段就是让被试根据在墨迹图中所看到的内容进行自由联想，施测者对其反应一般不进行干涉，也不与其进行交流，而是逐字逐句地记录被试的言语反应。例如，从每张图片呈现给被试到其第一次反应的时间，各个反应之间较长停顿的时间，每张图片反应的总时间及被试表达想法时附带的情绪、动作等。

（2）提问阶段。这一阶段的目的是将被试的反应记号化。所谓记号化就是将测验中记录的资料分类，使资料的处理简单化。基本的做法是施测者再次将墨迹图呈现给被试，并有针对性地进行提问，如“每一种反应是根据墨迹图的哪一部分做出的，引起这种反应的因素是什么”等。提问要尽量说得模糊不清，不能对被试产生暗示，并且最好利用被试自己叙述的语言。例如，如果被试报告说看到了美丽的蝴蝶，最好问“怎样看到蝴蝶的”“蝴蝶的美丽体现在哪里”。

（3）类比阶段。类比阶段是用间接性的提问还不能充分明白被记号化的问题时，所补充使用的阶段，只在提问阶段还未充分弄清记号化的问题时才使用。因此，是否采用这一阶段应根据需要而定。在这个阶段，主要是询问被试对某个反应所使用的决定因子，是否也用于其他反应。

（4）极限测验阶段。如果在第三个阶段仍然无法确定被试的反应类型，则施测者可以直接提问被试是否能从图片中看到某种具体的事物，如“别人从这张墨迹图上看到了一只蝙蝠，你能看到吗?”如果被试拒绝承认所暗示的平凡反应或没有这种直觉能力时，可以这样提问：“如果别人看到了蝙蝠的话，什么地方错了?”对这个提问的回答往往能清楚地了解想知道的信息。

（三）罗夏墨迹测验的评价

罗夏墨迹测验是基于知觉与人格之间有某种关系的一种假说，即在知觉中反映着人格。在测验中，被试需要根据自己看到的墨迹图说出自己的知觉体验，他们必须以独特的方式进行反应。在这些反应中，他们无意地、不知不觉地将真实的自己，有时甚至自己完全意识不到的自己的某些侧面暴露出来。这使得罗夏墨迹测验的客观性得到一定程度的保证。

但是罗夏墨迹测验的评分和解释都非常复杂，需要经过特殊培训与训练的专业人员来完成，因此给该测验的应用带来了一定的困难。测验的解释标准也经不起推敲。例如，对整体做出反应表明被试的智力水平高；注意不寻常的细节被认为是强迫症状的表现；对颜色做出反应意味着情绪化；不能区分男性刺激和女性刺激则表明在性方面存在问题等。这些观点的证据不足，并且这些证据往往是凭主观印象决定的，常常自相矛盾。由于上述一些问题，随着 20 世纪五六十年代人格自陈量表的发展与应用，罗夏墨迹测验的地位慢慢回落。尽管如此，许多心理学家仍坚信罗夏墨迹测验在临床诊断中起到了重要作用。

三、主题统觉测验

（一）主题统觉测验简介

主题统觉测验（thematic apperception test，TAT），是一种适用于成年人及青少年、应用最广的构造型投射测验，由美国心理学家莫瑞（H. A. Murray）和摩根（C. D. Morgan）于 20 世纪 30 年代创立。TAT 的主要任务是被试根据所呈现的内容暧昧的图片自由联想，编造故事，再通过分析被试编造的故事来了解其心理需求、动机及情绪等人格特征。

TAT 由 30 张图片组成，外加 1 张空白卡片。图片的内容多为人物，兼有部分景物，不过每张图片中至少有一个人物。这些图片依据不同的结构，组合成四套材料，分别适用于成年男性、成年女性、男孩和女孩，每套 20 张，分成两个系列，每个系列各有 10 张。有一些图片为四套材料共有，有的则专属于其中的一套材料。TAT 的这些图片与罗夏测验的墨迹图不同，它是关于人物的图片，有一定主题，不是完全无结构的。TAT 图片中的结构化程度并不相同，有些图片是高度结构化的，有些则是空白卡片。TAT 自创立以来经过三次修改，并逐步推广应用于人员招聘与选拔、人格测验等实践领域。

TAT 编制的理论基础是莫瑞的需要-压力理论，其基本假设是，个人在面对一个模糊的图片情景时所编制出来的故事，常会与个人的生活经验密切联系；被试在编故事时不仅受到知觉到的图片本身的影响，而且常常会不自觉地把自己隐藏或压抑在内心的动机、欲望及矛盾穿插在故事中，借故事中的人物行为宣泄出来。也就是说，被试的心路历程可以在 TAT 测验中投射出来，从而可以了解被试的心理活动及人格特征。

TAT 的操作比较复杂，评分缺乏客观性，信度、效度较低，而且原版图片不适合中国人，所以在我国的临床实践当中应用较少。1993 年，我国针对 TAT 原版的缺陷，对 TAT 进行了修订，把 TAT 原版的无结构投射法改为半结构化的联想，即选择法投射。这种方法要求被试对每张图片的固定数量的描述短语进行选择。为了减少文化差异的影响，将图片中的人物形象或场景全部改成中国人的形象或适合中国人的文化场景，从而不仅使测验简便易行，而且增加了测验本身的信度、效度。

（二）主题统觉测验的使用

TAT 属于个别测验。施测时，施测者需要按顺序逐一出示图片，要求被试根据自己的想象和体验对每一张图片讲一个 300 字左右的内容生动的故事。每张图片约 5 分钟，整套测验需在 90～120 分钟内完成。每套测验的两个系列分两次进行，两个系列之间的测验至少间隔一天。

TAT 施测时也需要标准的指导语，一般的指导语这样描述："这是一个想象力的测验，是测验智力的一种形式。将让你看一些图片，请你根据每一张图片的内容编一个故事，告诉我图片中的事情是如何发生的？现在正在发生什么？以后将会发生什么？请将你看到的全部说出来。你可以随意讲，故事越生动、越戏剧化就越好。"

TAT 的测验方法简单，但对每个故事的评分与解释较为复杂，必须由经验丰富的临床专家来记分、解释。为了避免评分者主观性的影响，最好由两三位专家共同评估。

主题统觉测验发展很快，除 TAT 之外，还有密歇根图片测验、密西西比主题统觉测验、职业统觉测验等。

四、图画测验

图画测验属于表露型的投射测验。图画测验作为一种投射技术，与其他投射技术一样，主要是通过简单、模糊和不确定的指导语，引起人们的反应，给人们充分的想象空间，让其把深层次的动机、情绪、焦虑、冲突、价值观和愿望等，不知不觉投射在图画作品中。图画测验的优点在于施测简单方便，不受语言及文化背景的限制，所以应用较为广泛，常用于心理咨询诊断及企业的招聘选拔当中。但是该类测验的解释较为复杂，需要由经过专门训练的人员担任。

（一）图画心理学简介

19 世纪末，人们开始尝试通过图画了解人类自身。最初的研究重点集中在儿童身上。1921 年伯特（Burt）对儿童绘画进行分析，将儿童及青少年的绘画分为不同阶段；1926 年古迪纳夫（Goodenough）研究儿童及青少年画人的规律，让儿童“画一个人”，并第一次尝试从所画的人来判断其成熟度和智力，首次把图画和智力评估联系在一起。随后，哈里斯（Harris）、麦琪欧文（Machover）、布克（Buck）、阿佩尔（Appel）、普洛特和菲利普（Prout and Phillips）等都对绘画与人的心理的关系进行了研究。

从一开始，图画心理学的研究就和应用联系在一起。它从最初评判儿童的成熟度、智力走向对绘画者整体人格的评判；图画心理学从针对特殊群体走向更广泛的群体，从学术工具走向心理咨询工具、临床治疗工具，它的应用越来越深人。从这个意义上讲，图画技术是一项非常有应用前景的工具。

（二）常见的图画技术

1. 画人技术

画人是最基本的图画技术，也是应用最广泛的图画技术之一，适用于各个年龄段的被试。在实际施测时，一般是提供一张 A4 白纸和一支铅笔，要求被试画一个人。指导语非常简单——“请你画一个人”；有时也会加上一个限定条件——“请不要画火柴人或漫画”。火柴人是指像火柴棍搭出的那种抽象人，即头部画成圆形，而身体其他部位画成直线；漫画人物是模仿漫画画出的变形或高度抽象的人，这两种人形因其高度抽象或变形，无法得到具体或真实的信息。如果被试问“画一个什么样的人”，施测者一般回答“你想画什么样的人都可以”。

画人技术常有以下几种形式。

一是请被试画自画像，告诉被试“请画出你自己”。对此，有些被试常因担心自己的绘画技术不好影响画图效果，而不敢动手。这时可以告诉被试，并不是考察他的绘画技术，只是对他的画感兴趣。从自画像中可以看出一个人对自己的评价，这种评价既包括生理层面的评价，也包括心理层面的评价。

二是画一位异性。性别认同是画人技术考察的一个方面。通常，人们是先画一个和自己同性别的人，如果被试先画的是与自己性别相异的人，一般要询问其原因。通过画一名异性可考察被试的性别认同度，以及对异性的态度。

三是画雨中之人。这个技术最早由艾布拉姆斯和阿姆钦提出。给出的指导语是："请画一个雨中之人"或"请画一个在雨中的人"。这个测试主要考察人们在压力情景下的反应，雨就象征着外界压力。根据所画的画可以考察在压力情景下，被试是否会调动资源来应对压力，如果会，是用何种资源？被试的方法是否有效？其情绪状态如何？其计划性如何？在压力面前，被试会使用何种防御机制迎接挑战或退缩？画雨中之人通常会有以下几种。一种人是在大雨中，没有任何雨具保护。这种人在遇到压力时常感到无力、无助，有一定依赖性，既不满环境，但又没有离开环境的行动，他们常常是环境的牺牲品。另一种人用雨具来遮风避雨，但觉得雨具不是很有效，或是雨伞被风吹翻，或是身上依然被雨淋湿。这种人可能会有一定的焦虑，对压力会有一些适应不良。还有一种人用雨具把自己保护得很好，脸上的表情也非常沉着或乐观，这些人对压力有足够的信心，有应对压力的良好方法。但是，也有例外情况，在对画的结果进行解释时要询问被试的意图。例如，有人在画中也没有画雨具，但是他自己解释说："我很喜欢在蒙蒙细雨中散步。"

2. 树木人格图

树木人格图即画树技术。由于树的成长与人的成长有相似性，所以用树来比喻人的成长，可以让人产生丰富的联想。在实际施测时，一般是提供一张 A4 白纸和一支铅笔，要求被试画一棵树。指导语一般是："请画一棵树，可以是现实中的树，也可以是想象中的树。"被试完成绘画后请被试自己介绍他（或她）的画，需要介绍的基本信息包括：画的是什么树、哪个季节的树、果实的名称（如果画果实的话）及作画时的心情。

从这些信息中可以考察以下方面的内容。

被试画的是什么树？是现实中的树，还是想象中的树？如果是现实中的树，是否有变形？

这棵树是否有果实？如果有果实，是大还是小，是一种果实还是几种果实，果实的名称与树的名称是否一致？

这棵树属于哪个季节？是发芽的春季，蓬勃生长的夏季，果实累累的秋季，还是落叶凋零的冬季？这个季节与果实的关系是什么？

被试的情绪是什么？画图本身是否会触动其潜意识中的某些情结？

以上信息对结果的解释非常重要。但是在画树的过程中，被试所画的树常受其生活经验的影响。比如，生活在上海的人可能会画梧桐树多一些，而生活在北方的人可能画白杨树更多一些，所以被试的解释非常重要。

从树木人格图的应用实践中发现，被试最常画的是苹果树。

树木人格图的分析方法如下。

（1）树枝和树冠。树冠、树枝的匀称和优美比较恰当，代表一个人发展均衡。树冠和树枝的变化程度、大小、形状传递着成长信息及与环境的关系。树冠的变化大往往是个体成长过程中变化大的表现。树冠伸展舒畅常代表发展顺利。如果笔画简洁流畅，则代表被试思维的流畅性、高智力或做事风格干净利落。用繁复的笔画描画枝叶的细节，表明被试有一定的强迫性或追求完美。树冠的大小和形状、树枝的形状等都代表不同的心理特征，在此不作赘述。

（2）树干。树干反映成长和发展上的能量和生命力。树干上的疤痕是成长过程中受到创伤的标志，从它所处的位置可以对其创伤年龄进行大致判断。树干的粗细代表生命力的旺盛程度：过细，像一根线一样的树干，往往代表在成长过程中缺乏支持和支撑；粗大的树干代表旺盛的生命力；树干越往上越细，最后收于一点，可能代表生命力的衰减。

（3）树叶。树叶茂盛代表生机勃勃，树叶稀少代表活力不足，没有任何叶子的枯树代表生命的失落感。另外，叶子的大小也代表不同含义，大叶子代表有依赖感，不愿独立，容易相处；小叶子尤其是针形的叶子则表示缺乏滋养，为人尖锐刻薄，不易相处。

（4）树根。树根是树深埋在土里的部分，又是吸收养料的重要部分。它象征着过去的成长和最初的成长。树根暴露在外，象征着对过去的不停挖掘和回忆。

（5）果实。果实的多少、大小代表成就、报酬、欲望、希望、目标和恩典等。如果果实掉落，可能表示成长过程中遇到一些伤害事件。

（6）树皮。树皮是输送养料的通道，也是树干的外衣，它记录着成长的沧桑。

（7）树上的动物。有些被试常常画动物，每一种动物都代表了被试人格的某个方面，被试在借助动物表达自己的某种需求和愿望。每个人对动物的看法不同，即使是对同一种动物也有不同看法。要想确切地了解动物代表的含义，需要询问被试本人。

（8）附加物。被试常在图画中画一些附加物，如太阳、小草、人等，这些附加物代表什么含义可以和被试一起讨论。

除了画人和画树，图画技术还包括主题画技术，即命名一个主题让被试来画画，以此来了解被试的人格特征。主题不同，代表的人格特征不同。

五、其他投射测验

（一）言语技术

一般来说，所有投射工具都要求言语反应，但有些投射技术全部都是言语的，刺激材料和反应都只用言语，即言语技术（verbal techniques）。言语技术中的一部分可以用口头或书面的形式实施，但都适合团体书面施测。常用的言语技术有以下几种。

1. 词汇联想测验

词汇联想测验最初也称“自由联想测验”，最早由高尔顿（Galton）作系统描述，后来冯特和卡特尔将其引入心理学实验室，经改编用于多个方面。最初，心理测验人员和早期的实验心理学家都把此种心理测验视为探索思维过程的工具。其基本方法是，简单地呈现一系列无关的词，要求个人对每个词做出反应，说出想到的第一个词。例如，“桌子”这个词多数人反应“椅子”，对“光明”这个词，多数人反应“黑暗”。在施测时，根据被试反应的情况及反应的频率记分，并以此做出评价。

2. 语句完成测验

语句完成测验（sentence completion test，SCT），属于完成型的投射测验。该方法起源于德国，最初用于测查儿童的智能，后来美国使用这种方法测查人格。在反映长度、结构数量和其他方面，该测验居于词汇联想测验和主题统觉测验之间。这种技术比较简单，易于掌握，既可用于个别测验，又可用于团体测验，已广泛应用于研究和临床实践。SCT 一般有两种形式：一种是限制选择式，即在一个未完成的句子后列出数个短句，由被试从中选择一个自认为最合适的短句补全句子；另一种是自由完成式，即由被试通过自由联想的方式把呈现的句子补充为一个完整的句子。一般来说，由于自由完成式没有任何限制，属于被试的自由联想，更能有效地投射其人格特征，所以自由完成式的应用更多。较为著名的自由完成式 SCT 有塞克斯（J. W. Sacks）编制的《塞氏语句完成测验》和罗特（J. B. Rotter）编制的《句子完成测验》。

《塞氏语句完成测验》由 60 个未完成的句子构成，分为家庭、性、人际关系、自我概念四类。例如，“我觉得我的父亲________”，“我认为我的婚姻生活________”等。罗特的《句子完成测验》由 40 道未完成的句子组成，题干十分简单，如“我喜欢________”，“我觉得________”等。

（二）罗森茨威格挫折图片测验

罗森茨威格挫折图片测验（Rosenzweig picture-frustration study），也称逆境对话测验。该测验也是一种补全投射测验。整个测验由两个水平（适用于 4～13 岁的儿童和成人）的 24 幅漫画组成。每幅画中都有两个人，一个人制造一个挫折情景，另一个人则必须对此情景做出反应。要求被试站在后者的立场上讲出或者写出自己对这一情景的反应。依据被试所作反应的性质，可将他们面对挫折的反应倾向划分为外惩罚型（攻击性指向外界的人或物）、内惩罚型（攻击性指向自身）及无惩罚型（回避挫折情景）三种类型。

第四节　情景测验法

一、情景测验概述

（一）情景测验的定义

情景测验（situational test）就是将被试置于事先设置的情景中，由施测者观察被试的行为反应并分析其行为表现，从而判定其人格特征的测验。情景测验属于行为观察法，又是自然实验法的一种。1928 年，哈茨雷恩和梅（Hartshorne and May）主持实施了品格教育调查，这是最早的情景测验之一。研究者选择了体育比赛、联欢会、学生家里等不同的场合来了解在不期而遇的情况下，学生作弊、说谎、伪造、偷窃及自我吹捧等情况。

在第二次世界大战期间，美国战略局为选拔军事情报人员而进行的测验是情景测验的又一典型代表。测验要求被试利用木块、钉子和木杆制作一个立方体，时间为 10 分钟。由于任务复杂，考官给每人安排了两名“助手”。实际上，“助手”是一些心理学工作者，他们的任务就是从中作梗，妨碍任务的完成。考官在旁边观察，从而评定被试的领导能力。

（二）情景测验的优点与局限性

情景测验自出现以来得到了很好的发展，近年来，情景测验被广泛应用于教育、军事或企业的人员招聘与选拔中，其优点在于有较高的效度。情景测验事先为被试创设一个真实的情景，在真实的情景中观察被试的反应，测验结果更真实可靠。情景测验的局限性在于需要花费大量的人力、物力及时间，成本较高。另外，情景测验所能测到的心理特质有限。

二、情景压力测验

情景压力测验是情景测验的另一种典型形式，通常设计特定的情景，使被试感到压力，测试者再提出难题，考察被试的情绪反应和应变能力。一些被试在压力面前表现得从容不迫，而另一些则不知所措。例如，某市政府在公开招聘副局级干部时就用过压力测试。面试的主考官对其中的一个应聘者提出了颇具压力的问题：假如你是本局的副局长，由于工作的需要，其他局领导均出差在外。今天是星期一，上班后有这样几件事情必须由你处理：一是有许多公文要批示，这项工作需花费近一小时的时间；二是 10 分钟后你要参加早与外商约定好的一个谈判会；三是本局的一名员工在今天早晨出了车祸，人被送入医院抢救，现在生命垂危，需局领导火速去医院探望；四是你多年未见的老朋友从国外来该城市出差，明天他又要离开，想与你叙叙旧；五是市政府要召开一个紧急的电话会议，需要你局的局领导准时参加。你如何在一天内处理这五件棘手的事情？

一些专家认为，在压力测试中，一些被试不能完全自在地表现自己，从而可能漏失一些优秀人才。所以，压力测试一般适用于能控制自己的情感、面对挫折毫不动容的销售、公关、高级管理人员及军事人员的选拔。

三、情景模拟测验

情景模拟测验也称评价中心，是近年来兴起的比较重要的人员测评选拔方法之一。它采用情景模拟的方法对被试的特定行为进行观察和评价，主要用于选拔高级管理人员和专业人才。经常用到的方法有公文处理法、无领导小组讨论、角色扮演、管理游戏等。

本章小结

人才测评方法是指实施人才测评的方法、手段。人才测评中常用的方法有三种：问卷测验法、投射测验法及情景测验法。

自陈量表又称自陈问卷或自评量表，是目前人才测评中人格测评最常用的工具和形式。自陈量表的表现形式主要有是否式、是否折中式、二择一式及等级式等。

投射技术通常是指定一个相对非结构性的任务，即这个任务允许被试做出自由的反应。投射测验根据测验目的、刺激情景、反应方式及解释方法的不同，分成不同的类型。林德塞将投射测验分成联想型、构造型、完成型、选排型、表露型五种类型。常见的投射测验有罗夏墨迹测验、主题统觉测验、图画测验。

情景测验就是将被试置于事先设置的情景中，由施测者观察被试的行为反应并分析其行为表现，从而判定其人格特征的测验。情景测验属于行为观察法，又是自然实验法的一种。常见的情景测验有情景压力测验和情景模拟测验。

中英文对照关键词

自陈量表 self-report inventory

SCL-90 **心理健康自评量表** sympotom check-list 90，SCL-90

明尼苏达多相人格测验 Minnesota multiphasic personality inventory，MMPI

投射测验 projective test

罗夏墨迹测验 Rorschach inkblot test

主题统觉测验 thematic apperception test

图画测验 picture test

言语技术 verbal techniques

罗森茨威格挫折图片测验 Rosenzweig picture-frustration study

情景测验 situational test

情景压力测验 situational stress test

情景模拟测验 situational simulate test

案例分析题

如何选择轻重缓急

刘经理是一家大型公司的部门经理，下面是他参加的一次测评。

现在是你作为通信工业公司中层经理的第二年，你领导着一个有 30 名左右员工的部门。你在这个职务上第一年的表现总体来说是不错的。你所在部门的表现至少与你接管以前是一样的，也许还好些。你有两个助手，其中一个相当能干，但另一个看起来只不过照章办事，并不能给予多少真正的帮助。

你相信，尽管你是受人欢迎的，但几乎没什么能使你在你的上级眼里比公司里与你同级的经理更加突出。

你的目标是迅速提升到公司顶层，以下是你正在考虑将要在接下来的两个月内所做事情的清单，你显然不能每件事都做。请你评估每件事作为实现你的目标的手段的重要性等级。

A. 参加一系列在当地电视台上播出的讨论会。

B. 想办法确保你的上级意识到你的重要贡献。

C. 提出对某个问题的解决办法，该问题虽然在你目前部门的职权范围之外，但你却乐意负责。

D. 接受朋友的邀请，参加某个不公开的俱乐部，那里有许多高级行政管理人员。

答题时，要求刘经理首先根据自己的看法对 A、B、C、D 四个选项分别表达“同意”或“反对”程度的判断；然后再进行排序——最同意的一项为 1，其次为 2，再次是 3、4。题目的排序结果显示，该题的四个选项中 C 最可取，其次是 B，然后依次是 A、D。

（资料来源：吴文艳．2008．组织招聘管理．大连：东北财经大学出版社：177）

案例分析题：

1. 上述对刘经理的测评采用的是哪种方法？

2. 请对这种测评方法的优缺点做出评价。

复习思考题

1. 人才测评方法的含义是什么，人才测评方法的新进展如何？
2. 什么是自陈量表法，它有怎样的优缺点，常用的自陈量表有哪些？
3. 什么是投射测验，其主要类型有哪些？
4. 请简述罗夏墨迹测验，并对其进行评价。
5. 常见的图画测验有哪些？
6. 什么是情景测验？请简要说明情景压力测验及情景模拟测验。

第四章 品德与情商测评

学习目标

- 了解品德的基本内涵
- 掌握品德测评的常用方法
- 掌握大五人格模型与绩效的关系
- 掌握情商测评的常用方法

引 子

“学历门”引讨论 当百位名人集体修正简历

2010年7月1日晚上8时20分，方舟子在微博上一连发出21条记录，把矛头指向新华都集团总裁兼CEO、著名的“打工皇帝”唐骏。在这一系列微博中，方舟子针对唐骏在《我的成功可以复制》一书中透露的其个人学位、求学及工作经历，提出了多个质疑，并出示了部分查证证据，提出“唐骏的‘加州理工学院博士学位’造假”。

唐骏“学历门”事件引发了诸多社会幽默，网络“简历纠错”算是一件。有媒体报道说，仅7月7～8日两天时间，就有近百位名人的简历被修改——曾经的高学历被悄悄删除，并且该数字还在持续增加。

有人说，这些名人幡然醒悟，明白了名利事小、失节事大，于是，良心发现，回归“诚信”。说这话的想来很善良，总善于发现人性深处的那些温暖与光亮。然而，现实恐怕并非如此美好，除了迫于舆论压力、担心日后被“揪”，实在看不出这集体“简历纠错”背后有怎样感人的道德觉悟。

不管出于何种原因，我们还是很乐见“简历纠错”这样的结果，独立调查者的穷追不舍，网络舆论的持续关注，终于让那些曾经欺世盗名者“实话实说”，这，不能不说是意外之喜。

其一，虽有一部分人高呼“瑕不掩瑜”，把成功当着诚信的遮羞布，但作为社会道德理想的诚信还不至于完全沦陷。这个社会怕是还没有人敢高举“我不诚信”的旗帜来纵横四海的，即便是只把诚信当着胭脂粉，也会在必要时狠狠地往自己脸上多敷一层。无论商场、官场或是学界的成功人士，在谈到其成功之道时，不是总喜欢说“诚信第一”吗？

其二，完善的社会监督可以提高社会的自净能力。除了上述的“简历纠错”，“学历门”事件还罕见地引发了上市公司高管学历纠错。7月9日夜间，上市公司蒙牛乳业就在港交所发布澄清公告，称其执行董事丁圣只是在南开大学工商管理专业进修，并未获得工商管理硕士学位。而在之前的2009年年报中，丁圣则被描述为：毕业于南开大学，拥有工商管理硕士学位。法律规定，上市公司不得发布虚假信息，高管“学历”的有无在这里可不仅涉及面子问题，更关乎法律责任。

诚信是立身之本，诚信者未必能成功，成功者却不能不诚信，这个千百年来被印证的道理不是现世的功利就可抹杀的。当今社会之所以“假”字当道，盖因社会的自净系统出了问题——一个信息不透明、民众表达渠道不畅、缺乏完善监督体系的社会，如同人的免疫系统出了问题，自然抵挡不住病毒的侵袭。于是，学假、商假、官假，如毒瘤般侵蚀着社会的“肌体”。

不论“学历门”事件的结果如何，由此引发的关于诚信价值的社会大讨论，实是我们这个时代最荒唐的印记。诚信的价值不需要讨论，需要讨论的是社会诚信危机的根源，唯有如此，才能自我救赎，走出“造假”怪圈。

（资料来源：中国人力资源网 .2010. http：//www. hr. com. cn/p/1423399972）

案例思考题：

1. 对于“学历门”事件，你有什么看法？
2. 结合案例，探讨品德测评对人才评估的重要性和意义。

第一节 以人为本和人本主义

文艺复兴时期的意大利诗人但丁（Dante，1265～1321 年）通过其不朽的诗篇《神曲》抒发了他对人性的观点，“我实实在在敢说：人的高贵，就其许许多多的成果而言，超过了天使的高贵，虽然天使的高贵，就其统一性而言，是更神圣的”。

文艺复兴时期最有成就的剧作家莎士比亚（William Shakespeare，1564～1616 年）和其他人文主义者一样，认为人有追求幸福的权利，获得个人幸福是人生的目的。他相信全人类都有共同的天性，不论帝王将相、贩夫走卒、智愚贤不肖及种族信仰各方面的差异，人性都是相同的。莎士比亚认为，人性中最可贵的品质是仁慈。他的许多剧本，尤其是晚期剧本，都以和解、宽容为主题。

被马克思和恩格斯高度评价为“英国唯物主义和整个现代实验科学的真正始祖”的培根（Francis Bacon，1561～1626 年）提出了一条意义极为深刻的原则：知识就是力量，为了控制自然，就要认识自然。他认为，人的知识和人的力量这两件东西是结合为一体的；工作的失败都源于对因果关系的无知。

18 世纪法国启蒙运动的主要思想家之一孟德斯鸠（Charles de Secondat Montesquieu，1689～1755 年）是理性与人道的宣扬者。他认为，理想的社会应该是个人利益与公众利益统一的社会，重视家庭教育、信仰宗教。宗教的要旨是爱人类。

德国古典哲学的集大成者黑格尔（Georg Wilhelm Friedrich Hegel，1770～1831 年）在《美学》中体现了他关于人道主义的基本论点。他认为，艺术的真正主题是人，所以人物性格的研究成为他美学研究的中心。只有在人的自觉的生活里才能有艺术美。

被列宁称为“俄国革命的镜子”的托尔斯泰（Л. Н. ТолсТоЙ，1828～1910 年）认为，一切人都是兄弟，艺术的使命是促进人类的友爱与联合，拯救世界的药方是人人追求道德上的自我完善。

18 世纪英国政治经济学和伦理学的主要代表人物，被誉为“经济学之父”的亚当·斯密（Adam Smith，1723～1790 年）于 1759 年出版的《道德情操论》（*The Theory of Moral Sentiments*）一书，是与他的另一部名著《国富论》齐名的经典著作。这部著作共分 7 卷，亚当·斯密通过这部作品告诉读者：人在追求物质利益的同时，还要受道德感念的约束。不要去伤害别人，而是要帮助别人。这种“利他”的道德情操应永远地根植于人的心灵，而且每个人对这种人类朴素情感的保有和维持，对整个市场经济的和谐运行是至关重要的。

关于人性的假设可以简洁地表达如下。①本性假设：人具有遗传而来的本性，如惰性、趋利避害等；本性难移，但可以顺其自然，引导利用。②习惯假设：人能够适应环境，在塑造机制下形成行为习惯，习惯左右着人的许多行为。③习俗假设：人不仅依靠本性求生存，而且依靠人类群体共通的习俗、文化求生存，文化也左右着人的另一部分行为。④创新假设：人和人的群体都是自组织系统，都能创新演化，具有创造力，能够适时改变自己的习惯和习俗以适应外界环境。

在管理学中，特别强调“以人为本”的思想。从管理心理学的角度观察，以人为本就是一切以人为出发点，充分体现人性。管理学上的以人为本，其实就是哲学家对人的本质这一基本哲学问题研究过程中提出的关注人的存在，即哲学上的人本主义。

第二节　品德的基本内涵

一、孔子论君子之道

孔子心目中的人格标准或者说品德标准，以君子为楷模。《论语》中有关君子的论述比较集中，在两万多字的书里，“君子”这个词竟然反复出现了一百多次。例如，“君子道者三，我无能焉：仁者不忧，知者不惑，勇者不惧”（《论语·宪问》）。“君子不忧不惧”“内省不疚，夫何忧何惧?”（《论语·颜渊》）

“君子喻于义，小人喻于利。”（《论语·里仁》）

“君子怀德，小人怀土。君子怀刑，小人怀惠。”（《论语·里仁》）

“君子和而不同。”（《论语·子路》）“矜而不争，群而不党”。（《语语·卫灵公》）

“君子之于天下也，无适也，无莫也，义之与比。”（《论语·里仁》）

“君子易事而难说也。说之不以道，不说也；及其使人也，器之。”（《论语·子路》）

“君子耻其言而过其行。”（《论语·宪问》）

“君子成人之美，不成人之恶。”（《论语·颜渊》）

孔子提倡，从修养做起，做一个真君子，一个高尚的、胸怀大志的人。

二、品德的基本要素

美国著名教育家、里根政府时期的教育部长威廉·贝内特（William J. Bennett）编写了一本《美德书》（*The Book of Virtues*）。这本书被译为多种文字，风靡世界各地，长期占据美国《纽约时报书评》畅销书排行榜。这位美国教育家收集了大量的小说、诗歌、散文、寓言、家书等在民间富有生命力的脍炙人口的文学作品，如同道德教育的百科全书。他把美德分为同情、责任、友谊、工作、勇气、毅力、诚实、忠诚、自律等九个方面。

我国的教育工作者沈志冲和陶国良主编了一本《青少年美德书》，书中把美德分为诚信、善良、责任、勤奋、勇气、坚毅、友谊、孝顺、自律、智慧等十个方面。

现在，有一些研究成功秘诀的学者把成功的因素归纳为十个“商”：德商、智商、情商、逆商、胆商、财商、心商、志商、灵商、健商。其实，概括起来主要是德、智、体三个方面。

我们所理解的品德，可以概括为以下几个基本要素。

1. 心地善良

善良是人性最本质最朴素的美，是人类最宝贵的财富。心地善良就是从内心出发，真心实意，与人为善。没有虚情假意，装腔作势，更没有恶意邪念和损人利己的想法与行为。

2. 诚实守信

诚实是做人的根本。诚实的含义就是说老实话，办老实事，做老实人。守信，指的是坚守诺言，说一不二，说到做到，不说假话、谎话、大话、空话；不弄虚作假，不坑蒙拐骗。“精诚所至，金石为开”，一个人，只有诚心诚意，才能成功。

3. 认真负责

认真，就是要脚踏实地，一步一个脚印，一丝不苟；不马虎，不草率，不盲目。负责，就是强调要有高度的责任心。责任感，就是对自己、对他人、对集体、对社会、对国家，乃至对整个人类负责。我们每个人，首先要对自己负责，要维护自己的尊严，要追求自己的理想，同时，也要对他人负责，对社会负责。“天下兴亡，匹夫有责”，说明我们活在这个世界上，就要对周围的环境负责。

4. 尊老爱幼

尊敬长辈，爱护小辈；孝顺父母，学会感恩，“滴水之恩，当涌泉相报”。珍惜亲情、友情、爱情，珍惜一切感情。

5. 宽容谦让

能够与各种不同习惯、性格、脾气的人友好相处，能够容忍别人的缺点、误解甚至错误，耐心帮助别人认识错误、改正错误。善于发现别人的优点，谦虚谨慎，低调做人。绝不趾高气扬、飞扬跋扈。

6. 勤奋努力

勤奋，就是要勤劳，勤学苦练；努力，就是不怕困难，千方百计克服困难。“只顾攀登莫问高”，坚信只要艰苦奋斗、百折不挠，就能梦想成真，一定能够达到光辉的顶点。

7. 自我控制

严格地自我反思，善于自我控制。能够经常自我反省，总结经验教训。勇于承认错误，敢于承认失败。不断纠正自己的错误，改正自己的缺点。善于控制自己的情绪，绝不感情用事，学会理性思考，做出理性决策。

三、品德结构的类型

品德结构包括态度型、意志型、情绪型和理智型等四种类型。

态度型的品德特征表现为诚实、积极、勤劳、谦虚；与此相反，则是圆滑、虚伪、消极、懒惰、骄傲。

意志型的品德特征表现为独立性、自制力、坚持性、果断性、努力、刻苦；与此相反，则是盲从、冲动、动摇、优柔寡断。

情绪型的品德特征表现为热情、乐观、幽默、乐于助人；与此相反，则是冷漠、悲观、抑郁、孤僻。

理智型的品德特征表现为深思熟虑、善于分析、善于比较；与此相反，则是轻率、武断、主观、自以为是。

第三节　常用的品德测评方法

一、品德测评的可能性

根据测评理论，测评应满足的三大充分条件是：测评对象客观存在，并可以被人认识和把握；测评对象的质与量具有大小、强弱与多少上的程度差异、数量差异或存在与否差异；测评对象这种质与量的差异可以通过比较进行确定和报告。品德的可测量性，主要表现在以下三个方面。

首先，就品德的变量形式来说，主要有三种基本形态，即定性、定量与模糊三种变量。对于这三种变量，采用类别、顺序、等距、比例、模糊等量表足以对它们进行比较与确定，并据此反映品德特征在数量与质量上存在的各种差异。由此可见，品德这一特定对象能够测评。

其次，从品德测评对象本身来看，它具备了测评的三个充分条件。品德是外显行为与内在德行的统一体。虽然我们不可能直接观察个体品德的内在德行，但可以观察到个体品德外在的行为表现，通过其外在表现可以评定其内在德行，通过行为表现可以概括品德的特征。品德既是稳定的客观存在物，又具有个别的差异性。对于个体间的差异，我们不但可以感觉和认识，而且可以通过各种量表或测评工具进行比较与区别。

最后，品德测评的实质是一种对品德质量与数量特征的判断，是对品德行为特征进行客观、有意识的观察与判断，其作用在于真实而客观地描述品德的类型、特征，并对品德的内外差异进行尽可能精确的度量与比较。因此，品德测评与人们通常理解的严格意义上的数学化有所不同，与那种只限于对品德特征中绝对数量测量的狭义解释也不同。可以说，从品德测评的定义本身来看，品德测评是可能的。

二、常用的品德测评方法

我国目前关于人才品德的测评方法有很多种。这些方法的形成一方面吸取了传统测评方法中的精华，另一方面也借鉴了西方发达国家的一些好的方法。品德测评的方法可以进一步细分为品德测评结果分析法和品德测评综合判断法。前者概括起来主要有以下几种。

（一）品德测评结果分析法

1. 民意测验法

该方法将品德的外延细化为几个方面，制成考核的表格，每项后面空出五格：优、良、中、及格、差；然后将考核表发至适当范围，由参加评议的人填好考核表；最后算出每个被考核者的得分平均值，借以确定被考核者工作的档次。此法的优点是群众性和民主性较好，缺点是其主要是自下而上地考察管理者，而缺乏自上而下的考察，受评价者水平的局限，对考核标准的掌握会带有偏差或非科学因素。

2. 评语法

这是最常见的以一篇简短的书面鉴定来进行考评的方法。考评的内容、格式、篇幅、重点等均不拘一格，完全由考评者自由掌握，不存在标准规范，但通常谈及被考评者的优点与缺点、成绩与问题、潜在能力、改进的建议及培养方法等。此法无行为对照标准，所以难以相互对比，加之几乎全部使用定性式描述，无量化数据，凭此法做出准确的人事决策，相当不易。

3. 划等法

所谓划等法就是将员工的品德通过一定的行为表现分解为专项，可以以数字等级，也可以以文字描述等级来表述。划等法的优点是易学、易用，容易在员工间进行比较；其缺点是容易流于形式，出现平均主义、好好先生的现象，如给员工都打高分或平均分。

4. 成对比较法

成对比较法就是将两个被测评人进行比较，一个人品德表现高于另一个人即赢得一次肯定，肯定率越高的员工，考核的结果越佳。在人少的情况下，此法简单易行，但人一多就很麻烦，而且该法仅是含糊地对品德进行比较，而不是比较被测评人品德的某一方面，因此主观性较强。

5. 重要事件分析法

这种考核方法更多地将品德的考核建立在相关工作事件上，用内部或外部共同提供的反映品德的案例来进行评估，通常只寻出最好或者最差的案例进行分析，每隔一段时间就进行一次考核。

6. 强制选择法

所谓强制选择法就是考核者在3～4个陈述性的句子中选择1～2个最贴切的形容该被考核者的词语，如果所有的句子都适合该被考核者，也只能够选择其中一个或两个最贴切的。这类选择不像划等法那样有明显的肯定或否定的意味，因此考核结果会少出现一些好好先生、平均主义等现象，但同时有可能出现一些考核人员臆断每一个句子的肯定或否定的意义。

7. 排队法

排队法就是将一个部门所辖范围的员工按照其表现依次排队。此种方法的最大特点是能够克服考核人员考核时的好好先生、平均主义现象。同时，其缺点也很明显，一方面是考核的结果不反馈给员工，员工无从改进；另一方面由于缺乏通用标准，部门之间难以进行比较。如果一个部门的员工表现都是上佳而另一个部门员工的表现都不太好，那么这两个部门的最好的员工的表现有可能差别很大，这种考核结果的比较就不合理。

由于品德本身的隐蔽性，对其测评不同于一般的能力测评、行为测评。品德测评的主要技术包括以下几种。

（二）品德测评的主要技术

1. 投射技术

心理学研究发现，人们在推测别人的动机和意图时，往往以自己的想法为依据，常常不自觉地把自己的信念、好恶等归属到他人身上，心理学家称这种现象为“投射效应”。人才测评的投射技术，指测评人员把一些无意义、模糊和不确定的图形、句子、故事、动画片、录音、哑剧等呈现在应聘者面前，不给任何提示、说明或要求，然后问应聘者看到、听到或想到什么。投射技术用独特的方法和思路来研究和测评受测者的品格，探索个体深层的心理机制，更符合人格特点，所以成为品德测评的重要方法。

2. 量表测评法

这是一种应用比较广泛、使用效果比较好的科学评价方法。根据品德的内容编制成等级量表，让测评者针对一个问题对应聘者进行不同等级的评判，最终统计得出应聘者在某一品德特性上的相应水平，并能够同其他应聘者进行比较，找出他们在群体中的相对位置。这种评价方法克服了传统定性评价方法只注重测评者的个人印象，或通过经验评价而导致的以偏概全、以点带面、主观性较大的缺点，能够从多个方面搜集评价信息，按等级、分数进行评价，因而能够比较全面、客观、公正地对一个人的品德做出总体评价。

3. 面试

面试将有针对性地检测员工忠诚度、个性方面的问题归纳为若干条，让应聘者发表自己的看法，从中判断其品行。

4. 背景调查

人才的品德往往能决定企业的生死存亡。在有效控制好影响背景调查可靠性的相关因素后，运用背景调查能有效地发现员工的品德情况。

5. 模糊测评法

模糊评价的基本思想是：由于许多事情的边界并不十分明显，评价时很难将其归于某个类别，于是先对单个因素进行评价，然后再对所有因素进行综合模糊评价，防止遗漏任何统计信息和信息的中途损失，这有助于解决用“是”或“否”这样的确定性评价带来的偏离客观真实的问题。模糊模型通常包括以下几个部分：一是评价指标体系构成的因素集；二是表明隶属度的模糊因子构成的模糊向量；三是用来对单个因素进行评价的评语集；四是将模糊关系矩阵与模糊向量结合起来的合成算子；五是与模糊评语等级相关的等级向量。

王培君（2009）指出了用模糊测评法进行品德测量的三大步骤：首先，确定反映品德要素的三级指标体系；其次，用专家打分法确定品德综合测评模型中的指标权重；最后，对品德模型进行综合评价。

第四节　人格特质

一、大五人格因素模型

大五人格因素模型（five-factor model，FFM），是一种人格分类的理论模型，它以外向性、情绪稳定性、尽责性、宜人性、经验开放性五个维度来描述正常人群的人格特征。

大五人格因素模型是经过几代心理学家的不懈努力才被发现的。高尔顿首先提出了基本词汇假设（fundamental lexical hypothesis）：最重要的个体差异都可以用自然词来表示，即人类交往中最重要的个体差异可由语言里的某些词汇来编码。奥尔波特在此基础上论证了个性特质的存在及其重要性。卡特尔使用奥尔波特的特质词表，并采用因素分析法，确定了 16 个因素。柯斯塔和迈克瑞最终命名了五大因素。这五大因素分别如下。

（1）尽责性：评价个体在目标取向上的组织性、持久性和动力性的程度。在该因素上得分高指有条理、可靠、勤奋、自律、准时、有毅力；而得分低指无目标、不可靠、粗心和意志弱。

（2）外向性：该因素测量的是个体从爱交际、乐群、乐观、武断这一极端到安静、保守、谨慎、冷淡、做事退让的另一极端。

（3）经验开放性：评价对经验本身的积极寻求和欣赏，喜欢接受并探索不熟悉的经验。高分者的特征是好奇、兴趣广泛、有创造力、有创新性、富有想象力、非传统的；低分者的特征是习俗化、讲实际、兴趣少、无艺术性、非分析型。

（4）宜人性：评鉴某人思想、感情和行为方面在同情到敌对这一连续体上的人际取向的性质。高分者的特征是心肠软、脾气好、信任人、助人、宽宏大量、易轻信、直率；低分者的特征是愤世嫉俗、粗鲁、多疑、不合作、报复心重、残忍、易怒、好操纵别人。

（5）情绪稳定性：识别那些容易有心理烦恼、不现实的想法、过分的奢望或要求，以及不良应对反应的个体。高分者的特征是烦恼、紧张、情绪化、不安全、不准确、忧郁；低分者的特征是平静、放松、不情绪化、果敢、安全、自我陶醉。

二、大五人格因素与绩效

坎贝尔（J. P. Campbell）认为，在涉及工作绩效行为时存在两种方式：一种是涉及任务效率而促进工作绩效的行为；另一种是通过其他方式促进工作绩效的行为。博曼（W. C. Borman）和穆特威德鲁（S. J. Motowidlo）分别研究了这两个构成部分，把它们命名为任务绩效（task performance）与周边绩效（contextual performance）。他们认为，任务绩效是指任职者通过直接的生产活动提供材料和服务，对组织的核心技术所作出的贡献，它主要受经验、能力及与工作有关的知识等因素的影响。周边绩效不是直接的生产和服务活动，而是支持完成组织工作所依赖的组织的、社会的和心理的环境，是一些诸如遵守组织规则和程序、帮助他人和与他人合作、为工作付出额外努力等人际和自主的行为。围绕大五人格因素与工作绩效的关系，心理学家们展开了一系列研究，并取得了新的进展。

（一）大五人格因素与任务绩效的关系

1. 尽责性

在人格研究中，尽责性（conscientiousness）对工作绩效的预测是稳定和一致的。巴瑞克（M. R. Barrick）和塞哥多（Salgado）的元分析（meta-analytic study）研究表明，尽责性和情绪稳定性一直是预测行为绩效的有效指标。高尽责性的个体有组织，守纪律，工作勤奋，目标明确，因此他们比尽责性低的个体更能出色地完成工作任务，更能创造性地解决工作中遇到的问题。管理者在选拔人员时，都把尽责性和认知能力作为两个重要的衡量指标。

2. 外向性

外向性是对外显行为最具有预见性的单面特质。从定义上看，一个外向的人是对人友好、热衷于寻求刺激并且自信的人。一般来说，外向性的人往往善于结交朋友，一见如故，有较好的人际关系，因而容易得到别人的帮助。外向的人能更好地处理迅速变化的信息，而内向的人更善于处理不规律的信息，并能更好地解决问题。

3. 宜人性

迪格曼（J. M. Digman）认为宜人性是指诸如无私、合作、容忍、慷慨、同情、助人、礼貌等特质。一些研究认为，宜人性可能是评价个体差异的一个重要指标。泰特（R. P. Tett）等将人格与工作绩效的研究按照探索性研究和验证性研究进行分类，对验证性研究进行元分析后发现，宜人性对工作绩效具有最大的预测效度。以上结果得到了万斯（D. S. Ones）等的确认，当按照工作分析方法的不同区分有关研究之后，预测效度会进一步提高，宜人性和工作绩效的相关达到了 0.33。另外，宜人性、情绪稳定性可以预测破坏生产的行为。在需要创造力的工作中，宜人性与工作绩效呈显著的负相关。情绪稳定性和经验开放性与工作绩效的关系较弱，就目前的研究而言，还没有发现情绪稳定性和经验开放性对工作绩效有很强的预测效度。

4. 尽责性与宜人性

人格-绩效研究已经探讨了心理能力、情景变量和组织策略等缓冲变量（moderator variable）。少数研究者，如霍根（J. Hogan）注意到人格特质的交互作用，并利用这种多维度的交互效应来探讨人格-绩效的相互关系。戈尔曼（Goleman）认为，一个人际交往能力差而尽责性高的人，可能出现工作绩效低的现象。最近，在对周边绩效的实验研究中增加了对这一论点的支持。巴瑞和莫特认为，在解释工作绩效时，尽责性和宜人性之间存在着交互作用。他们发现，在尽责性高的工人中，那些宜人性得分低的个体比宜人性得分高的个体，工作绩效的评价指数低；而对于尽责性低的工人，宜人性和工作绩效没有相关性。

（二）大五人格因素与周边绩效的关系

人格特质可以用来预测行为和工作绩效。作为相对稳定的特质，人格可能会影响到员工理解组织环境的过程，也进而会影响到个体对环境的表征和行为的选择。因此，个体的人格特质在工作中会被别人非正式地评价和阐述。这种不断的评价会使别人形成这个人具有某种人格的一般信念。这种信仰系统可以用来作为评价员工绩效的非正式信息。

大五人格特质中的三个维度为尽责性、宜人性和外向性，这三者与周边绩效的关系在研究中受到了更多的重视。学者们假设工作奉献与人格特质中的尽责性有关联，因为工作奉献依赖于个体的自律程度，以及高尽责性个体所拥有的服从、遵从程度。以巴瑞克和芒特的宜人性和工作绩效评定的相关研究为基础，学者们进一步假设人际促进和宜人性紧密相关。而外向性的个体都有努力寻求人际互动的机会以展示自身的外向特质的倾向，因此，外向性和人际促进有密切关联。尽责性包括反映个体独立性的一些特质，诸如小心、仔细、负责任、自律、有组织、努力工作等倾向。这些特质通过诸如遵守规则、努力工作、工作积极主动等行为表现出来，很容易引起管理者的注意，并且在绩效考核中有所体现。宜人性被界定为诸如有礼貌的、灵活的、信赖的、好脾气的、合作的、利他的、谦虚的等特质。以前的研究表明，宜人性和工作绩效评定呈正相关。

第五节 情商测评

一、何为情商

情商概念源于1995年10月美国出版的一本新书《情绪智商》，作者戈尔曼曾获得哈佛大学心理学博士学位。根据戈尔曼的论证，情商主要由五种可以学习的能力组成：①了解自己的情绪，能觉察自己的情绪状态及产生的原因；②控制自己的情绪，知道摆脱忧虑等不良情绪并控制其根源；③激励鼓舞自己；④了解他人的情绪，设身处地地考虑并察觉他人的需要；⑤维系良好的人际关系，善于与别人相处并具备合作能力。

心理学的研究证实，“情商”是一种能洞察人生价值、揭示人生目标的悟性，是一种可在顺境和逆境中穿梭自如的能力。情商也包括驾驭自己的情绪、情感、思想和意志等心理过程，准确了解自己的真情实感，理智地克服冲动，真诚地理解社会，能设身处地地为他人着想。高情商是优秀人格和高尚情操的完美结合。

针对领导者，戈尔曼归纳了由情商决定的六种风格：远见型领导者能够创造人们共同的梦想并激励大家朝梦想的方向努力；指导型领导者能够发现人们的需求，并把它与组织的目标联系起来；联系型领导者善于创造和谐，去除障碍，使人们更紧密地合作；民主型领导者强调集思广益和参与精神，寻求对目标的共识。这四种风格都是通过创造戈尔曼教授所说的领导者与全体人员之间的情商“共鸣”来发挥作用的。结果是，他们的思考方式开始趋于一致。另外两种领导风格也能产生共鸣，但是一旦处理不好，就会造成不和谐。设定步骤型领导者先定好目标，然后推动人们去完成——它有可能收到好的效果，但是如果实施得不好就会产生不和谐；命令型领导者总是给出明确的方向，这种风格在出现危机时特别有效，但也很容易导致权力的滥用。后来关于情绪智力的研究多源于戈尔曼的理论。

二、情商测量

情绪智力的测量源于以色列心理学家巴昂（Baron），他在1997年发表了世界上第一个测量情绪智力的标准化量表“巴昂情商量表”（Baron Emotional Quotient Inventory，EQ-i）。

对情绪智力的测量比较常用的方法是纸笔测验，这种方法比较便捷，统计方便，但在量表的科学性较差或对测验的组织、控制不强的时候，其信度、效度较差。也可以通过评价中心来测量，评价中心虽然编制起来比较复杂，但在测验的信度和效度方面较好。

（一）修订的国外量表

纸笔测验使用的多是以戈尔曼的情绪智商理论为依据编制的量表。目前在我国比较流行的是修订的国外编制的量表，具体有以下几种。

1. EIS

EIS是Schutte等根据Mayer和Salovey的情绪智力模型开发出的一份自陈问卷，共有33个题项，可用于评估人们对自己及他人情绪的感知、理解、表达、控制和管理利用的能力。这个问卷目前在我国用得较多。

2. ECI

ECI（emotional competence inventory）是由Boyatzis和Goleman编制的，用以测评戈尔曼提出的20种能力，这20种能力都与情绪智力有关。ECI的使用者经培训合格后方可解释被试的情绪能力。该量表采用7点评分，样本包括公司经理、售货员和在读研究生。

3. EQ-i

EQ-i是巴昂分别于1997年和2000年编制的EQ-i量表和EQ-i：YV量表（青少年版）。情绪能力调查表EQ-i（emotional quotient inventory）是巴昂于1997年编制的，适用于16岁以上的群体，包含1133个题目，内容结构与巴昂情绪智力结构模型一致，五大维度为5个成分量表，15个因素为15个分量表。此外，还包括4个效度指标：积极印象成分、消极印象成分、遗漏等级成分和非一致性指标。量表采用自陈法，以5点计分。同时，巴昂于2000年又发表了《巴昂情商量表》（青少年版）（EQ-i：YV），适合于7～18岁的青少年，它是在EQ-i的基础上编制的。EQ-i：YV分两种：一种是长式情商量表，包括60个项目，分为7个分量表；另一种是短式情商量表，有30个项目，包括5个分量表。经考察，EQ-i：YV具有较高的结构效度和因素效度（factorial validity）。

4. MEIS和MSCEIT

MEIS和MSCEIT是Mayer和Salovey等分别于1998年和2002年开发的。多因素情绪智力量表MEIS（the multifactor emotional intelligence scale）是根据Mayer和Salovey模型开发的量表，该量表为能力测验，由四个分量表构成，第一部分测量情绪识别能力，第二部分测量情绪运用能力，第三部分测量情绪理解能力，第四部分测量情绪管理能力。MSCEIT（Mayer-Salovey-Caruso emotional intelligence test）采用了传统智力量表的形式，主要测量Mayer和Salovey情绪智力能力模型中的四个分支。测验共有141个自陈项目，适用于17岁以上的人，旨在测量人们执行任务、解决情绪问题的质量和程度，而不是依赖个人对自己情绪技能的主观评估来计分。

5. WPQei

工作能力量表EI版WPQei（working profile questionnaire-EI version）以情绪智力的概念模型为基础，包括七个成分：创新、自我意识、直觉、情绪、动机、移情、社会技能。该量表由 84 个题项组成，用来测量个人的素质和能力。

由于这些量表依据的理论基础不同，所以在测量内容上也表现出差异；同时，由于情绪智力与社会实践密切相关，像这样的研究对象常常与当地的社会文化及历史因素密切相连，所以在不同的文化背景下，问卷题目的表达可能也会不同。

上述各量表因理论基础或文化背景的问题，在我国的适用性也受到挑战。例如，EIS 量表的理论结构建立在早期的情绪智力模型上，对情绪智力的测量十分有限；ECI、EQ-i 和 WPQei 是建立在情绪智力的综合模型之上的，因而其测量内容的独立性受到很大质疑；而较新的 MEIS 和 MSCEIT 在我国的适用性也有待进一步考证。更为重要的是，这些量表的理论构架是否适合我国也有待探讨。

（二）我国学者开发的量表

国内学者近几年来也陆续开发了一些量表。

许远理和李亦菲于 1997 年编制了情智量表。这套量表以“情智 9 要素”为结构，以情感因素为内涵，以情感所表现出来的智力行为外延进行编制。每种要素编制 10 道测验题，构成一个分量表，共 9 个分量表、90 道题。每种要素的情智水平分为强型、弱型、一般型三种形式。如果把内省情智、人际情智、生态情智三个要素与三种形式相组合，可出现 27 种个体情感智力模式。

王晓钧于 2000 年编制了“情绪智力评估量表”。王挠钧以 Mayer 和 Salovey 提出的情绪智力理论结构为依据，采用调查研究与因素分析相结合的方法，编制出“情绪智力评估量表”。

王小慧等修订了情绪智力技能问卷。

张进辅和徐小燕编制了大学生情绪智力量表等。他们以巴昂的理论为基础，编制大学生情绪智力量表，对重庆地区 801 名本科大学生进行调查，结果显示 α 系数为 0.50～0.95，结构效度理想。

2007 年，复旦大学管理学院和上海博导企业效率研究所课题组自行开发了情绪智力量表（FDBD）。

从以上研究中可以看出，国内研究者编制的情绪智力量表在不断完善。问卷的理论来源大多是国外的研究结论。

本章小结

本章主要围绕品德测评，以及与品德测评密切相关的大五人格、情商测评展开。

首先讨论了以人为本和人本主义的内涵，强调品德的重要性。随后从品德的基本要素和品德的结构类型两个方面阐释了品德的内涵。品德的基本要素，包括心地善良、诚实守信、认真负责、尊老爱幼、宽容谦让、勤奋努力、自我控制等方面，而品德的结构包括态度型、意志型、情绪型和理智型四种类型。品德测评的方法可以分为品德测评结果分析法和品德测评综合判断法。

其次分析了大五人格中与品德密切相关的尽责性、外向性和宜人性等特质，对任务绩效和周边绩效的影响，为品德测评提出了新的视角和思路。

最后讨论了情商测试，分析了现有的国内外情商测试工具，并分析了我国学者开发的情商量表。

中英文对照关键词

人格 moral quality
人格因素 moral factor
品德修养 moral character mastery
情商 emotional quotient
情商量表 emotional quotient inventory
美德 virtues
品德 moral character
同情 compassion
责任 responsibility
友谊 friendship
诚实 honesty
忠诚 loyalty
毅力 perseverance
勇气 courage
勤奋 diligent
孝顺 show filial obedience
感恩 feel grateful

案例分析题

“范跑跑”在北京上岗了　将教学生如何考上北大

四川在线消息　2008 年 12 月 28 日下午 2 时许，因在汶川地震中扔下学生独自逃生引发网民愤怒，并被称为“范跑跑”的北大历史系高才生范美忠，将正式受聘于北京某教育学校，担任该校文科教研室主任和潜能开发研究院研究员，并将在中央民族大学礼堂公讲人文关怀及如何考上北大。

聘用“范跑跑”的北京某教育学校校长说，“通过多次接触和过往事实，我们认为范美忠的教学水平是值得肯定的，其行为是一个评价角度问题，他引发了中国普通大众对道德、责任这些很形而上的东西认真地作了一次理性而不是想当然的思考，从这个角度说，对中国的进步也是好事”。

该校长还认为，作为一个教育工作者，要全面看人，“相信范美忠完全能够胜任学校人文课堂和文科教学的工作，让学生获得巨大收益”。

据悉，范美忠的聘期为两年。

公众对于“范跑跑”的重新上岗有两种截然不同的反应，赞成的一方认为，作为一个教育工作者，要全面看人，“相信范美忠完全能够胜任学校人文课堂和文科教学的工作，让学生获得巨大收益”。反对的一方，则认为把师德作为教师资格认定和新教师聘用的必备条件及重要资格才是重点，“范跑跑”不够资格当老师。

沙水清在东方网（2008 年 12 月 29 日）撰文指出，在鼎沸的议论中，有一种“说法”颇具代表性：谁都会犯错误，应该多一些宽容精神，给“范跑跑”改过自新的机会。就此而论，让“范跑跑”再上岗，当在情理之中。这样的“开恩”“给出路”，无论从“惩前毖后，治病救人”的传统要求看，还是从倡导宽容宽厚的新的价值追求看，都是必要的。

在多元价值时代，人的追求和选择无疑会出现多样化取向。但是，社会的道德底线和基本要求是无法突破的，事实上也不允许突破；否则，整个社会就会失去规范，陷入无序状态。正如有识之士所言：人可以不崇高，但不能无耻。“范跑跑”的行为之所以会引起民愤，正是因为他在“不崇高”之余，还要挑战正义和高尚，在博客中发表有辱师德的“惊世之语”，比如，“在这种生死抉择的瞬间，只有为了我的女儿我才可能考虑牺牲自我，其他的人，哪怕是我的母亲，在这种情况下我也不会管的”。在一些人眼里的“人文情怀”，竟是如此自私狭隘，以人为本竟是只要保全自己的身家性命，其他人可以一概不顾，哪怕是自己的亲娘老子。这样的“人文关怀”不要也罢，对其进行“道德痛击”，恰恰说明善良的人们良知尚未泯灭，还有着基本的道德准绳。至于说“范跑跑”的言行是“以人为本”，就别曲解一个不容玷污的崇高理念吧！

案例分析题：

结合“范跑跑”的案例，讨论品德测评对人才评估的重要性和意义。

复习思考题

1. 何为品德测评，品德测评的内容有哪些？
2. 品德测评是否可行，品德测评包括哪些方法？
3. 大五人格特质包括哪些方面？
4. 大五人格对绩效有哪些影响？
5. 何为情商，情商测试包括哪些方法？

品德修养诀窍及情绪智力量表

第五章
智商测评

学习目标

- 了解智商和智力测验的基本概念
- 掌握常见的智力测验方法
- 了解智商测试在企业人才测评中的意义
- 掌握智商测试在企业人才测评中的作用

引　子

微软招聘员工面试题大揭秘

微软公司已形成其独特的（也有人认为是古怪的）招聘方式。该公司每月会收到1.2万份简历。无须人工介入，计算机会通过关键词仔细搜索，然后将其录入数据库。有前景的简历会给应聘者赢得一次与面试官对话的机会，一般是通过电话。最后符合要求的应聘者才会获准前往位于华盛顿州雷蒙德的微软总部，接受一整天高难度的马拉松式面试。

1. 答对题可通过面试

微软（中国）有限公司总裁唐骏在2003年9月21～23日举办的“首届中国市场总监、销售经理高峰论坛”上透露：应聘者如果答对他出的三道题中的一道，就可以被公司录用。他说：“这三道题都是真实的案例，看似简单，但是能全部回答上来的寥寥无几。”唐骏所说的三道题是——

（1）员工小王误将2万元笔记本电脑以1.2万元卖给了顾客张先生，作为小王的经理，请你写一封信给张先生，把8000元要回来。

（2）某电视台著名节目主持人，因为个人发展原因要离开她所主持两年的电视节目和喜爱她的观众。请你帮她写一篇告别词作为最后节目的主持词。

（3）某手机厂商因为设计者失误，使某型号的手机电池实际寿命比设计寿命短一半（非待机时间），作为厂商，请你给客户写一封信说明此事，并承诺客户可以到指定代理商处退换问题手机，或赠送100元代用券购买其新型号手机。

唐骏解释：采取答题的形式看似有“一棒子打死”的味道，其实简单的一道题考察的应聘者的知识面还是比较宽泛的，想轻松过关实属不易。

2. 微软招聘总经理助理的三道面试题

（1）某手机厂家由于设计失误，有可能造成电池寿命比原来设计的寿命短一半（不是充放电时间），解决方案就是免费更换电池或给50元购买该厂家新手机的折换券。请给所有已购买的用户写信告诉解决方案。

（2）一高层领导在参观某博物馆时，向博物馆馆员小王要了一块明代的城砖作为纪念，按国家规定，任何人不得将博物馆收藏品变为私有。博物馆馆长需要写信给这位领导，将城砖取回，该如何表述呢？

（3）营业员小姐由于工作失误，将2万元的笔记本电脑以1.2万元卖给李先生，王小姐的经理要写信给李先生试图将钱要回来，又该如何表述呢？

微软中国公司总裁唐骏说：“真可惜，我在很多场合都出过这三道题，但到目前为止，还没有一个人能完全答对，有人答对了一题，所以他当上了我的助理。”

3. 微软的招聘心理智力测试题

1) 你会怎样为比尔·盖茨设计浴室

回答这个问题时有两个关键点。一是比尔·盖茨一般会选择自己需要的设计方案。二是你至少要提出一些比尔·盖茨中意而他自己却又从未想到的设计方案（否则，比尔·盖茨雇你为他设计浴室的意义何在）。

2) 灵光一现的构想

(1) 智能医药箱或柜子。浴室里要安装上能够自动上锁的智能医药箱或柜子，可用来存放家用药品，以便无大人陪伴的孩子进入浴室偶遇意外时能够得到及时救治。

(2) 自动记事本。每个人在浴室都会产生奇思妙想。当你手湿的时候，无法使用个人数字助理（personal digital assistant，PDA）。你所需要的只是声音识别设备。当你说出诸如“比尔的备忘录”等，该设备可以录下你所说的信息，并能自动将信息发送到你的电子邮箱里，这样你就可在工作时随时取用。

4. 微软经常问及的问题

下面是微软常问的一些问题。

(1) 不使用称重机器如何测量喷气式飞机的重量？

(2) 为什么下水道的出入孔是圆的而不是方的？

(3) 你打开旅馆的热水龙头，热水立即流出来，这是为什么？

(4) 钟表的指针每天要重叠多少次？

(5) 你有 8 个弹子。其中一个有“瑕疵”，即它比其他的弹子重。如果给你一个天平，你怎样才能在经过两次测量后挑出哪个弹子有“瑕疵”？

(6) 你有两个桶，容量分别为 3 升和 5 升，同时还有大量的水。你怎么才能准确量出 4 升的水？

(7) 在你的一个小桶里装有三种颜色的软糖，分别是红色、绿色和蓝色。闭上双眼，把手伸进桶里，取出两块同样颜色的软糖。如果要确保取出两块相同颜色的软糖，这时你必须从桶里取出多少块软糖？

（资料来源：豆丁网 . www. docin. com/p-741670396. html）

案例思考题：

1. 请思考案例中的哪些测试题与 1981 年修订的韦克斯勒成人智力量表 WAIS-R 中的 11 个分测验中的某个分测验相似。

2. 结合案例谈谈智商测评在人才招聘与选拔中的作用。

能力是人们顺利完成某种活动所必须具备的基本条件，任何人要在工作中取得一定的成就，就必须具备相应的能力。如果将能力分为一般能力和特殊能力两种，那么，智力就是一般能力的范畴。对于智力的高低，我们常用智商 IQ（intelligence quotient）表示。

第一节　智力与智商

一、智力的含义及其结构

说到一个人的智力水平如何，许多人可能认为智力就是聪明的程度，或者说是记忆力、理解力及解决问题的能力等。那么，究竟什么是智力？1921 年美国《教育心理学》杂志邀请了 17 位当时知名的心理学家，希望能集思广益，为智力下一个定义，但他们却各抒己见，始终没有对此达成共识。下面是心理学界关于智力的本质有代表性的几类观点。

（1）杜尔邦和考尔菲把智力看成容易并迅速地学习事物的能力。

（2）斯特恩提出智力是指个体有意识地以所谓活动来适应新环境的一种潜力。

（3）推孟将智力定义为在解决问题时运用语言和符号等抽象表征的思维能力。

（4）韦克斯勒认为智力是个体有目的地行动、合理地思考、有效地应付环境的综合能力，是个体有目的和有用的行为潜能。

（5）苏联心理学家把智力看成一般能力，或者一般能力中的认识能力。

（6）安特金森等在《心理学导论》第 10 版中给智力下的定义是："标准的智力测试所要求的特质。"

综合以上各类观点对智力的诠释可知，其实，智力是人类对客观事物的认识能力，是各种认识能力的总和，是获得知识的能力，是认识、理解事物和运用知识与经验解决问题的能力。但智力绝不是个别的单向能力，而是由注意力、观察力、记忆力、想象力和思维力五种基本因素有机结合而成的。其中，观察力是指大脑对事物的观察能力，如通过观察发现新奇的事物等，在观察过程中对声音、气味、温度等有一个新的认识。注意力是指人的心理活动指向和集中于某种事物的能力。记忆力是识记、保持、再认识和重现客观事物所反映的内容和经验的能力，如我们到年老时也还记得父亲母亲年轻时的形象、少年时的家庭环境等一些场景，这都是人的记忆力在起作用。思维力是人脑对客观事物间接地、概括地进行反映的能力。当人们学会观察事物之后，会逐渐把各种不同的物品、事件、经验分类归纳，能将不同的类型通过思维进行概括。想象力是人在已有形象的基础上，在头脑中创造出新形象的能力。例如，当说起汽车时，人们马上就想象出各种各样的汽车形象来，就是这个道理。因此，想象一般是在掌握一定的知识面的基础上完成的。

智力虽然由以上五种基本因素组成，但又不是五种基本因素机械相加的结果。其中，抽象思维能力是核心。构成智力的各因素既各自相对独立起作用，又彼此制约、相互联系。其中，每一种因素的水平都影响着整个智力水平及其他因素水平。

那么，构成智力的五种因素是怎样有机地结合在一起的呢？我们可以用古代"曹冲称象"的故事来说明智力结构的组合问题。当大象拉到曹冲眼前时，他的观察力告诉他大象不能用一般的秤来称，而石头却可以用秤称。他的记忆力告诉他，船可以承载大象和石头的重量。他凭理解力知道，可以用石头的重量得出大象的重量。于是他果断地作出判断，把大象拉到船上，在船舷与水面的交界处划上标记，拉走大象，再把石头一块块地放到船上，直到石头的重量与大象的重量一致。然后把一块块石头的重量称过计算出来，石头重量的总和就是大象的重量。“曹冲称象”的故事千古流传，曹冲也成为一个智力超常的典范。

二、智商概念的提出

智商是智力商数的简称，是评价一个人智力的重要指标。那么，智商的概念是在怎样的情况下提出来的呢?

19 世纪末，法国颁布了义务教育法，由于每个儿童的智力水平不同，为了区分儿童智力高低，对智力落后儿童进行特殊教育，急需通过一种方法来鉴别儿童的智力。1903 年比奈出版了《智力的实验研究》一书，在此书中他认为，智力是广义的，包括一切高等心理过程，并且表现在推理、判断及运用经验解决问题的行为上。1905 年，他与助手西蒙在《心理学年报》上发表了一篇名为“诊断异常儿童治理的新方法”的文章，介绍了世界上第一个智力量表：比奈-西蒙量表。这个量表，每次只有 30 道题，由浅入深，测试人的判断理解及逻辑等能力。这套测验被当时的法国政府采用，用来测试学童的智力，以找出那些智力较低者，并为其提供特殊教育服务。1908 年，比奈与西蒙根据实际应用情况对量表进行了第一次修订，认为除了生理年龄，还有智力年龄。智力年龄的判断如下：首先为每一个年龄段确定出难度适宜的题目，即 60%的被测者能完成的题目；然后由被测者进行测验，被测者能完成的最大难度的题目所对应的年龄即为其智力年龄，以此对照其实际年龄，来说明被测者智力发展水平的高低。这在心理测验史上是一个创新。

1911 年，比奈与西蒙两次对量表进行了修订，量表题目由 30 道增加到 59 道，之后，世界各地都引发了对智力测验的兴趣，许多国家都将该量表翻译成本国语言加以修订应用。其中，以美国斯坦福大学的推孟教授 1916 年完成修订的《斯坦福-比奈儿童智力量表》最为完善，而且应用最广。在该量表中，推孟在比奈智力年龄的基础上，首次采用了智商的概念。

（一）比率智商

智力年龄虽然可以在一定程度上表示儿童智力发展的水平，但是智力年龄的大小难以说明一个儿童的智力发展是否超过了另外的儿童。如两个不同年龄的儿童，其智力年龄都是 8 岁，但由于实际年龄不同，其智力发展水平应该是不同的。为了比较不同个体之间的智力水平，推孟提出并采用了比率智商的概念来计分。其计算公式为

$$IQ = MA/CA \times 100 \tag{5-1}$$

式中，MA 为智力年龄；CA 为实际年龄。这种用智力年龄和实际年龄的比率来表示的智商叫作比率智商。例如，以心理年龄均为 10 岁的两个儿童为例，8 岁儿童的比率智商是 125，而 10 岁儿童的比率智商则是 100。这样，智力水平谁高谁低就很清楚了。

（二）离差智商

人的智力年龄就像人的身高，发展到一定程度就不再增长，而人的实际年龄却逐

年增长，即当人的年龄增长到一定程度时，比率智商的分子不再增长，而分母却逐年增长，从而使比率智商下降，这显然与实际不符。针对这一问题，美国心理学家韦克斯勒作了新的突破，即不用实际年龄与智力年龄相比，而是拿一个人的测验分数在同龄人中所处的位置来度量智力。韦克斯勒经研究认为，如果从人类总体来看，人的智力测验分数是按常态分布的，且平均数为 100，标准差为 15。某一个人的离差智商应该为

$$IQ=100+15Z \quad 其中，\quad Z=(X-\overline{X})/S \tag{5-2}$$

式中，X 为个体测验分数；$\overline{X}$ 为同龄人的测验平均分；S 为这个年龄组测验分数的标准差。由于相同年龄的智力分布是符合常态的，以某年龄人的智力的平均值作为 100，以标准差作为单位，每偏离一个标准差单位，智商值变化 15。离差智商的概念，将个体的智力放在同龄人中的相对位置来度量，这就解决了比率智商中个体的智商受年龄增长的影响问题。现在，离差智商已被广泛用于智力测验中，并被用作评估智力高低的指标。

比奈-西蒙量表问世不久，便爆发了第一次世界大战，美国政府出于甄选新兵的需要，委托心理学家设计了能够适合于大规模团体施测的团队测验，其中，欧提斯编制的纸笔智力测验，十分适合大规模的团体施测，这项测验最后编制修订成陆军甲种和陆军乙种测验，从 1917 年 3 月到 1919 年 1 月，该实验成功地应用于 200 多万名官兵，积累了大量有关智力测验的数据。由于这种测验可以作用于大量群体，实施也简便易行，第一次世界大战后，这类测验被修改后用于民间，适用于教育和工商业等各个领域。由于现代数学特别是多元统计学的发展，尤其是因素分析方法被引入智力量表的编制和研究中，智力测验的发展达到了巅峰。随着因素分析方法的发展和新的智力理论的提出，智力测验开始从测量单一的智力，发展为测量各种特殊能力，如音乐、美术、机械能力等。同时，对智力的测量也开始转向多元化，注重探讨智力的结构和构成智力的各个方面。对于智力测验的结果，不再是给出一个笼统的智力分数，而是给出反映个体智力特点的一组测验分数，即智力“轮廓图”。

第二节　智力测验的理论基础

由于智力测验的编制，必须涉及对智力实质的看法，所以我们有必要了解一些常见的智力理论。关于智力理论，主要代表有高尔顿、比奈、推孟的单因素论，以及斯皮尔曼的智力二因素论、桑代克的三因素论、吉尔福特的三维结构模型、唯农的智力层次结构模型。

一、智力二因素论

英国心理学家斯皮尔曼在因素分析的基础上首先提出智力二因素论，他认为智力可以被分解为 G 因素（一般因素）和 S 因素（特殊因素）。G 因素是智力的基础，人与人之间智力的差异主要取决于每个人拥有的 G 因素的多寡。S 因素只有在某些特殊情况下才会表现出来。因此，代表每个人智力水平的，实际上只是 G 因素，智力测

验的内容也只应包括测量 G 因素的题目。

自斯皮尔曼 1904 年提出智力 G 因素的存在之后，这一理论不仅对今后关于智力实质的理论研究产生了巨大的影响，而且也成为智力测验产生的理论基础，此后所有采用单一 IQ 分数的测验都是依据这种智力理论编制的。

二、智力多因素论

对于斯皮尔曼的二因素智力观点，首先提出挑战的是美国心理学家桑代克。他认为，一个人的智力结构并不是由两种因素组成的。他在 1926 年发表论文提出，智力的结构包括抽象智力、具体智力和社会智力三种。

但桑代克的观点又马上受到瑟斯顿的挑战。20 世纪 30 年代，瑟斯顿利用当时先进的统计方法，在对智力的研究中提出了智力的群因素论。他认为智力的核心不是单一的 G 因素，而是许多主要的、彼此相关的能力因素群。经过研究，他提出智力由言语理解、言语流畅性、推理、空间表象、数字、记忆和知觉速度七种能力组成。

美国心理学家吉尔福特受桑代克智力多因素论的影响，于 1967 年创立了智力三维结构模型。他认为，智力包括三个维度：第一个维度为内容，是指智力活动的对象或材料，包括听觉、视觉、符号、语义、行为五种；第二个维度为操作，指由各种对象或材料所引起的智力活动过程，包括认知、记忆、发散思维、会聚思维、评价；第三个维度为结果，指运用各种智力活动对各类问题处理的结果，包括单位、类别、关系、系统、转化和应用六种。由此吉尔福特认为，至少从理论上讲，人的智力有 $5\times5\times6=150$（种）。这些不同的智力可以通过不同的测验来检验。吉尔福特曾经宣布他已经通过测验发现了 150 种智力中的近百种智力。

英国心理学家唯农以斯皮尔曼的智力二因素理论为基础提出了智力的层次结构模型。他认为智力的最高层次是一般因素，即 G 因素，其下分为语言和操作两个大因素群。每个大因素群下面分别有自己的小因素群，小因素群下面才是斯皮尔曼的特殊因素，即 S 因素。这一理论的提出将智力二因素论与多因素论统一起来。

三、新近的智力理论

目前，大多数被使用的智力测验的理论依据都是这些比较早期提出的智力理论。但人类对智力理论的探讨从来就没有停止过，新的理论层出不穷。20 世纪 80 年代和 90 年代，受到关注的智力理论还有以下几种。

哈佛大学“零点项目”主任加德纳于 1983 年提出“多元智力理论”。该理论认为，智力“是在某种社会和文化环境的价值标准下，个体用以解决自己遇到的真正难题或生产及创造出某种产品所需要的能力”。智力的内涵是多元的，由七种相对独立的智力成分构成。每种智力都是一个单独的功能系统，这些系统可以相互作用，产生外显的智力行为。

（1）言语智力，渗透在所有语言能力之中，包括阅读、写文章及日常会话能力。

（2）逻辑-数学智力，包括数学运算与逻辑思维能力，如做数学证明题及逻辑推理。

(3) 空间智力，包括导航、认识环境、辨别方向的能力，如查阅地图和绘画等。

(4) 音乐智力，包括对声音的辨别与韵律表达的能力，如拉小提琴或作曲等。

(5) 身体运动智力，包括支配肢体完成精密作业的能力，如打篮球、跳舞等。

(6) 人际智力，包括与人交往且能和睦相处的能力，如理解别人的行为、动机或情绪。

(7) 内省智力，对自身内部世界的状态和能力具有较高的敏感水平，包括认识自己并选择自己生活方向的能力。

多元智力理论认为，每个人都同时拥有相对独立的上述七种智力。这七种智力在个体身上的不同组合使得每个人的智力都有独特的表现方式和特点，所以我们很难找到一个适用于任何人的统一的评价标准来评价一个人的聪明与否、成功与否。正如我们无法指出如丘吉尔、莫扎特、爱因斯坦、毕加索、迈克尔·乔丹、柏拉图和马丁·路德·金谁更聪明、谁最成功，我们只能说他们各自在哪个方面聪明、在哪个方面成功，以及他们各自怎样聪明、怎样成功。因为我们不能说上述七种智力哪一种重要、哪一种不重要。它们在个体的智力结构中都占有重要的位置，处于同等重要的地位，只不过表现的程度和方面不一样而已。另外，加德纳十分强调社会环境对人成功的作用，他认为现有的水平差异不是内部素质，而是外部世界与个体相互作用的结果。

斯腾伯格是美国耶鲁大学的心理学教授。他从信息加工心理学的角度，于 1986 年提出了智力的三元理论，认为智力包括成分智力、经验智力和情景智力。十多年后，他再次发展了智力理论，提出智力的新概念——成功智力（successful intelligence）。所谓成功智力，是用以实现人生中主要目标的智力，它能导致个体以目标为导向并采取相应的行动，是对个体的现实生活产生举足轻重影响的智力。斯腾伯格认为，成功智力是认识并充分发挥个人优势的能力，是认识并弥补或改正个人弱点的能力，是适应、塑造和选择环境的能力，它包括分析能力、创造能力和实践能力。分析能力是个体进行分析、评价、比较或对比时所需要的能力。创造能力是人进行创造、发明或发现时所需的能力。实践能力是人进行实践，运用或使用他所学习的知识时所需的能力。在人生中取得成功不仅需要具备这三种能力，更需要在这三种能力间取得平衡。成功智力是一个有机的整体，“只有在分析、创造和实践能力三方面协调、平衡时才最为有效”。

加拿大心理学家戴斯等于 1990 年提出 PASS 智力模型。他们把信息加工理论、认知研究的新方法与智力研究的因素分析方法相结合，通过大量的实验研究，探讨了智力活动中的信息加工过程，并以苏联心理学家鲁利亚的大脑三级功能区学说为理论基础，提出了人类智能活动的三级认知功能系统的智力模型，即计划-注意-同时-继时加工模型（PASS 模型）。戴斯认为，智力有三个认知功能系统。

(1) 注意-唤醒系统，该系统在智力活动中起激活和唤醒的作用。

(2) 同时-继时编码加工系统。该系统负责对外界刺激信息的接收、解释、转换、再编码和存储，是智力活动中主要的信息操作系统。

(3) 计划系统，负责认知过程的计划性工作，确定目标、制定和选择策略，对操作过程进行控制和调节，对注意-唤醒系统和同时-继时编码加工系统起监控和调节作用。计划系统是整个认知功能系统的核心。戴斯等从 PASS 模型的理论出发，编制了标准化的测验，称为戴斯-纳格利尔里认知评估系统（简称 DN：CAS）。此测验目前已出版，量表分别对计划、注意、同时性加工和继时性加工进行测量。

以上这些智力理论或侧重于对原有智力测验的批判，或侧重于人类的高级认知过程，都从不同的角度和层面对智力的实质进行了探讨。同时，为了对智力进行测量，他们正尝试以自己的理论为基础来编制自己的智力量表，有的已经编制完成，不过测验效果尚需时间检验。

第三节 智商测评的意义

社会上的各种工作和活动，需要千差万别的能力，如果对这些千差万别的能力反复比较分析、求同存异，就会发现存在着最为通用、最为基础的智力，它们竟是如此出人意料的相通，并决定着其他能力的培养和高低，如遣词造句、数理分析、选择判断、逻辑推理、排列组合、空间思维等，它们构成了智力的基本内涵，我们将其称为一般智力。研究表明：一般智力高的人，学习和工作的效果好，具有更好的培养前途和发展潜力，成才快；反之则难。个人的知识与智慧支持着个人的生存与发展，而个人将知识与智慧贡献给组织，就成为组织发展的动力单元。多数心理学家认为，人的智力的自然属性十分明显。自然属性包括遗传、个性、家庭环境、父母影响等。尽管社会教育和实践能在很大程度上改善和提高，但是人的智力的自然属性仍然不可忽视。这种“天资”可能就是同样勤奋学习、工作的人，其学习、工作的效果却出现差异的内在原因之一。上述智力差异及智力构成，说明了智力测试在人才测评中的重要性。

人才是宝贵的资源，在企业招聘与选拔中运用智力测验，可以了解一个人的智力结构和基本智力水平，从而做到量才录用。高智商并不是所有工作的前提条件。在一个团体中，所有人的智商都很高，往往容易产生矛盾。管理人员如果智商太高，如超过 140，有时候并不适合于担任管理工作。因此，我们在员工招聘及人才选拔中运用智力测验，可以使智商高的人担任比较重要、难度较高的技术工种。当然，与此同时，我们还要考虑他的个性特点等其他因素。个人运用智力测验，可以明确自己的长处和短处，从而扬长避短，并有意识地弥补短处。因此，企业在招聘人才和选拔人才时，将智商作为一个重要指标进行测试是非常有意义的。

随着心理学的发展，智商的理论体系也越来越成熟，测评方法也更加科学化、复杂化。虽然目前理论界对智商的可塑性尚有争议，但无疑智商已成为人们普遍接受的一个概念，其应用也越来越广泛。

例如，在微软公司，人员甄选与配置被视为一项非常重要的工作，在招募新员工和对求职者进行面试时，盖茨本人常常亲自参与。微软公司每年大约都要对 12 万名求职者进行筛选，在这一过程中，微软最注重的是求职者的整体智力状况或认知能力高低，微软对求职者的整体智力状况要比对他们的工作经验更为看重，他们经常到一些名牌大学的数学系和物理系去网罗那些高智商的人才，即使这些人没有什么直接的程序开发经验。这种对逻辑推理能力和解决问题能力的重视，充分反映了微软公司所处的经常性变化的竞争环境、承认变化并快速反应的经营战略，以及极力提倡活跃的智力思考的企业文化的要求。

第四节　智商测评的方法

上一节已经介绍了智力和智商的含义及表示方法，在此基础上，本节将分别介绍几种常见的，也是目前企事业单位招聘与选拔时常用的几种著名的智力测验。

一、韦克斯勒智力测验

到 20 世纪 30 年代晚期，心理测验运动虽然很多，却仍然没有成功的、完善的标准化成人个别智力测验。直到 1939 年纽约贝勒维精神病院的心理学家 D. 韦克斯勒编制《韦克斯勒-贝勒维智力量表》（W-B）以后，这种情况才有所改观。

早期的成人量表多半脱胎于儿童智力量表，只不过加上一些难度较大的项目而已，大部分测验项目局限于儿童日常活动的内容，成人对此不感兴趣，缺乏表面效度。另外，儿童量表的测验项目过分强调速度，于成人不利。再者，智龄常模不适用于成人。这就成为韦克斯勒编制 W-B 智力量表的主要动因。

韦克斯勒把 W-B 智力量表设计为“分数量表”而不是“智龄量表”，包括许多操作项目。这个测验还在标准化样组中选用相当数量的成人，标准化样组由 670 名 7～16 岁的儿童和 1080 名 17～70 岁的白人成人组成，均为纽约城和附近地区的居民。韦克斯勒试图控制教育和职业地位等变量。最后的测验版本的适用年龄为 10～60 岁。

W-B 智力量表由 10 个分测验组成，言语量表和操作量表中各有 5 个分测验。言语分测验包括常识、理解、背数、算术、类同；操作分测验包括图片排列、图画补缺、积木图案、物体拼配、数字符号。还有一个词汇分测验，作为其他分测验的一个备用测验。

1955 年韦克斯勒将 W-B 智力量表重新进行标准化，编制成“韦氏成人智力量表”（Wechsler adult intelligence scale，WAIS）。WAIS 的标准化样组包括 16～64 岁的 1700 名被试，均等地分为若干性别年龄组，另外还包括 60～75 岁的 475 名老年被试。全国各地在标准化样组中都有代表，每一年龄组有城市和乡村的两类被试，还有 10%的“非白人”。然而，WAIS 的结构仍然与 W-B 一样：言语量表、操作量表及同样的 11 个分测验。韦克斯勒对大多数分测验作了修订，删除了一些无鉴别力的项目，加上了一些新的项目，也增加了项目的数量。

1981 年，韦克斯勒又对 WAIS 进行了修订，即为 WAIS-R。这一量表虽经多次修订，但其基本原则没有改变，历次修订都只是变动了分测验中的某些项目。韦克斯勒成人智力量表包括 11 个分测验，每一个分测验评估一种智力要素或能力。这 11 个测验可分为两类，即言语测验和操作测验。前者是评估以言语来表现的能力，如常识、判断能力、概念掌握、抽象概括、注意力集中和瞬时记忆等；后者是评估操作能力，如注意分配、精细观察力、视觉-运动技能、计划能力和空间知觉综合能力等。

每一分测验又包括若干不同项目，它们按由易到难的顺序排列。

(1) 常识，包括33个一般性知识的测题，测题内容很广。例如，“谁发现了美洲?”“某个国家的首都在什么地方?”韦克斯勒认为，人们在日常社会生活中接触到常识的机会应基本相同，但由于智力水平不同，每人所掌握的知识就有所不同。智力越高，兴趣越广泛，好奇心越强，所获得的知识就越多。常识也可以反映长时记忆的状况。常识还与早期疾病有关，自幼患病，会减少人们同外界接触的机会，获得的常识就较少。如果被试有情绪问题，常表现出对常识分量的夸大和贻误。常识测验能够测量智力的一般因素，容易与被试建立合作关系，不易引起被试的紧张和厌恶，通常将此测验安排为第一个分测验。常识测验的缺点是容易受文化背景和被试熟悉程度的影响。

(2) 图画补缺，包括27张图片，每张图上都有意缺少一个主要的部分，要求被试在规定的20秒钟内，指出每张图上缺少了什么。该测验用来测量视觉敏锐性、记忆和细节注意能力。韦克斯勒认为，人们在心理发展过程中对所接触的日常事物会形成完整的印象，这对人们适应外界环境是十分重要的。图画补缺测验比较容易完成，被试会感到有趣。该测验能够测量智力的一般因素。具有病态观念的患者往往将自己的思想投射到测验中去；智力落后患者的图画补缺成绩很差。该测验的缺点是易受个人经验、生长环境的影响。

(3) 数字广度，包括14个测题，主试读出一个2～9位的随机数字，要求被试顺背或倒背，两者分别进行。顺背从3位数字至9位数字，倒背从2位数字到8位数字。总分为顺背和倒背两者的加总。该测验主要测量瞬时记忆能力，但分数也受到注意广度和理解能力的影响。韦克斯勒认为，数字广度测验对智力较低者可以测其智力，而对智力较高者实际测量的是注意力，智力高者在该测验上得分不一定会高。数字广度测验能够较快地测验记忆力和注意力，不会引起被试较强的情绪反应，也不大受文化教育程度的影响，且简便易行。但其可靠性较低，测验受偶然因素的影响较大，对智力的一般因素载荷不是很高。

(4) 图片排列，包括10套图片，每套由3～5张图片组成。在每道题中，主试为被试呈现一套次序打乱了的图片，要求被试按照图片内容的事件顺序，把图片重新排列起来，使它们成为一个有意义的故事。该测验用来测量被试的广泛的分析综合能力、观察因果关系能力、社会计划性、预期力和幽默感，等等。它测量智力一般因素的程度属中等。被试对测验感兴趣，可用于各种文化背景的被试。

(5) 词汇，包括37个词汇，每个词汇写在一张词汇卡片上。通过视觉或听觉逐一呈现词汇，要求被试解释每个词汇的一般意义。例如，“美丽”是什么意思?“公主”是什么意思?词汇测验用来测量被试的词汇知识和其他与一般智力有关的能力，在临床上也有很大作用。韦克斯勒认为，生活在同一文化环境中的人基本上共同地接受这种文化。年龄大的人所接受的文化相对多一些；同龄者中，智力较高者相对接受得较多；经历丰富、受教育程度高的人，接受得也较多。该测验与抽象概括能力也有关。研究表明，该测验是测量一般智力因素的最佳测验，可靠性较高。其缺点是评分较难，测试时间较长，受文化背景及教育程度影响较大，有些人仅凭记忆力好也能得到高分。

（6）积木图案，包括10个测题，要求被试用4块或9块积木，按照图案卡片来照样排列积木。每块积木两面为红色、两面为白色，另两面为红白各半。积木图案测验用来测量视知觉和分析能力、空间定向能力及视觉-运动综合协调能力，它与操作量表的总分和整个测验的总分的相关性均很高，因此被认为是最好的操作测验。该测验效度很高，在临床上能帮助诊断知觉障碍、分心等症状，比较而言，该测验受文化影响较少。其缺点是手指技巧有时可能会提高分数。

（7）算术，包括15个测题，被试在解答测题时，不能使用笔和纸，而只能心算。算术测验主要测量最基本的数理知识及数学思维能力。该测验能够较快地测量被试运用数字的技巧，其缺点是容易产生焦虑和紧张情绪，且易受性别影响。

（8）物体拼配，包括4个测题，把每套零散的图形拼板呈现给被试，要求被试将这些拼板拼配成一个完整的物件。物体拼配测验主要测量思维能力、工作习惯、注意力、持久力和视觉综合能力。该测验与其他分测验的相关性相对较低。该测验任务单纯，但可靠性较低，施测时间较长。

（9）理解，包括18个测题，主试把每个问题呈现给被试，要求被试说明每种情景。例如，“如果你在路上拾到一封贴上邮票、写有地址但尚未寄出的信，你应该怎么办?”理解测验主要测量实际知识、社会适应能力和组织信息的能力，能反映被试对于社会价值观念、风俗、伦理道德的理解和适应程度。该测验对智力的一般因素的负荷较大，与常识测验相比，受文化教育的影响较小。其缺点是评分标准难以统一掌握。

（10）数字符号，共有93对数字符号，要求被试在规定时限内，依据规定的数字符号关系，在数字下部填入相应的符号。该测验主要测量注意力、简单感觉运动的持久力、建立新联系的能力和速度。该测验评分快速，不大受文化背景的影响；其缺点是不能很好地测量智力的一般因素。

（11）类同，包括14个组成对的词汇，要求被试概括每一对词义相似的地方在哪里。例如，“桌子和椅子在什么地方相似?”“树和狗在什么地方相似?”该测验主要测量逻辑思维能力、抽象思维能力、分析能力和概括能力。类同测验简便易行，评分不太困难。

在韦克斯勒成人智力量表中，各项目均有计分标准，从各分测验得到的分数称为粗分或原始分。由于每个分测验的项目数不同，所以原始分值也不同，这就需要换算成量表分或标准分，进而计算出言语量表分、操作量表分和全量表分。在量表手册中，还分列了各年龄组的智商换算表。确定被试智商的程序为：把每一分测验的原始分数转换为以10为均数、3为标准差的量表分，然后根据不同年龄组的转换表，得出相应的言语智商（VIQ）、操作智商（PIQ）和全量表智商（FIQ），它们均是以100为平均数、15为标准差的离差智商。将几类智商分别计算，是韦氏智力量表的另一特点。在J. 马特勒泽于1972年发表的《韦克斯勒成人智力测量和评定》（第五版），以及若干测验手册中，都详细论述了具体的统计程序和这种得出智商方法的理论基础。

《韦克斯勒儿童智力量表》（*Wechsler Intelligence Scale for Children*，WISC）1949年出版，实际上许多项目以W-BII型为基础。1974年修订，即为WISC-R，适用于年龄为6～16岁的儿童，其编制原理和特点与WAIS相同。它包括6个言语分测验，即常识、类同、算术、词汇、理解、背数；6个操作分测验，即图画补缺、图片排列、积木图案、物体拼配、译码、迷津。其中，背数和迷津两个分测验是备用测验，当某个分测验由于某种原因不能施测时，可以用之替代。测验实施时，言语分测验和操作分测验交替进行，以维持被试的兴趣，避免疲劳和厌倦。完成整个测验需50～70分钟。

WISC-R的标准化样组采用分层取样，依据以下六个变元。

(1) 年龄，6.5～16.5岁，共分为11个年龄组，每组各有200名儿童，一共2200名被试。

(2) 性别，分为男女两类，每个年龄组内均包括100名男孩和100名女孩。

(3) 种族，分为白种人和非白种人两类。

(4) 地理区域，分为东北区、北部中央区、南方区和西部区四类。

(5) 家长职业，分为五类。

(6) 居住地，分为城市和乡村两类。

由2200名被试组成的样组是根据美国1970年人口普查中有关六种分层变化的资料来选取的。除了居住地这个变元是粗略控制，其他五个选择变化的比例都符合人口普查统计表中相对应的比例。

WISC-R的言语IQ、操作IQ及全量表的IQ与1972年版的斯坦福-比纳量表IQ的平均相关系数，分别为0.71、0.60和0.73。用分半相关法计算的内在一致性信度系数表明，言语量表、操作量表和全量表的IQ对于整个年龄全部都有高信度，三者的平均信度系数分别为0.94、0.90和0.96，各项测验的信度也是相当令人满意的，言语测验各个分测验的平均信度系数为0.77～0.86，操作测验各个分测验的平均信度系数为0.70～0.85。用再测相关计算稳定系数，间隔一个月，对于6.5～7.5岁的年龄组，言语量表、操作量表、全量表的稳定系数分别为0.90、0.90和0.94；对于10.5～11.5岁的年龄组，三种量表的稳定系数分别为0.95、0.89和0.95；对于14.5～15.5岁的年龄组，三种量表的稳定系数分别为0.94、0.90和0.95。

《韦克斯勒学龄前和学龄初儿童智力量表》（WPPSI），一般简称为《韦氏幼儿量表》，1967年出版，适用年龄为4～6.5岁，以0.5岁为一个年龄水平，共六个年龄组。每个年龄组取男孩和女孩各100名，依据性别、区域、种族、双亲职业、城乡来分层取样，共1200名被试。WPPSI是WISC向小年龄的一个延伸，在WISC的基础上新编三个测验，即语句、动物房子和几何图形，取消了WISC中的背数、图片排列和物体拼配三个分测验，同时以动物房子测验取代译码测验。与斯坦福-比纳量表IQ的相关系数为0.81。三个智商量表的信度系数为0.93～0.96，各个分测验的信度系数为0.77～0.87。

韦克斯勒三个智力量表既各自独立，又相互衔接，适用范围广泛，尤其是成人被试，因而越来越受到人们的普遍欢迎。

韦克斯勒量表有许多优点，主要如下：①便于测量各种智力因素；②测验的年龄覆盖范围大；③测量的智力范围广；④应用范围大。

韦氏智力量表是当代美国最为盛行的智力测验之一。不仅如此，世界上已有20多个国家，先后将韦氏智力量表改编，以适合于本国使用。

韦克斯勒成人智力量表具有广泛的用途，特别是在临床应用上发展很快。它不仅可以评估智力的一般情况，而且可以分别评估各种智能。因为该量表在提供结果时，不仅可以给出一个可与他人进行比较的总智商分数，还可以给出每个分测验的分数、分量表的分数，即智力的轮廓图，使得我们可以知道被测者智力的内部情况，这对人员选拔与培训非常有用。

二、瑞文测验

瑞文推理能力测验（Raven's progressive matrices）是非文字智力测验，由英国心理学家瑞文于1938年设计，简称瑞文测验。瑞文测验的编制在理论上依据斯皮尔曼的智力二因素论，主要测量智力中的一般因素（G因素），它渗入所有的智力活动中。例如，被测的问题解决能力、清晰的直觉和思维能力、发现和利用自己所需信息的能力，以及有效适应社会生活的能力。瑞文测验的适用范围很广，不同语言、不同文化背景、不同职业、有无心理障碍的人都能使用，常被用于跨文化研究，既可个别施测，也可团体施测。

瑞文测验有三个版本，一个是1938年出版的标准推理测验（SPM），另外两个在1947年编制，分别是彩色推理测验（CPM）和高级推理测验（APM）。彩色推理测验适用于5～11岁儿童和智力落后的成人，高级推理测验则用于高智力水平的成人。测验具有较好的信度和效度。

（一）瑞文标准推理测验

瑞文标准推理测验一共由60张图案组成，按逐步增加难度的顺序分成A、B、C、D、E五组，每组都有一定的主题，题目的类型略有不同。从直观上看，A组主要测量知觉辨别力、图形比较力、图形想象力等，B组主要测量类同、比较、图形组合能力等，C组主要测量比较、推理和图形组合能力，D组主要测量系列关系、图形套合、比拟等能力，E组主要测量互换、交错等抽象推理能力。可见，各组要求的思维操作水平也是不同的。测验通过评价被测者的这些思维活动来研究其智力活动能力。每一组中包含12个题目，按逐渐增加难度的方式排列。分别编号为A1，A2，…，A12；B1，B2，…，B12等，每个题目由一幅缺少一小部分的大图案和作为选项的6～8张小图片组成（A组和B组有6张，C组以后有8张），小图片分别标号为1，2，…，8。其中，有一张小图片可以填补在大图案的缺失部分，从而使整个图案合理与完整。被测试者的任务就是从6～8张小图片中找出适合于填补大图案的那张，并把该小图片的序号填入答案纸内的相应题号下面（图5-1），记分时对照标准答案标为被试记分（满分各为12分），然后再将五组测验的分数相加即可得到测验总分（满分为60）。一般人完成瑞文测验，需用半小时左右，测验结果可以计算出原始分数。

然后根据常模资料（即将一个被试的分数与其所属团体作比较）确定被试的智力等级，或者换算成被试的智商值。

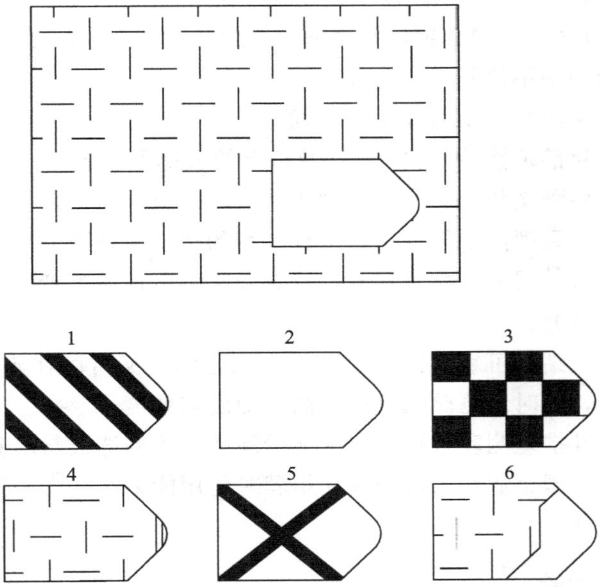

图 5-1　瑞文标准推理测验题目举例

SPM 施测无严格时限，一般可用 40 分钟左右完成. 答对题目的总分转化为百分等级。

瑞文标准推理测验可以用于智力诊断和人才的选拔与培养，以及进行各类比较研究，特别是作跨文化研究，以及正常人、聋哑者和智力落后者之间的比较研究。

在瑞文测验标准型的基础上，心理学家又编制出瑞文彩色型，适用于 5～11 岁儿童和心理有障碍的成人。此外，还发展出了一套瑞文高级推理能力测验，用来对特别聪明的成人（如在瑞文测验上得分高于 55 分的成人）进行更精细的区分评价，这样，更强化了瑞文测验的功能。

（二）瑞文高级推理测验

瑞文高级推理测验是比瑞文标准推理测验难度更大的一种非文字智力测验工具。测验适用于瑞文标准推理测验结果在百分位 90%或以上者，目前主要用来选拔人才。

瑞文高级推理测验可以用来测试人的一般智力水平（G 因素），尤其可以测量个体解决问题的能力、观察力、思维能力，以及发现和利用自己所需的信息及适应社会生活的能力。该测验可以用于智能诊断和高级人才的选拔与培养。它分为两部分：练习部分共 12 题，仅供练习使用，不记分；测验部分共 36 题，主要测量问题解决能力、知觉清晰度、思维能力、发现和利用信息的能力等。

瑞文高级推理测验的优点在于使用的年龄范围宽，测试对象不受语言、文化和种族的限制。瑞文高级推理测验的结果以等级表示，等级越高，智力水平越高。

（三）瑞文彩色推理测验

彩色推理测验，适用于5～11岁儿童和智力落后的成人。彩色型，即在标准型的A、B组之间，再加入一个AB组，并全部改为彩色，以突出图形的鲜明性和形象性，并且也有利于在施测中不使用语言指导。

总结起来，瑞文测验主要有以下一些优点。

（1）可适用的年龄范围特别宽，6岁及以上的人都可以施测。

（2）可适用于各种文化背景的人，利于作比较研究。

由于该测验由一系列图形组成，是一种典型的非文字智力测验，所以测验对象不受文化、种族和语言的限制，并可用于一些有聋哑等生理缺陷者，从而使得该测验可以进行各类比较型研究。

（3）使用方便，结果可靠。该测验既可个别施测，又可团体施测，施测时间短，结果解释直观简单，同时该测验又具有较高的信度与效度。

因此，瑞文标准推理测验常被用于智能诊断和人才的选拔与培养。据了解，到目前为止，该测验是我国企业在人员选拔和招聘时所用能力（智力）测验中使用得最多的一种测验。

三、Mensa 智商测验

国际高智商协会，又称为Mensa，是全球最权威的智商组织，它每年推出的智商测试和素质测试试题，是全球公认的智商与素质测试的权威标准，已被全球各著名机构（如美国中央情报局、英国皇家科学院等）广泛采用，全球500强企业中的绝大多数企业在招聘中高级管理人才时，也将此类试题列为基本素质的必测项目。这类测试可能比学历、个人阅历更能反映一个人的潜力。

Mensa 来源于拉丁文，原意是“圆桌”。1946年10月1日，Mensa 在英国牛津大学林肯学院成立，它的发起人是高级律师 Roland Bemill，核科学家、律师 Dr. Lance，他们成立这个协会的初衷是为全球高智商人士提供一个平等的学术交流的场所。

Mensa 的宗旨是探索人类智慧的内在源泉，研究人类智力的内在属性，开发人类智商测试的新方法与新途径，更大限度地挖掘人类的智慧潜能，为提高 Mensa 会员的智商提供一个富有刺激的社团环境，从而促进人类社会的发展。

Mensa 是一个特殊的非政治性组织，它不具有任何种族和宗教信仰倾向，对会员的唯一要求是要具备高智商，只有全球智商排名在前20%的人士才有资格申请入会。Mensa 的会员年龄为4～94岁，但主要集中在20～49岁这一年龄段。他们当中既有学前儿童或辍学者，也有获得多个博士学位者；有依靠福利救济度日的，也有百万富翁。他们的职业差距令人咋舌，有教授、卡车司机、科学家、消防员、计算机程序员、农民、艺术家、军人、音乐家、工人或警员。会员中有的声名显赫，是著名的公众人物，但更多的是默默无闻的普通人。目前，Mensa 已经在100多个国家和地区成立了分会，全球共有约10万名会员，其中英国本土约有28 000名会员，而全球16

岁以下的会员共有2200名。Mensa新加坡分会会长玛丽娜·郑在2001年1月22日说，Mensa现在最年轻的会员是新加坡6岁女童塞莱斯廷·蔡，她早在3岁零10个月的时候，就因为拥有罕见的高智商而获准加入Mensa。Mensa伦敦总部的执行官爱德华先生表示，“我们的测试结果证实，这名小女孩确实很出色，她是Mensa有史以来最年轻的成员”。人们以加入Mensa而自豪，Mensa以拥有全球最聪明的人群为荣。

Mensa会员的活动十分丰富多彩。Mensa的成员都是来自世界各地、各行各业的高智商人士，他们有着各自非同寻常的特点，同时又有许多共同感兴趣的问题，因此，协会内部成立了各类兴趣小组（special interest groups，SIG），仅Mensa英国分会就有100多个，涉及语言文学、计算机、刺绣、天文学、现代物理学等领域。SIG通常由若干位具有共同兴趣爱好的会员向Mensa理事会提出申请，经审核后成立，然后吸纳其他Mensa会员加入，同一位会员可以参加多个SIG，SIG的活动往往围绕小组特定的主题开展，会员可以在小组中交流彼此对该领域的研究成果，发表个人观点。SIG还不定期地发布《时事通讯》，向Mensa全体会员及公众报道该SIG的各类信息、新闻和研究成果。

最近几年，随着全球知识经济的大飞跃，Mensa迅速发展壮大。现在的Mensa会员遍及世界的100多个国家和地区，包括澳大利亚、奥地利、巴西、比利时、保加利亚、加拿大、哥伦比亚、克罗地亚、捷克共和国、丹麦、芬兰、法国、德国、希腊、中国香港、匈牙利、印度、印度尼西亚、爱尔兰、意大利、日本、韩国、卢森堡、马来西亚、荷兰、新西兰、挪威、巴基斯坦、菲律宾、波兰、罗马尼亚、新加坡、斯洛伐克、南非、西班牙、瑞士、瑞典、英国、美国、南斯拉夫等。各个国家和地区的Mensa分会在当地都有很高的声誉，成为各地区精英汇集的组织，它们可以通过互联网随时进行交流。

Mensa所聘请的专家会定期整理、筛选其成员贡献的智力问题，或归纳富有代表性的试题，或授权熟悉Mensa精髓的智商研究学者编写推出以Mensa品牌为号召的书籍和相关产品。凭借Mensa在智商测试领域的权威地位，这些图书不但热销于欧美，而且还被作为西方国家进行智商测定的参考标准，获得多个国家和地区的采纳和推广。美国中央情报局、硅谷人才库、哈佛商学院、英国皇家科学院等西方顶尖机构招募人才时必考的问题便包括Mensa系列。

第五节　智商测试在中国

一、智商测试的引入

20世纪初期，在洋务思想的影响下，中国开始逐步引用西方学术思想和理论，现代智力测验的内容、方法和技术传入我国，引起我国心理学界的重视和研究。最早将比奈-西蒙量表引进中国的是樊炳清，1922年费培杰将比奈-西蒙量表译成中文，并将该量表应用于一些中小学进行测试。1927年，曾出任燕京大学校长的陆志伟发表了修订之后的中国比奈-西蒙智力量表。1936年，陆志伟和吴天敏合作发表了第二次修订本。1979 年，吴天敏第三次修订发表中国比奈测验。此外，湖南医学院龚耀先先生于 1982 年主持了韦氏成人智力量表中国版的修订工作；北京师范大学林传鼎教授和张厚粲教授共同修订了韦氏儿童智力量表；张厚粲教授又独立修订了瑞文标准推理测验，这些智力测验量表在国内都得到了较好的传播与应用。

（一）我国的比奈-西蒙量表修订

中国心理学家陆志伟曾两次主持修订比奈-西蒙量表。1924 年公布的《订正比奈-西蒙智力测验说明书》因仅适用于江浙一带儿童，于 1936 年又进行了第二次修订，使之也可适用于北方儿童。陆志伟的修订本的测验内容是以特曼的 1916 年修订本为蓝本，共包括 54 个项目，其中某些项目以不同要求应用于几个年龄组，故可按 75 项使用。项目性质大约可分为语言文字、数目、解图和机巧等四类。3～11 岁的每个年龄组有 6 个项目，每项代表 2 个月；12 岁和 13 岁两个年龄组各为 3 项，每项代表 4 个月；14 岁、15 岁合为 1 组，共 6 项，每项代表 4 个月；16 岁、17 岁、18 岁合为 1 组，共 9 项，每项代表 4 个月。计分方法有两种，既可按积分计算，也可按智龄分数计算，然后按智商公式算出智商分数。陆志伟自称，该测验用于 6～14 岁儿童较为可靠，6 岁以下或 14 岁以上儿童虽也能采用，但不及上述年龄范围准确。

中国的比奈-西蒙量表第三次修订本由吴天敏主持，称为中国比奈测验。它可用于 2～18 岁的被试（每岁 3 个试题，共 51 题），最佳适用年龄是小学至初中阶段。评定成绩的方法采取离差智商。另有一个由 8 个试题组成的《中国比奈测验简编》，用起来较为方便、省时。

（二）我国的韦克斯勒量表修订本

1979～1981 年，由龚耀先主持、全国 56 个单位协作修订的 WAIS，被称为中国的韦克斯勒成人智力量表（WAIS-RC）；1980～1986 年，由林传鼎和张厚粲主持与全国各单位合作修订了 WISCR，称 WISC-CR；同期，龚耀先和戴晓阳主持、全国 63 个单位协作修订的 WPPSI，称“中国韦氏幼儿智力量表”（C-WYCSI）。同时，还有上海的李丹和朱月妹等分别制定了 WISC-R 及 WPPSI 修订本的上海地区常模。这些修订本，其形式和年龄范围均与原本相同，但一些分测验中的某些项目都按我国的文化背景修改，各修订本的修改幅度不同。

1. 中国修订韦克斯勒成人智力量表

1981 年，我国同时完成了 WAIS-R 和 WAIS-RC 的修订工作，二者均以韦克斯勒成人智力量表 WAIS 为原本。由于考虑我国目前城市与农村的文化程度尚有一定差异，所以分城市和农村两个版本。

一部分分测验沿用原本，但词汇测验全部更换。其余分测验中的部分项目更换或加以修改。城市版和农村版分测验项目相同，但顺序不完全相同。原本取 25～34 岁的成绩为标准，制成一个从粗分到量表分的换算表。

取样：按文化程度、职业、年龄和性别等，依照我国人口结构以比率取样。在全国六大区的城市取 2029 名，农村取 992 名，年龄为 16 岁或 16 岁以上。

信度：用分半相关、重测相关及分测验之间的相关方法所得的系数均符合测验学要求。

效度：当时只比较了各省（自治区、直辖市）于 1981 年参加大学入学考试的名列前茅者（29 名）与落榜者（136 名）两组的智力。前者平均智商为 112.78，后者为 100.32，差异显著。

WAIS-RC 同样有 11 个分测验，其中，言语测验的项目有：①常识测验，主要回答 29 个有关自然、地理、历史和文学上的问题；②理解测验，要求回答 14 个有关理解和判断方面的问题；③算术测验，要求回答 14 个心算问题；④类同测验，要求概括 13 对词的共同性；⑤数字广度测验，要求顺背和倒背一些数目；⑥词汇测验，对 40 个词下定义。操作测验的项目则包括：①译码测验，要求为 1～9 诸数字匹配一定符号，共有 90 个无秩序的数字，看被试在 90 秒钟内能译出多少相应的符号；②图画补缺测验，内有 21 个人或物的图画，每一图缺少一个重要部分，要求指出其中缺少的部分；③积木图案测验，规定用 4 或 9 个红白两色立方体，分别按照 10 个图案的要求排好积木；④图片排列测验，要求将 8 幅无秩序的图片，按照每幅图片的故事内容排列成有秩序的连环画；⑤拼图测验，要求将 4 幅图形的组块分别拼接起来组成完整的图像。每一被试都要接受所有分测验，在一个分测验中连续失败若干次（各分测验均有规定数目）后，便停止此测验而换另一个分测验。这种按能力分别测验的方法是韦氏智力量表的特点之一。

2. 中国修订的韦克斯勒儿童智力量表

此修订本于 1985 年完成，蓝本为韦克斯勒儿童智力量表（WISC-R）。分测验和项目基本沿用原本，部分项目作了修改。城市和农村儿童共用一个版本。

取样：全国部分省（自治区、直辖市）共取样 2237 名。

3. 中国韦克斯勒幼儿智力量表

该量表以学龄前和学龄期儿童的量表（WPPSI）为蓝本，但作了很大更改。此工作于 1985 年完成。仿 WAIS-RC 分为城市和农村两套量表。两套量表中分测验虽然相同，但其中有些项目不同，而且相同项目的顺序也不同。这是因为对同一项目，不同文化经济背景下的儿童可能感到难易程度不同。

取样：从全国六大区的城市和农村分别取样，从 4 岁起每半岁为一组，至 6.5 岁共 6 组。城市每组 400 名 [4～4.5 岁组少 100 名]，男女各半。农村每组 200 名 [4～4.5 岁组少 40 名]，男女各半。父母的教育水平、职业，基本依照 1982 年全国普查抽样资料。

信度：用分半相关、测量标准误差、各分测验之间的相关、重测相关等方法进行。结果均符合测量学要求。新增加的测验视觉分析与原来的几何图形测验的相关系数为 0.90～0.99，说明前者可替代后者使用。

效度：将 C-WYCSI 与 WPPSI 智力相关，其系数为 0.8～0.9。

（三）瑞文测验联合型

瑞文测验自 1938 年创制后，许多国家相继对其进行了修订和广泛应用。1986 年，由张厚粲主持修订了瑞文标准推理测验并建立了中国常模。1987 年，李丹、王栋等对它进行修订，将瑞文测验的标准型与彩色型联合使用，即由彩色型的 A、AB、B 三单元和标准型的 C、D、E 三单元合成六单元 72 题的测验，称为瑞文测验联合型（CRT），这样可使整个测验上下延伸，适用范围可扩大到 5～75 岁。下面是该测验实施的例子。

1. 测验材料

测验材料是由 72 幅图案构成的 72 个测题的图册，内分六个单元（A、AB、B、C、D、E），每单元 12 题，前三单元为彩色图案，后三单元为黑白图案。

2. 适用范围

5～75 岁以内的幼儿、儿童、成年、老年皆可借此测验测评智力等级。幼儿、智力低下者和不能自行书写的老年人宜个别施测，其他人员一般可团体进行。此测验可用于有言语障碍的智力测量，亦可作为不同民族、不同语种间的跨文化研究工具。

3. 施测步骤

测验开始时，先发给记录纸，要求被试填好姓名、性别、年龄等项，并于出生年月日处用阿拉伯数字填上出生年、月、日，然后发下测验图册。

该测验施测很简单，每个被试发一本题册和一张答卷纸即可。测验时，只需主试者用例题作一下示范，被试就能明白测验规则，接着被试会自己向下进行。每个题目由一幅缺少一小部分的大图案和作为选项的 6～8 张小图案组成，根据隐藏在一系列抽象符号和图案中的规律，选择某个小图案放入大图案中缺失的位置中。下面是该测验实施的一些具体要求。

（1）一般正常三年级以上的儿童与 65 岁以下成人均可团体施测，幼儿、智力低下者和不能自行书写的老年人可个别施测。

（2）测验开始时，先发给记录纸，要求填好姓名、性别、年龄等项。然后发下测验图册，请被试打开第一页（A1）说：“看上面一张图，图下角缺一块，请你从下列的 6 块图片中选一块最合适的补上去。你找找看，哪一块补上去最好?”先让被试尝试一下，假如正确答案是 4，最后就将正确答案“4”号告诉大家，并请他们将数码“4”写在记录纸上与 A1 对应的空格里。个别施测者，由被试指出他确认的图形，由主试在记录纸上记录相应的号码。

（3）在被试都掌握了方法后，接着翻到下一页（A2），并告诉大家以下每图都有缺少的一角，要求从下面的几个小块图中找到一个最合适的补上去，并把它的号码写到记录纸相应的空格内。“注意，A2 的答案应是‘5’。大家对一下有无选错、写错，错了可以改正。”稍停，“好，现在开始一页一页做下去。注意不要翻过了页，要对好题号写，不要写错位置”。

(4) “本测验限在 40 分钟内交卷，能做多少做多少。”说完，开始计时。测验进行到 20 分钟及 30 分钟时各报一次时间。测验时间满 40 分钟时，不管是否做完，一律交卷。

(5) 幼儿及弱智者在个别施测中，当进行到 C、D、E 三单元时，每单元如连续三题不通过，则该单元不再往下测，未测项目都按不通过计，但 A、AB、B 三单元不管做对多少都必须做完。

4. 测验的记分

该测验题一律为二级评分，即答对给 1 分，答错为 0 分。被试在这个测验上的总得分就是他通过的题数，即测验的原始分数。

该测验的量表分数是先将被试的原始分数换算为相应的百分等级，再将百分等级转化为 IQ 分数。例如，一个 16 岁城市儿童测得原始总分为 55 分，先查百分等级常模表得 55 分，相应的百分等级为 70，再查智商常模表得 70，百分等级的 IQ 为 108。

5. 结果的解释

瑞文测验联合型也采用离差智商的计算法，但因测题形式不同于韦氏智力量表，故智商的分级标准也不同于韦氏智商。瑞文智商分级标准见表 5-1。

表 5-1 瑞文智商分级标准

<table>
<tr><th colspan="2">类别</th><th>IQ</th><th>理论分布/%</th></tr>
<tr><td colspan="2">极优</td><td>≥130</td><td>2.2</td></tr>
<tr><td colspan="2">优秀</td><td>120～129</td><td>6.7</td></tr>
<tr><td colspan="2">中上（聪明）</td><td>110～119</td><td>16.1</td></tr>
<tr><td colspan="2">中等（一般）</td><td>90～109</td><td>50.0</td></tr>
<tr><td colspan="2">中下（迟钝）</td><td>80～89</td><td>16.1</td></tr>
<tr><td colspan="2">边缘</td><td>70～79</td><td>6.7</td></tr>
<tr><td rowspan="4">弱智</td><td>轻度</td><td>55～69</td><td rowspan="4">2.2</td></tr>
<tr><td>中度</td><td>40～54</td></tr>
<tr><td>重度</td><td>25～39</td></tr>
<tr><td>极重</td><td>0～24</td></tr>
</table>

二、我国智力测评的发展现状及趋势

近年来，随着世界范围内人才智力测评的发展，我国的测验理论和智力测验也得到稳步发展，但仍然存在一些问题，主要表现在以下几个方面。

1. 智力量表缺乏，国内智力测验发展相对滞后

首先，西方心理测验的文化背景难以完全适合中国人，急需编制一批适合中国人，适用于特定情景、技术完备、形式多样的测验。国内智力测量领域主要沿用的几乎还是一个世纪之前的测验量表，像斯坦福-比纳量表、韦克斯勒量表等测验工具。虽然几经修订，但变化相对缓慢，国内修订版的常模没能及时更新，因此，缺乏足够数量的、有针对性的测验量表。其次，国内测量理论及技术发展滞后，现代智力测量理论及技术是以认知心理学、模型的测量、计算机信息技术为基础的，而国内智力测评未能广泛开发使用新技术。教育、管理、行政部门、认证考试等都缺乏稳定完整的题库，信息化程度不高。

2. 国内对智力测评的认识不够

国内对人才选拔主要还是采取领导考核、群众推选等方法，测评及考核方法不够科学，甚至很多人认为智力与工作绩效关系不大，过分强调工作态度及组织原则性，而真正具有专业测评技术的人员不多。

3. 智力测验的使用混乱

虽然我国现已逐渐建立起各种测评协会，但人才测评在我国的起步较晚，因此尚缺乏具有管理、心理测量等知识和技术的专门人才。智力测验的施测者往往没有接受适当的专门训练，往往对测验知识的了解不够，甚至常常有人抱怨对同一被试重复测量的结果相差悬殊。

虽然国内的人才智力测评与国际水平还存在着一定差距，但在计算机化自适应测验理论、项目反应理论、动态测量理论、认知诊断技术研究及应用的推动下，智力测验也正走向智能化、动态化、多维化。同时，开始重视成功智力、社会智力的研究和运用；人才测评推动智力测验本土化，很多测评机构及研究机构致力于开发适合中国人的智力测验，包括国家机关各类选拔考试，各大企业的招聘、考核及培训等，推动了智力测验运用的多元化发展；开始重视智力与非智力因素的综合测量；对经典测验的常模进行实时修订，如 2007 年组织的全国范围内对韦氏量表的常模修订，在实际应用领域也编制了一批性能优良的智力测验量表，如行政职业能力测验等。今后，随着新的理论与技术手段的不断发展，可望形成更趋合理、有效的智力测验，以更好地服务于各个行业领域。

三、对智力测验未来演变趋势的展望

智力测验虽历经百年，并取得了长足的进步，但与许多成熟领域相比还只能算是刚刚起步。随着人们对智力认识的不断深入，智力测验还会进一步持续发展。纵观当前智力及智力测验研究的发展取向，可以预见，未来智力测验的演变将主要表现在以下两个方面。

第一，越来越多的研究者认识到元认知能力是智力的重要成分。所谓元认知，是主体对自身认知活动的认知，它对个体的基本认知活动起着重要的计划、监测和调控作用，并因此影响着基本认知活动的过程和效果。例如，加拿大心理学家戴斯在其智力的“计划-注意-同时性加工和继时性加工”，即 PASS 模型中强调，负责计划、监控、调节、评价等元认知功能的计划系统是智力系统的重要组成部分，并在其编制的认知评估系统（CAS）测验中专门设计了计划测验来测量被试的元认知能力。研究表明：计划过程是智力落后的最严重的缺陷。也有研究者提出，智力包含三种水平：能力、元认知和目的性。因此，可以预见，随着人们对元认知在智力系统中作用认识的深入，在智力测验中增加对元认知的测量将会成为一个新的发展方向。

第二，传统智力测验对个体创造力的评估有限，而解决新奇问题的创造力作为智力的一部分已经为许多心理学家所认可。有研究者强调，创造性是智力的三个重要组成部分之一。斯滕伯格的成功智力理论通过大量实验也证实，成功智力由分析性、实践性、创造性三个成分平衡而得，而传统智力测验只是测量了其中的分析性智力，因此他专门设计了成功智力测验（即斯滕伯格三元能力测验，STAT），分别评价分析性、实践性和创造性智力三个方面，并通过大量实验验证了 STAT 的信度和效度。戴斯等经过大样本和个案研究也证实，PASS 理论和 CAS 测验比传统的智力测验能更好地预测创造力、鉴别天才儿童。STAT 和 CAS 测验为未来智力测验的编制进行了非常有价值的开拓性工作。今后，从心理学的本质上厘清创造力和智力的关系、开发更加有效的预测创造力的智力测验，将会成为一些研究者的重要目标。

本章小结

智力是人类对客观事物的认识能力，是各种认识能力的总和，是获得知识的能力，是认识、理解事物和运用知识与经验解决问题的能力。但智力绝不是个别的单向能力，而是由注意力、观察力、记忆力、想象力和思维力五个基本因素有机结合而成的。智商是智力商数的简称，它是评价一个人智力高低的重要指标，由美国斯坦福大学的推孟教授首次提出。

目前心理学界对智力的本质并没有达成共识，有众多不同的理论，它们是编制智力测验的理论基础。本章介绍了几位代表人物的理论。

企业在招聘和选拔人才时，将智商作为一个重要指标进行测试有其必要性。

目前，国内外企事业单位招聘与选拔人才时常用的几种著名的智力测验，如韦克斯勒智力测验、瑞文测验和 Mensa 智商测验等。

20 世纪初期，现代智力测验的内容、方法和技术传入我国，引起了我国心理学界的重视和研究。我国的一些学者根据我国的国情及文化背景对一些著名的智力测验量表进行了修订，介绍了几种修订后的智力量表。

本章还讨论了我国智力测评的发展现状及趋势，展望了智力测验的未来演变趋势。

中英文对照关键词

智商 intelligence quotient

智力测验 intelligence tests

韦克斯勒智力测验 Wechsler intelligence tests

韦克斯勒-贝勒维智力量表 Wechsler-Bellevue intelligence scale

韦氏成人智力量表 Wechsler adult intelligence scale

韦克斯勒儿童智力量表 Wechsler intelligence scale for children

韦克斯勒学龄前和学龄初儿童智力量表 Wechsler intelligence scale for children

瑞文推理能力测验 Raven's progressive matrices

瑞文标准推理测验 Raven's standard progressive matrices test

瑞文彩色推理测验 Raven's color progressive matrices test

瑞文高级推理测验 Raven's advanced progressive matrices test

国际高智商协会 Mensa

瑞文测验联合型 Coalition Raven's test

案例分析题

微软想招聪明的有开放思维的人

微软招聘考试，除了专业知识，往往更看重一个人的聪明程度。据参加招聘考试的学生说，微软的笔试题“古怪刁钻”，有些简直“异想天开”，令人匪夷所思。不过，微软似乎不为所动，年年出一些“怪题目”。几年下来，这些题目不再被认为怪，还成为许多大企业拿来考大学生的“经典”。

一、快速估算题：测试你的快速反应能力

这类题目有不同的版本。比如说，问你如何在不使用台秤的情况下，称出一架飞机的重量？估算一下长江里的水的质量？这是大的、宏观方面的问题。小的方面，还会问你这一类题目：“估算一下一个行进在小雨中的人5分钟内身上淋到的雨的质量。”

再看另一道快速估算题。微软在复旦大学举行的一场校园招聘，第一轮笔试题目中就有一道令应试者困惑的“东方明珠”题，“请估算一下东方明珠电视塔的重量”。当时真是难倒了众多学子。据上海微软软件有限公司负责招聘考试的软件研发部经理蔡先生说：“其实，有同学认为这个题目刁钻古怪也在情理之中，毕竟这种类型的试题在国内还不太多，所以大家都有些摸不着头脑。”他表示：“就东方明珠这道题来说，它和一般的谜语或智力题还是有区别的。这类题为快速估算题，主要考的是快速估算的能力，这是开发软件的必备能力之一，主要是对考生得出这个结果的过程也就是方法的考察。”

二、开放性思维题：考验你的逻辑推理能力

有一年应聘微软的大学生，考试时遇到了一道“古怪”的智力题。题目是：一楼到十楼的每层电梯门口都放着一颗钻石，钻石大小不一。你乘坐电梯从一楼到十楼，每层楼电梯门都会打开一次，只能拿一次钻石，问：怎样才能拿到最大的一颗？应试者不知该怎么办。考试后主考官并没有明确公布答案，但他对其中一位女士的做法表示赞赏。那位女士的回答是：选择前五层楼都不拿，观察各层钻石的大小，做到心中有数。后面五个楼层再选择，选择大小接近前五层楼出现过最大钻石大小的钻石。这位女士后来在互联网上谈体会时说："我至今也不知道这道题的准确答案，也许本来就没有准确答案，就是考一下你的思路。"

微软人力资源部招聘经理表示，以上这些都属于笔试的题目。微软希望招到更多具有开放型思维的人，因此很多题目其实都没有一个标准答案。比如说，你认为北京有多少公共汽车站？你可以随便给出答案，5 家或者 5000 家，但你得有理由。

三、基础数学题：考核你的数学基础是否扎实

一般来说，微软只招聘理工科的学生，并要求学生有扎实的数学基础，因此基础数学题的题量是最大的。有些题目初看很复杂，但思路一打开，其实相当简单，所以有的大学生戏称是"小学三年级的题目"。如这道题：有 8 颗弹子球，其中 1 颗是"缺陷球"，也就是它比其他的球都重。你怎样使用天平只通过两次称量就能够找到这颗球？

从上面这道题和其他大量的数学题内容来看，微软招聘考试重视数学基础是由它的工作性质决定的。微软招聘主管戴维·普里查得先生认为，软件开发需要极严格的数学模式。对数学没有兴趣的人难以胜任最起码的程序员工作。他表示，对于笔试题目，如果有大学生对他说，"这真是一个愚蠢的问题"，这并不是错误的回答。

四、智力测试题：看你能否创造性地思考

一个正三角形的每个角上各有一只蚂蚁。每只蚂蚁开始朝另一只蚂蚁做直线运动，目标角是随机选择的。蚂蚁互不相撞的概率是多少？

还有一些问题虽然不需要数学知识，但要懂得基本的科学常识。如问你，太阳总是从东边升起吗？答案应该是否定的。因为在北极点，根本就没有"东方"这个方向。每一个方向都是南。在 6 个月的"极昼"时间里，太阳从南边升起从南边落下。另外，在南极也一样，每一个方向都是北。

诸如此类的问题我们还可以举出一些，其中包括拿微软领袖比尔·盖茨"开涮"的题目。此题是"比尔·盖茨的办公桌下有五只带锁的抽屉，分别贴着财富、兴趣、幸福、荣誉和成功五个标签；盖茨总是只带一把钥匙，请问是哪一把"？答案：兴趣。

所有这些都出于这样的考虑：微软想找"聪明的、有开放思维的人"。负责微软招聘工作的戴维·普里查得先生强调："其实我们并不是想得到'正确'的答案，我们是想看看应聘者是否能找到最好的解题方案，看他们是否能够创造性地思考问题。""我们的目的是选人，而不是难倒

学生。”

（资料来源：佚名．2009-05-03．用微软试题膨胀你的思维．http：//www．yjbys．com/Qiuzhizhinan/show-37843．html）

案例分析题：

1．请思考案例中的哪些测试题与 1981 年修订的韦克斯勒成人智力量表 WAIS-R 中的 11 个分测验中的某个分测验相似？

2．结合案例谈谈智商测评在人才招聘与选拔中的作用。

3．你能估算一下东方明珠电视塔的重量吗？测试一下自己的快速反应能力。

复习思考题

1．智力的含义及结构是什么？

2．智商的含义是什么，怎样表示智商？

3．智力测评的方法有哪些？请列举几种著名的智力测评方法。

4．智力测评对人才的招聘与选拔有何意义？

5．请简单分析我国智力测评的发展现状及趋势。

Mensa 分会网址及 Mensa 测试题

第六章
能 力 测 验

学习目标

- 掌握能力与能力倾向的概念
- 了解能力与一般智力的关系
- 了解有关能力结构的主要模式
- 了解常用的能力测验种类及其主要内容

引　子

能力测验在某招聘实务中的困境与出路

国内某知名大型通信公司（以下简称A公司），成立于20世纪80年代。A公司为确保自己在技术研发上的领先性，使公司站在通信技术的前沿、不断推出具有领先水平的通信产品，公司每年都会从清华大学、北京邮电大学等名校中招聘大量对口专业的应届毕业生，网罗优秀人才。由于近年来毕业生人数快速增加，为了提升招聘的成功率及效率，A公司从2005年起从某测评公司引入基本能力测验，借以筛选应聘者。在2005年的招聘过程中取得了一定效果，但多数应聘者得分偏高，且比较集中，区分起来有些困难。

在2006年的校园招聘过程中，A公司对新一届毕业生进行了能力测验，但人力资源部门在整理结果时发现，90%以上的应聘者的成绩都在93分以上，根本无从区分应聘者之间的能力差距。事后调查发现，在2005年测试完成之后，就有多名应聘者凭借记忆将该知名企业在招聘时应用的能力测试题及答案都发布到了某大学的校园BBS上，试题已经完全泄露，测试结果根本无法用于鉴别应聘者的基本能力水平，人力资源专员只能凭借面试重新对应聘者进行筛选，招聘工作的效率大大降低。

2007年的校园招聘旺季即将到来，为了网罗到更多优秀人才，A公司决定提前到各高校展开招聘工作，因该公司在业内属于国内乃至国际上知名的企业，有着非常好的声誉与福利待遇，专业内的发展空间也非常大，所以势必将有大量毕业生前来应聘。鉴于2005年应用能力测验的良好效果，A公司人力资源部门决定再次尝试使用能力测验，并希望借专业的测评公司发现并改善能力测试中存在的弊端，从而提高本企业招聘效率。

经研究发现，A公司在能力测评过程中存在以下问题：①试题难度不适合招聘对象，难以达到良好的区分度；②试题泄露，试题安全性无法保障；③要求考察一些全新的素质维度，但是以往能力测试试题过于死板。

（资料来源：http：//www.hroot.com/contents/91/87190.html，2008-11-04）

案例思考题：

1. 对于A公司在能力测验中存在的问题，你有何意见或者建议？
2. 本案例对于其他公司实施能力测试有何启示？

第一节　能力概述

一、能力与能力倾向

能力（ability）是指个体能够执行特定的生理或心理的活动或任务的行为模式

(Snow, 1994)。能力可以是天生的，也可以是后天习得的，它具有一定的神经学基础，是个体身上比较稳定的特征。

能力倾向（aptitude）也称性向，在心理学文献中有两种含义。一种普遍定义是指任何可以用来预测个体在某种环境中取得成功的可能性的个体特征或差异。而另一种更严格的定义比较接近认知能力，是指潜在的学习能力，能力倾向测验评估的正是个体习得知识和技能以取得在学业、培训或职业中成功的潜力。

简而言之，能力是个体已经具备的，而能力倾向可以用来预测个体未来在哪些方面会取得成功。

二、能力倾向与一般智力的关系

能力倾向与一般智力是有区别的。一般智力是能力的基础，它在任何需要认知加工的任务中都会发挥作用。不同的任务和工作所要求的智力水平是不同的，智力水平常常可以有效预测个体能达到的工作水平（如培训要求或工作复杂程度）。但是，这还不足以让个体做出职业选择，因为同等水平的工作很可能需要不同的特殊能力倾向。例如，工程师和记者都是高智力水平的工作，但是，工程师还需要良好的空间能力，而记者则需要良好的表达能力。在一般智力无法区分处于同等水平的职业时，多重能力倾向测验就特别有助于人们做出职业选择或进行人才安置。

三、能力的结构

最近几十年来，对认知能力的内容和结构的认识有了较大的进展。

Guilford（1967）的智力结构模型详细描述了能力的理论构架。他提出了 120 种不同的认知能力，可构建成一个以内容（形象、符号、语义、行为）、操作（认知、记忆、发散性思维、收敛性思维、评估）及结果（单位、等级、关系、系统、转化、应用）为基础的三维立方体。

Carroll（1993）通过因素分析得出了一个认知能力层级模型。该模型分为三层：最底层包括 68 种不能再细分的能力（如阅读速度和简单反应时间）；中间层为更一般认知八类能力；最顶层则是最一般认知能力“g”因素，如图 6-1 所示。

Thurstone（1938）曾提出七种基本的心理能力（PMAs），其实它们可以与 Carroll 模型中的中间层能力相对应。例如，归纳推理能力可被归入流体智力，口语能力可被归入晶体智力，记忆力可被归入一般记忆和学习能力，空间能力可被归入一般视觉能力，语词流利性可被归入一般检索能力，知觉速度可被归入一般视觉能力和一般认知速度，数字能力也可被归入一般认知速度。

总之，研究发现的多种能力与许多测验测量的能力都基本上反映了 Thurstone 提出的七种基本的心理能力。另一些测验测量的是心理运动能力，它们对许多与事物打交道的职业（如建造、修理、装配、组织、书写等）来说是很重要的。还有一些测验评估的是技术知识（如自动化和工艺学）或其他与工作相关的能力（如社交能力、领导能力等）。

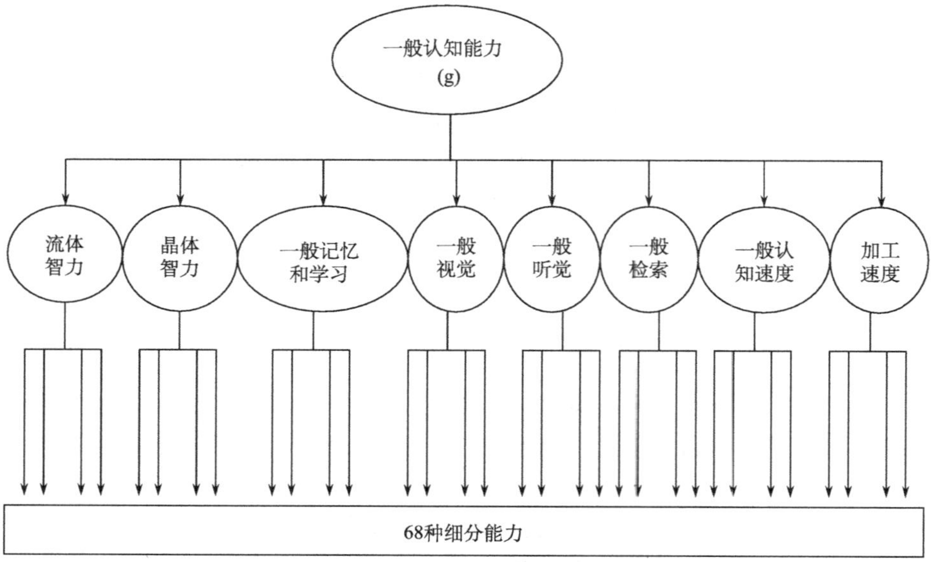

图 6-1　Carroll 的认知能力层级模型

资料来源：Carroll，1993

四、能力的稳定性

认知能力（尤其是一般的而非特殊的能力）是比较稳定的。研究发现，个体的认知能力及其在同龄人中所处的位置在青春期早期就趋于稳定（Carroll，1993），当然在此之后也不是完全没有发展空间，而特殊能力的可塑性则相对更大一些。

一项名为“西雅图纵向研究”（SLS）的项目考察了成人身上特殊能力的发展变化（Schaie，1996）。该研究测量了 35 年间 5000 多名成人在认知能力上的变化。结果发现，第一，从成年早期到 60 岁这段时期，人们在归纳推理能力、空间能力、言语能力及言语记忆上有中度的提高，而在数字能力和知觉速度上则有显著下降；第二，25～88 岁这段时期，人们在归纳推理能力、言语记忆、空间能力、数字能力及知觉速度上都有下降；第三，尽管所有能力到 67 岁时都会有所降低，但直至 80 多岁时衰退的速度还是缓慢的，且大多数人都是呈阶梯状而非线性的衰退；第四，能力在老年期的衰退主要是因为认知加工和反应速度的减慢，如果剔除知觉速度的变化，其他能力的变化其实并不明显。上述研究结果建议，如果人们要降低认知能力衰退的风险，应避免患上心血管疾病等慢性病，处于良好的环境中（如有较高的社会经济地位、活动丰富、经常开动脑筋等），并且具有灵活的人格特征与较高的生活满意度等。

总体而言，随着年龄的增长，能力还是比较稳定的。这就支持了能力测验对个体未来成就的预测效用，也就是说，能力测验的结果从青春期到成年期都是适用的。

第二节 能力测量

一、能力测验的起源和发展

第一次世界大战时期，能力测验开始兴起。一批原本从事智力测验开发的心理学家（如 Bingham、Goddard、Terman 及 Whipple 等）转而关注如何为美国军方招募、选拔并安置军事人员的实际问题。他们先后编制出了“陆军甲种测验”和“陆军乙种测验”，总共对近 200 万士兵进行了团体智力测验。智力测验的成功应用激发了对特殊能力倾向测验的开发。

早期开发的一系列著名的能力倾向测验有 Link 的多重职业能力倾向测验、Thurstone 的行政职业能力倾向测验、Seashore 的音乐能力测验和感觉运动能力测验、Fleishman 的心理运动能力测验，以及 Meier 的艺术能力测验等（Krane and Tirre，2005）。

随着应用心理学家们越来越关注如何预测不同领域的学业或职业成功，能力的种类越分越细，相应地，也就需要在理论上和分类上进行梳理。对此，美国学者和英国学者持有不同见解，前者以 Kelly（1928）和 Thurstone（1938）的多重能力观为代表，后者以 Spearman（1904）的一般“g”因素说为代表。例如，Kelly（1928）利用因素分析得出了几种不同的能力倾向，包括言语、数字、空间及记忆等方面。Thurstone（1938）提出了七种基本的心理能力，包括推理、空间、数字、言语、记忆、词语流利性及知觉速度等方面，它们彼此的相关度很小。

社会需求为能力倾向测验的发展提供了强大的动力。尤其是 20 世纪三四十年代以来，社会的发展要求教育和职业咨询、商业和军队的人才选拔和安置等工作必须借助客观的适当工具和手段，以提高科学性和效率。这些需要大大刺激了能力倾向测验的发展。

如今，越来越多的能力测验开始计算机化。这与传统的纸笔测验相比有很多好处。例如，计算机化测试可以让被试自我实施，可大大节省时间。最新的发展趋势是网络化，测试的实施将更为方便。除了实施更为方便，计算机化测试还有更高的可控性和灵活性。例如，在计时和刺激呈现方面都可精确地控制，这将使得对以前不能测量的能力进行评估成为可能。同时，这也使得测验更能实现人机互动，像玩游戏一样，让被试能更多地参与其中。

另外，研究者也力求将能力测验的结果与职业的要求相匹配。例如，美国劳工部的职业信息网络（O＊NET，www.onetonline.org）可以提供系统化的职业和组织信息，将能力倾向与职业选择相匹配。Converse 等（2004）还发明了将 Ball 能力倾向测验（BAB）的能力分数与 O＊NET 的能力剖面图相换算的方法，这样用 BAB 也能获得一系列候选的职业选择。

二、能力测验与智力测验、成就测验的区别

能力测验与智力测验、成就测验的测量对象都是个体的认知特性，这三种测验之

间不易区分，因为它们是紧密相关的。一些智力测验或能力测验所测量的内容，很难说究竟是个人能力还是由学习得来的知识。

一般而言，成就测验用来衡量人们以前所学的知识。例如，测试一个人能正确拼写多少单词，这是一种拼写成绩测验。能力倾向测验用来衡量人们在获得特殊技能方面的潜能。例如，音乐能力倾向测验的结果可以预测一个人在接受过训练后能将乐器弹奏得多好。而智力测验测量的是人们在解决问题、适应环境变化及获得经验方面的一般潜力。能力倾向测验往往给出 8～9 个不同方面的得分，而智力测验往往只给出一个一般学习能力或学习潜能的分数。另外，成就测验要注重内容效度，而能力倾向测验、智力测验必须有较高的预测效度。

三、能力测验的应用领域

能力倾向测验虽然起步相对较晚，但在西方国家的发展十分迅速。测验编制者采用理论法、工作分析法和理论实际相结合的方法开发了许多不同的能力倾向测验，并被广泛应用到商业、军队、教育等各个领域。

在商业领域中，能力倾向测验可以帮助组织选拔出那些可能在工作中有所成就的个体。在教育情景中，学业能力倾向测验则以其独特的诊断和预测功能在学生的学业和职业指导中起着重要的作用。在军事领域，军用能力倾向测验有助于进行新兵筛选和军事工作安置。

总之，尽管已经开发出了多种客观性的能力倾向测验，但还是有许多与工作相关的能力无法评估。要么是因为测验尚未开发，要么是因为测验太耗时，需要个别实施或由专业人员主持测试、评分，要么所测量的能力太过细分而无法广泛应用。另外，客观性的能力倾向测验还常常会引起被试的紧张、焦虑。一种替代性的解决办法是开发主观性的能力倾向测验，由测试对象自评（Krane and Tirre，2005）。

第三节　常用的能力测验

不同的能力测验在测量目标、内容，以及信度、效度上可能大不相同。下面将介绍国内外常用的一些能力测验。

一、一般能力倾向成套测验

一般能力倾向成套测验（general aptitude test battery，GATB）是美国劳工部自 1934 年起花费多年时间研制的，可用来为高中学生及成人的专业定向和成功谋职提供帮助。解释的标准会定期修订并更新，所以这么多年来尽管 GATB 内容变化不大，但仍然适用（Gregory，2008）。

（一）一般能力倾向成套测验的内容与发展

GATB 共包括 12 个分测验，可得到 9 个因素的分数，分别如下。

（1）G，一般学习能力（智力）：把测量 V、N、S 因素的三个测验的分数相加得到。

（2）V，言语能力倾向：由要求被试指出每一组词中哪两个词意义相同或相反的词汇测验来测量。

（3）N，数字能力倾向：由计算和算术推理两个测验测量。

（4）S，空间能力倾向：由三维空间测验来测量，包括理解三维物体的二维表示及想象三维运动的结果。

（5）P，形状知觉：由两个测验测量，一个是匹配画有同样工具的图画，另一个是匹配同样的几何形状。

（6）Q，文书知觉：与 P 类似，但要求匹配名称，而不是匹配图画或形状。

（7）K，运动协调：由一个简单的纸笔测验测量，要求被试在一系列方格中用铅笔做出特定的记号。

（8）F，手指灵巧：由装配和拆卸铆钉与垫圈的两个测验来测量。

（9）M，手的敏捷：由在一个木板上传递和翻转木桩的两个测验来测量。

测量 F 和 M 的 4 个分测验需要简单的器具，其他几个都是纸笔测验，前面 7 个测验有替换的复本，整套测验的施测大约需两个半小时。上述 9 个因素的原始得分可转换成平均数为 100、标准差为 20 的标准分数。常模是 20 世纪 40 年代在 4000 个样本的基础上建立的。GATB 的复本信度为 0.80～0.90。GATB 分数能较好地预测各种水平工作的培训业绩，平均的效度系数高达0.62（Hunter，1994）。

不过，人们更感兴趣的是 GATB 得分与各种职业所需的能力倾向类型（OAPs）之间的关系。基于来自各行各业大量样本的测试数据，人们得以了解要在不同工作上取得成功所需的能力要求。因此，在实际应用时，可将 GATB 得分与不同职业所需的能力倾向类型进行比较。

Hunter（1994）还发现，上述 9 个因素可综合为三大类更一般的能力：认知能力、知觉能力及心理运动能力。不同的职业需要不同的上述三类能力。例如，汽车工厂的流水线工人需要有较高的心理运动能力和知觉能力，而认知能力相对不那么重要。Hunter 的研究还发现，这些一般的能力比特殊的能力更能预测工作绩效。

Van de Vijver 和 Harsveld（1994）也对比了 GATB 的计算机版本与传统的纸笔测验（操作技能除外）。结果发现，两种版本并不对等，比起传统形式，计算机化测验的个体反应虽快，但准确性会下降。

除美国外，其他国家也对 GATB 进行了研究和应用。到 20 世纪 80 年代，GATB已被译成 10 余种语言，并在近 20 多个国家中进行了修订和标准化。日本于 1949～1951 年对 GATB 进行了修订和标准化，并于 1952 年发表了“一般职业性向测验”。经数次修订，现在的测验由 15 项分测验构成，用以测定与美国 GATB 相同的九种能力倾向。我国的戴忠恒等曾根据日本 1983 年的修订本修订出中国版的 GATB。

（二）O＊NET 能力剖面图

如今在美国，许多职业咨询机构不再用 GATB 分数来为组织筛选工作申请者，因为这样做可能会导致法律纠纷。但是，学生或成人可以上美国劳工部的职业信息网络 O*NET 去进行能力剖面图（ability profiler）测验，它是基于 GATB 的较新应用版本，是帮助人们进行职业探索和生涯规划的有力工具。O*NET 能力剖面图也同样描绘了九种与工作相关的能力。完成该测验后，根据计算机自动生成的评分报告，人们可以将它与 O*NET 上的职业信息进行对照，看自己是否达到了期望的职业的能力要求。

（三）一般能力倾向测验中国城市版

方俐洛等（2003）建构了一般能力倾向测验的中国城市版及其常模。他们仍以日本劳动省 1983 年版的 GATB 为框架，借鉴其非文学性的图形和器械测验，对具有文化因素的 5 项文字测验采用中国文化的内容（如中国成语和古诗），进行了重新编制。作为预试的分测验共有 15 项，它们的名称和时间限制如表 6-1 所示。

表 6-1　一般能力倾向测验中国预试版的构成

测验名称	时间限制	测验内容
T1 打点速度测验	40″	在○内迅速打点
T2 画记号测验	40″	尽量快速并正确地在□内画“++”记号
T3 形状匹配测验	1′30″	按右框的顺序找出与左框的形状、大小完全一样的记号
*T4 名称比较测验	3′00″	比较成对的两组文字或数字的异同
T5 工具匹配测验	1′30″	从右边的四个图形中找出与左边的图形完全相同的图形
T6 平面图判断测验	1′30″	在右边的五个图形中找出哪个是由左边的图形变换成的
*T7 计算测验	2′00″	简单的加减乘除运算
*T8 语义测验	1′30″	从四个词汇中找出具有相同或相反意义的两个词
T9 立体图判断测验	1′30″	左边的平面图折叠或弯曲形成右边的哪个图形
*T10 句子填充测验	1′30″	从给出的单词中选出最恰当的词填入空白处，构成通顺的句子
T11 算术推理测验	3′00″	解答算术应用题
T12 插入测验	15″	将测验盘上部的插棒用双手拔起并插入下部对应的孔中
T13 翻转测验	30″	将插棒从孔中拔出，反转后再插入原孔
T14 组合测验	60″	右手从上部拿插棒，左手取垫圈，将两者组合后插入下部孔中
T15 分解测验	45″	程序与 T14 相反

*为重新编制的测验

方俐洛等（2003）的研究表明，中国版 GATB 具有良好的信度和效度。他们对上述 15 项分测验进行因素分析后得出了四个因素，分别命名为“认知能力”、“手灵活性”、“知觉能力”及“运动协调能力”。根据初试结果，他们删去了预测效果不太明显的 2 项纸笔测验（T3 形状匹配测验、T5 工具匹配测验）及 4 项器械测验，留下 9 项信度和效度都较好的分测验，构成了一般能力倾向测验中国城市版（初版）。在对我国六大地区 13 个城市的初三至高三的 5094 名学生进行测试后，他们还建立了由九项分测验组成的一般能力倾向测验中国城市版的年级常模。

总之，中国城市版一般能力倾向测验的研制和常模建立，为我国中学生的升学指导和就业指导、成人的择业及职业安置提供了一种科学工具，也为我国人力资源的合理利用和开发提供了依据。

二、基本认知能力测验

李德明等（2001）在多年对认知老化的研究基础上编制了一套基本认知能力测验。该测验在测验内容和测验方法上，尤其是将认知速度和工作记忆用于对基本认知能力的评价方面，具有较大的创新性和应用价值。

该测验包括数字鉴别、心算、汉字旋转、数字工作记忆、双字词再认、三位数再认、无意义图形再认等七项分测验。该测验在计算机上以人机对话方式进行，刺激以随机方式呈现，由此提供了多套等价测验以满足实际工作的需要。

该测验适用于小学四年级以上教育程度的儿童、青少年和中老年人，年龄范围为10～90岁。编制者在全国六大地区取样2443人进行了测试。他们还为学生和成人两类样本编制了两套各年龄组量表分换算表。该测验的区分度、再测信度、内部一致性及效度均良好。

编制者从中学生测验结果与学习成绩之间的相关分析，以及测验结果与年龄之间的回归分析中发现，认知速度和工作记忆对于评价认知功能及年龄差异具有非常重要的意义。而且，由于在反映认知速度、认知效率和工作记忆的前四项分测验的年龄等值测验分换算方面，采取上不封顶的方法，该测验对超常儿童的鉴别和人才的选拔有重要意义。

三、多项能力倾向测验

多项能力倾向测验（multipolar aptitude test，MAT）是王进礼等（2004）在龚耀先等的长-鞍团体智力测验的基础上，进一步发展而成的能力倾向测验，其目的是为一些较大规模的职业团体在人员筛选、安置、能力评估及咨询方面提供有效工具。MAT的内容、项目数和时限如表6-2所示。

表6-2 MAT的内容、项目数和时限

分量表	分测验	项目数	时限
抽象思维	常识	23	3
	文字分类	24	2
	图案分类	21	2
	数字接龙	23	6
	图案接龙	18	6
空间能力	折叠*	14	4.5
	拼配*	16	3.5
	补缺	16	3

续表

分量表	分测验	项目数	时限
注意力和速度	文字校对*	56	5
	数字校对	58	4.5
	图形选择*	36	2
	编码	296	5
	打点速度*	528	2
动作稳定性	左手描线*	1	4
	右手描线*	1	4
合计		1131	56.5

* 为新加的测验，其余的沿用“长-鞍团体智力测验”

王进礼等（2004）的研究发现，MAT 具有合理的结构效度和实证效度。因素分析得到了四个特征值大于 1 的因素：因素一主要载荷在文字分类、常识、数字接龙、图案分类、图案接龙等分测验上，被命名为抽象思维能力；因素二主要负荷在文字校对、图形选择、数字校对、编码、打点速度等分测验上，被命名为注意力和速度；因素三主要负荷在折叠、拼配和补缺等分测验上，被命名为空间能力；因素四主要负荷在右手描线和左手描线等分测验上，被命名为动作稳定性。上述四个因素较好地解释了 MAT 的 15 个分测验，与经典的 GATB 结构一致。

MAT 可供团体测验使用。它对动作能力倾向的测量不使用器械，而编制了适合计算机扫描的描画线条测验，用来测量手的动作的稳定性和准确性。这种方法上的改进使得描画线条测验的应用能够拓展到职业测验领域。

四、职业能力倾向测验

职业能力倾向测验（career ability placement survey，CAPS）由 Knapp 等（1992）编制，适用于从中学生到成人的职业咨询。它包括八个分测验：机械推理、空间关系、言语推理、数字能力、语言应用、语词知识、知觉速度和准确性，以及手工操作速度和灵活性。

基于 422 名高中学生的验证性因素分析结果，CAPS 测量了四类能力：一般认知能力、言语能力、空间能力及知觉运动速度等（Tirre，2002）。另外，CAPS 与职业兴趣测验（COPS）和价值观测验（COPES）一起，构成了完整的职业测验系统。

五、鉴别能力倾向测验

鉴别能力倾向测验（differential aptitude tests，DAT）也是应用十分广泛的一套多重能力倾向测验，适用于从中学生到成人的教育或职业咨询，以及人才选拔。该测验初版于 1947 年，于 1986 年有了计算机化版本，目前是第五版（Bennett et al.，1990；张月娟和龚耀先，2002）。

DAT 包括八个独立的分测验：拼写（S）、语言运用（LU）、数字推理（NR）、空间关系（SR）、机械推理（MR）、抽象推理（AR）、言语推理（VR）及知觉速度和准确性（PSA），另外，还可获得一项学业能力倾向总分。与 GATB 和 ASVAB（军队职业能力成套测验，下面将会介绍）不同的是，对 DAT 的效度的研究常限于考察它与类似测验的相关，或者以学业成绩为效标。

DAT 的编制者主要依据实验的和经验的数据而不是因素分析的结果来构建这八个分测验，主要原则如下。

（1）各分测验应相对独立。八个分测验可视情况选用。

（2）测验重在测量能力。根据不同职业的要求，着重测量的是在一定时间内解决问题的能力。

（3）测验可产生能力的剖面图。八个分测验的得分可转换为百分等级，形成一个剖面图。

（4）常模的样本量够大。DAT 第五版的常模来自于总共约 170 000 名学生。

（5）测验材料实用。每个分测验的时限 6 到 30 分钟不等，全套测验半天内就能完成。

（6）测验易于实施。每个分测验前都有例题，对主试只要稍加培训即可。

（7）测验有复本。为了重测的需要，复本（C 版和 D 版）可减少练习效应。

DAT 的信度通常较高，分半信度都超过 0.90，复本的信度也为 0.73～0.90（只有女生的 MR 信度在 0.70 左右）。尽管编制者希望各分测验相互独立，但实际上它们还是相关的，甚至有的相关度较高，反映出这 8 个分测验测量的应是更一般的几种能力。例如，VR 和 NR 分测验间的相关系数高达 0.70，很可能测量的是同一种更一般的能力。

DAT（尤其是 VR 和 NR 分测验）能较好地预测个体的学业成绩或在其他能力倾向测验上的得分，相关系数为 0.60～0.70。因此，VR 加上 NR 的得分通常被视为学业能力倾向的指标，但其他分测验的鉴别效度尚待研究。尽管 Bennett 等（1974）针对 DAT 得分与职业选择或成就的相关进行了一些追踪研究，但仍缺乏有说服力的量化数据。尽管如此，DAT 的修订版仍然有较大的改进，一个明显的进步是注重在 LU 和 MR 分测验上的性别公平性。

DAT 也被翻译成几种语言，例如，在欧洲被广泛应用于职业指导和学术研究中；在我国，先后有中国台湾的宗亮东及徐正稳根据 1966 年版的 M 形修订成中学综合性向测验，以及中国大陆的谢小庆等根据 1981 年版的“V”形编制的 BEC 职业能力倾向测验Ⅱ型（郑日昌等，1999）。

六、Ball 能力倾向测验

Ball 能力倾向测验（Ball aptitude battery，BAB）是由 Ball 基金会开发的，它是一种面向青少年和成人的多重能力倾向测验，常用于高中、大学，以及专门的职业咨询机构。

BAB 有三种测验形式：纸笔测验和器械测验（标准版）、简式纸笔测验（M 版）及其计算机化版（BABc 版）。BAB 标准版包括文书能力、归纳推理、书写速度、折纸、词汇、概念生成、数字计算、数字推理、联想记忆、听觉记忆广度、分析推理、思维流畅性、手指灵活性（左右手）、握力（左右手）、形状组合及语词联想等。

对 BAB 效度的研究包括考察它与其他类似测验的相关性、验证性因素分析，以及与多种职业的准则关联效度（Tirre and Field，2002）。验证性因素分析的结果表明，BAB 不仅测量了“g”因素，还测量了言语能力、推理能力、知觉运动速度、记忆力、创造力、一般检索能力及数字能力等。同时，BAB 标准版还测量了 GATB 和 ASVAB 都未能涵盖的一些独特的能力，如一般检索能力、创造力、记忆力及握力等。BAB 标准版和 M 版的信度也都较好，具有较高的内部一致性和稳定性，但 BABc 版的重测信度尚在研究之中。

七、军用能力倾向测验

军用能力倾向测验包括一般能力倾向测验和特殊能力倾向测验。军用能力倾向测验有其独立的产生和发展过程，并在整个能力测验领域有重要影响，在特殊能力倾向的效度研究、能力理论的验证，以及发现新的能力和测验工具等方面均有较大贡献。

（一）军队职业能力成套测验

军队职业能力成套测验（armed services vocational aptitude battery，ASVAB）是美国国防部开发的一个著名的能力倾向测验，建立了基于大量样本的常模，注重测验的公平性，并且具有很高的准则关联效度。它不仅广泛用于军事部门的人才选拔与安置，也适用于学生的职业指导。

ASVAB 的最新版本包含 10 个分测验，各军种可选用不同的分测验，形成适合该军种的特殊人员分类需要的能力倾向组合。例如，有军事文书、行政职业专长的能力倾向组合，也有电子修理及监视、通信职业专长的能力倾向组合等。另外，ASVAB的四个分测验组成了目前的陆军资格测验（AFQT），该测验可作为所有军种共有的能力倾向测验。

ASVAB 18/19（1995）可帮助高中生、高职生及大学生进行职业探索。它包括不同时限的 10 种分测验，即一般科学知识、运算推理、词语、段落理解、数字运算、编码速度、自动化和工艺学、数学知识、机械知识及电子信息等。

因素分析的结果发现，ASVAB 主要测量的是一般认知能力、言语和数学能力、文书能力及技术知识（Ree and Carretta，1994）。这说明 ASVAB 反映的是“g”因素，难以区分特殊能力倾向。Roberts 等（2000）认为，ASVAB 所测量的“g”因素实际上是晶体智力，即习得的知识，还需参考其他测量流体智力，以及学习和记忆能力的测验结果。

在美国，每年有超过 200 万人参加 ASVAB。ASVAB 的复本信度为 0.80～0.90，重测信度大多为 0.70～0.80（Larson，1994），只有段落理解分测验除外（仅为 0.50）。常模建立在 16～23 岁的 12 000 个样本上，平均的效度系数为 0.60。

ASVAB 更有参考作用的不是分测验得分，而是综合分。例如，电子方面的综合分包括运算推理、数学知识、电子信息及一般科学知识等四项的综合得分，该综合分高的人适合于从事与电子有关的工作。综合分是基于经验而组合得来的，因此，在安置人才时，可随时根据工作需要进行组合，并持续地更新或修订。

如今，ASVAB也已实现计算机化，正在迅速取代传统的纸笔测验（Segall 和 Moreno，1999）。ASVAB的计算机适应性测验（CAT）版本是根据项目反应理论来选择题目的，计算机会根据每个被试的水平选择题目。从1990年起，CAT-ASVAB开始盛行。如今，申请入伍的2/3的人会接受CAT-ASVAB，这样不仅可以省掉近一半的时间，而且可以提高测验的精确性，并及时给出结果。不仅如此，CAT-ASVAB的信度和效度不逊于纸笔测验版本。CAT-ASVAB有可能改变能力测验未来的发展方向，使以前不能测量的内容成为可以评估的对象（如反应时或运动物体的呈现）。

（二）中国军用能力倾向测验的研究和应用状况

中国军用能力倾向测验的研究和使用起步很晚（王进礼和龚耀先，2005）。20世纪50年代，我国开始进行空军飞行员心理素质选拔的研究，陈祖荣主持空军航空医学研究所探索了如何使用纸笔测验和仪器招收飞行员，设计出30余项纸笔测验方法。1974年，空军航空医学研究所的陶桂枝对其中501人作了追踪观察，1976～1979年筛选出注意广度、视觉鉴别、运算能力、地标识别和图形记忆五项测验；1983年开发出三套等效测验，供招飞初选使用，有效系数为0.26～0.31，与美军招飞基本相当。到20世纪90年代，李良明根据飞行人员的认知结构设计了12项纸笔测验式心理素质测量方法，其单项方法与飞行成绩的相关系数是0.25。1992年，游旭群、刘宁等开始研究空间认知能力与飞行能力的关系，也证实了特殊空间能力比一般空间能力对选拔飞行员更有意义。1994年，胡文东、苗丹民研制了DXC-3型心理测评仪，用仪器做了11项认知测验并在招飞中应用。1994年，中国空军组织北京大学心理系、北京师范大学心理系等十多所高校和科研单位上百名专家开展招飞心理选拔测评系统工程的课题研究，现已有所突破。同时，在中国陆军和武警部队，能力研究也开始增多，其中前述的由王进礼和龚耀先（2004）编制的“多项能力倾向测验”（MAT）已经在武警部队试用。虽然中国军用能力倾向测验的研究和应用总体上一直相对落后，但在最近几年开始迅速开展。

八、行政职业能力倾向测验

一般行政能力倾向（general administrative aptitude）是指经过适当学习、训练或置于一定的环境条件下，能完成行政职业领域内的一般活动的潜力。在我国目前的国家公务员考试中，行政职业能力倾向测验作为一个重要的组成部分，主要用来测试应试者从事国家行政机关工作的潜能，预测其在行政职业领域内取得成功的可能性，可配合其他测评手段一起使用。

（一）中国行政职业能力测验的发展

1988年，人事部考试录用司开始组织一批心理学家开发行政职业能力测验，1989年在公务员制度试点的国家统计局等六部门的录用考试中首次尝试使用。该测验从 1989 年首次使用以来，题型基本稳定，题目不断发展完善，重要性逐步增强。

从 2002 年开始，根据招考职位的不同，行政职业能力测验被分为 A、B 两类。A 类职位必须参加《行政职业能力测验》和《申论》两门科目的考试。B 类岗位只参加《行政职业能力测验》的考试。行政职业能力测验的题目全部客观化，考试更加规范化、透明化。

2005 年，中央机关及其直属机构公务员考试录用取消了 A、B 类之分，A 类考试科目改为《行政职业能力测验一》和《申论》两科；B 类考试科目改为《行政职业能力测验二》一科。

2006 年的考试大纲又做出新的规定，职位类别分为综合管理类和行政执法类，前者招考职位的公共科目为《行政职业能力测验一》和《申论》两科，后者招考职位的公共科目为《行政职业能力测验二》和《申论》两科。

2007 年又取消了一、二类之分，行政职业能力测验不再分类，统一成一个版本，取消了自 2001 年来施行的公共科目笔试分为两大类的考试方式。

从行政职业能力测验所考查内容的基本框架来看，已经比较稳定，而在每一年的考试中，在大的试题类型基本稳定的情况下，某一具体题型或题量有所变化，讲求稳中求变。

（二）中国国家公务员通用能力标准框架

2003 年，人事部颁布了《国家公务员通用能力标准框架（试行）》，提出公务员应当具备九项基本的素质和能力标准，其主要内容可以概括为三个层次的能力：第一层次的基本能力和素养包括政治鉴别能力、依法行政能力及公共服务能力；第二层次为学习能力、调查研究能力及沟通协调能力；第三层次主要是应变能力，包括应对突发事件能力、创新能力及心理调适能力（张书涛，2007）。

国家公务员通用能力标准框架是从事国家公务的工作人员应具备的基本能力要求，这种要求不是针对从事领导工作人员的要求，而是对一般工作人员的基本要求，是从事行政工作的人员应当具备的基本素质和能力，也是我国行政职业能力测试考量的基本政策依据。专家们选择了上述能力要素中最基本、最主要和便于实际测查的方面作为行政职业能力测验的内容，编成五大测试题型：言语理解与表达、数量关系、判断推理、常识判断及资料分析。当然，对那些较高层次的行政职业能力，除了部分判断能力和资料分析能力，往往难以通过客观性的纸笔测验来考查。

（三）一般行政能力倾向测验

洪炜和龚耀先于 1995 年受人事部人事考试中心委托编制了一般行政能力倾向测验（general administrative aptitude test，GAAT），作为省、地（市）级公务员考试之用。

GAAT 包含四个基本组成部分（分量表）：数量关系、言语理解、判断推理和资料分析，分为 10 种题型（分测验）：数字推理、数学运算、选词填空、语句表达、言语理解、事件排序、常识判断、图形推理、演绎推理和资料分析。

编制者对四个分量表进行的因素分析得到了两个特征值大于1的因素，分别被命名为与数字及语义有关的因素和与逻辑推理有关的因素。他们对10种题型进行的因素分析得到了四个特征值大于1的因素，分别被命名为与数字及符号有关的因素、与知识广度及运用有关的因素、与逻辑推理有关的因素及与空间关系等有关的因素。

洪炜和龚耀先（2000）的研究还表明，GAAT包含了公务员基本能力倾向的测量内容，量表的结构合理，内部一致性及稳定性较好，具有较好的效度。

本章小结

能力是指个体能够执行特定的生理或心理的活动或任务的行为模式。能力倾向是指任何可以用来预测个体在某种环境中取得成功的可能性的个体特征或潜在的学习能力。一般智力是能力的基础，而不同的职业对各种能力倾向有不同的要求。

关于能力的内容和结构有不同的理论，如Thurstone的基本心理能力论、Guilford的智力结构模型及Carroll的认知能力层级模型。能力测验与智力测验、成就测验有一定的区别。

国内外常用的能力测验有一般能力倾向成套测验（GATB）、基本认知能力测验、多项能力倾向测验（MAT）、职业能力倾向测验（CAPS）、鉴别能力倾向测验（DAT）、Ball能力倾向测验（BAB）、军队职业能力成套测验（ASVAB）以及行政职业能力倾向测验等。对不同的能力测验，可以根据人才选拔的需要选用。

中英文对照关键词

能力 ability

能力倾向 aptitude

能力剖面图 ability profiler

一般能力倾向成套测验 general aptitude test battery

职业能力倾向测验 career ability placement survey

鉴别能力倾向测验 differential aptitude tests

Ball能力倾向测验 Ball aptitude battery

军队职业能力成套测验 armed services vocational aptitude battery

一般行政能力倾向测验 general administrative aptitude test

案例分析题

行政职业能力倾向测验对选拔公务员有效吗①

在我国的国家公务员考试录用中，行政职业能力倾向测验是重要组成部分。然而，我国的社会应试力量不可低估。考生在该测验上的平均成绩逐年提高，有人担心目前的考生中存在着高分低能的现象，如此发展下去，该测验难以担当国家选才的重任。目前的行政职业能力倾向测验的质量如何，能否达到考试设计者的预期效果，确实是令人关注的问题。

陈社育和余嘉元（2002）依据现代心理测量理论，采用科学规范的实证研究方法，对行政职业能力倾向测验的效度进行了考查。他们选用 2000 年江苏省国家公务员考试录用中使用的行政职业能力倾向测验题本作为考察对象。该题本共有 140 道“四选一”的单选题，可以划分为 5 个分量表，每个分量表又由若干分测验组成，整个题本共有 14 个分测验。第一个分量表为“知觉速度”，有 3 个分测验：同符对照、数字定位、替代知觉，题量（单位：道）分别为 35、15、10；第二个分量表为“数量关系”，有 2 个分测验：数字推理、数字运算，题量分别为 6、6；第三个分量表为“判断推理”，有 4 个分测验：事件排序、演绎推理、图形推理、类比推理，题量分别为 12、10、6、10；第四个分量表为“言语理解”，有 3 个分测验：定义理解、短文理解、阅读理解，题量分别为 10、5、5；第五个分量表为“资料分析”，有 2 个分测验：图形分析、表式分析，题量分别为 5、5。

然后，研究者从 2000 年江苏省国家公务员考试录用中南京和扬州两地的考生中随机抽取行政职业能力倾向测验的有效答卷 1154 份，得到考生在每道题上的得分，并建立相应的数据文件供分析使用。

为了检验行政职业能力倾向测验的预测效度，研究者首先结合新录用公务员一年试用期满的考核工作，随机抽取1999年录用的扬州市工商和地税部门的 50 名新录用公务员，对他们一年后的工作表现进行跟踪考核。考核指标是根据新录用公务员的基本任职要求制定的，分德、能、勤、绩四个部分，共计 24 个评定项目。考核工作分五个步骤进行：对照《考核评分标准》进行个人自评（包括自我小结和评分）、同事评价、直接领导评价、县区主管局人事部门负责人评分，最后再由扬州市人事局、工商局、地税局、国税局的五名经验丰富的人事干部组成终评小组，根据前面获得的有关材料分项独立评分，然后再将五位终评者评分的平均数作为考核对象的最终评分。由此得到 50 名新录用公务员在 2000 年年底的跟踪考核结果，并登分、汇总，建立数据文件供分析使用。由于新任公务员第一年为试用期，工作比较认真，处事也较为谨慎，50 名新录用公务员在“德”和“勤”方面的表现均

① 陈社育，余嘉元．2002. 行政职业能力倾向测验效度的研究报告．心理科学，25（3）：325～327

较好，考核结果个体间差异不大，因此，研究者在进行预测效度分析时，仅使用“能”和“绩”两个方面的考核结果。然后，研究者在人事部门存档的文件中，查阅了50名新录用公务员1999年参加江苏省公务员考试录用的行政职业能力倾向测验成绩（只有卷面总分，没有保留分项得分），对考生的成绩进行登记、汇总，建立数据文件供分析使用。

在这些数据的基础上，研究者根据行政职业能力倾向测验的特点，围绕测验的构想效度和效标关联效度进行了检验。结果发现：①行政职业能力倾向测验具有较好的构想效度。通过因素分析得出的三个因素，即抽象关系能力、资料分析能力、言语理解能力正是国家公务员素质结构中最基本的三个能力因素。②行政职业能力倾向测验的成绩仅对计划能力、理解贯彻能力、观察判断能力、应变能力、工作质量、工作效率等部分工作表现起到一定的预测作用，对组织协调能力等含非智力因素较高的复合素质的预测性不够明显。由此，研究者认为，行政职业能力倾向测验对于预测行政工作成功的可能性来说，只是一个必要条件，而非充分条件；相反，如果一个人缺乏某些方面的基本能力，则可以说他（她）在这方面成功的可能性微乎其微。从这个意义上说，行政职业能力倾向测验在预测失败方面比预测成功更为准确。

总之，上述研究结论为国家公务员考试录用的深化改革提供了较为全面的信息。

案例分析题：

1. 你怎么看待行政职业能力倾向测验在公务员选拔中的作用？

2. 除了行政职业能力倾向测验，你认为还可以配合运用哪些手段、工具或方法来更有效地选拔公务员？

7 复习思考题

1. 什么是能力与能力倾向？
2. 能力与一般智力的关系是怎样的？
3. 关于能力的内容和结构有哪些主要模式？
4. 能力测验与智力测验、成就测验的区别是什么？
5. 请列举一下常用的能力测验。
6. GATB测量了哪九大类与工作相关的能力？
7. 试亲自参加某种现有的能力测验，了解自己各方面的能力倾向如何。

第七章
个 性 测 评

学习目标

- 了解个性的含义及个性测评的意义
- 掌握气质的概念及气质测评
- 掌握性格的概念及测评
- 掌握 16 种人格、大五人格、MBTI 几种人格测验

引　子

G 企业因业务拓展需要，通过公开招聘让小张担任开发工程师一职。考虑到他是应届毕业生，公司先让他到日本接受为期三个月的技术培训。

培训期满，小张如期上岗，参与项目开发工作。然而，一个月后人力资源部就接到用人部门的投诉：小张在工作中的表现并不尽如人意，影响了整个项目的进度，项目经理要求重新招人。该公司人力资源部很为难：小张是根据用人部门的要求精心选拔的，不仅具备本岗位的专业知识结构，而且有一定的实习实践经历，在用人部门所设计的专业考试中轻松过关。重新招人浪费的不仅仅是招聘的时间与成本，还得搭上 3 个月的国外培训，况且项目进度也刻不容缓。而此时，小张也提出调岗申请，希望能到市场部去。

人力资源部左右为难，决定请专业咨询公司对小张进行人才测评后再作安排。测评报告显示，小张属于社会型素质模型，有着强烈的与人沟通的欲望，尽管他在技术上能胜任开发工程师一职，但不具备开发工程师所需要的“研究型”人才的素质：善于观察思考、分析、推理。小张的外向型性格表现出来更多的是愿与人倾诉、交流，没有专注的研究习惯和探索精神。在与专家的交流中，小张也承认，他在办公室里经常“坐不住”。同时报告也显示他在组织协调、沟通、影响力方面确实有过人之处。测评中心专家指出，如果让小张担任产品的服务销售工程师也许更能发挥他的长处。

该公司权衡利弊，决定把小张安排到市场部，并给他进行营销方面的培训。不到半年，小张凭着出色的表现被提拔为销售主管。

（资料来源：http：//bbs.hr369.com/thread-364476-1-1.html）

案例思考题：

1. 试分析 G 公司招聘开发工程师失败的原因？

2. 如果你是公司人力资源部领导，在以后的招聘中你会引入哪些人才测评工具来提高公司的人才招聘质量？

第一节　个性概述

一、个性的含义

我国古代很早就有关于个性的论述。早在 1700 年前，著名学者刘劭在《人物志》一书中系统地提出了个性的分类与鉴定方法。刘劭根据德与才两种因素来考查人的个性，按人的能力把管理者分为 12 个等级。他提出，“人才不同，能各有异”，“量能授官，不可不审也”。他还曾用“八观”法来鉴别人的个性，提倡“官其感变，以审常度”“观其所短，以知所长”“观其聪明，以知所达”等方法，这些方法至今仍有参考价值。

唐太宗李世民也强调个别差异，反对求全责备。他借鉴历史的经验教训，制定出选拔官员的严格标准，即“四善”“二十七最”。“四善”指德义有闻、清慎名著、公平可称、恪勤匪懈，这四点是对一切官员的共同要求；“二十七最”中明确规定了不同领域官员的考试标准。例如，善于权衡人物、擢尽才良者，为最好的考官；音律克谐、不失节奏者，为最好的判官；巡导有方、学生成绩优异者，为最好的教官；耕耨不失时节、收获颗粒归仓者，为最好的屯官，等等。

心理学上的个性也常被称为人格，西方心理学中，常用“personality”（人格）一词来描述个性。但这里的人格一词容易同生活中泛指的一个人道德水平高低的“人格”混为一谈，所以研究者一般倾向于使用“个性”一词。从心理学的角度说，智力与个性是决定人生成败的两大因素。可以说，个性是一个复杂、难懂而又重要的主题。

（一）个性的一般概念

个性是一个有着颇多争议的概念，不同的研究者对个性的理解不尽相同，对其下的定义也不同。英文中的 personality（人格）一词来源于拉丁文的 persona，本意是指面具。所谓面具，就是演戏时带的脸谱，它代表剧中人物的角色和身份。把面具看成人格实际上包含两层意思：一是指个人在生活舞台上表现出来的各种行为，呈现给观众的印象特点或公开的自我；二是指个人蕴藏于内部，被掩饰起来的真实的自我。因此，从字源上看，个性就是我国古代学者所说的“蕴藏于中，形诸于外”。

尽管研究者对个性的定义不尽相同，但现代心理学倾向于将个性定义为“个体比较稳定的、经常影响他人的行为，并使个体和他人有所区别的心理特点的总和”。个性也是个体具有的和经常表现出来的特征性的行为模式。从这个意义上说，个性是一个人精神面貌的反映。

（二）个性的基本特征

个性具有以下特征。

（1）独特性。独特性是指人与人之间的心理和行为是各不相同的，即每个人具有不同于他人的心理特点，每个人都以自己独特的行为模式与思想方法来适应环境，每个人的爱好、认知方式、情绪表现和价值观都各不相同。虽然个性具有独特性，但是也会表现出共同性，在同一文化背景下生活的人，常会表现出相似的个性特点。

（2）整体性。个性虽然由多种成分构成，但是个体身上的某个个性特征并不是孤立存在的，它们彼此密切联系，结合成一个有机整体。例如，固执在一个人身上可以表现为墨守成规、顽固偏执，在另一个人身上可以表现为坚韧不拔、顽强勇敢，而在第三个人身上则表现为忍辱负重、埋头工作。

（3）稳定性。稳定性是指个体的行为模式和思想方法的一贯性和持续性，个性特征一旦形成相对来说是比较稳定的，一般不会随着年龄的变化而发生变化。当然，个性的稳定性并不意味着个性是一成不变的，人格具有一定的可塑性。这通常有两种情况：一是人格特征随着年龄的增长表现方式有所不同。例如，少年时对即将参加的考试忧心忡忡，在成年后就可能表现为对新工作缺乏信心，而老年时则表现出对死亡的极度恐惧。二是对个人有重大影响的事件或环境因素可能造成人格的某些特征，如价值观、信仰等的变化。

（4）社会性。个性具有社会性，它既是在社会化过程中形成、发展并稳定下来的，又是在人的社会生活过程中表现出来的，对人的社会生活和社会行为具有直接的重要的影响。个性的社会性并不排除个性的自然性，即个性是在个体的遗传和生物基础上形成的，受个体生物特性的制约。

（三）个性的基本结构

个性是一个复杂、多层次、多水平的系统，主要由个性倾向性和个性心理特征组成。

个性倾向性主要包括需要、动机、兴趣、信念和世界观。个性倾向性是个体进行活动的基本动力，是个性结构中最活跃的因素。

个性心理特征主要包括能力、气质、性格，表示个体特定的类型特征。通常情况下，当不要求全面、系统地评定或描述一个人的个性时，通常涉及的只是个性心理特征中最突出的气质或性格的某些方面。

二、个性测评的意义

个性测评是对个性进行测量和评价的过程，具体是指通过一定的方法对员工的能力和个性进行考查，并进行定性或定量描述的过程。个性测评是人员选拔的一种重要方式，测评的结果常常为面试选拔的诊断结果提供依据。个性测评在古代就受到重视，秦始皇、汉高祖、诸葛亮、王安石、王阳明等都运用各种鉴别人的个性的有效方法，选拔良才，量才为用。对于人力资源管理来说，个性测评有着十分重要的意义。

1. 使人力资源管理有更强的针对性

了解组织员工的个性是人力资源管理的出发点。要做好员工的管理工作，首先要了解员工的个性类型。只有了解了不同员工的个性特点，才能有的放矢、因人而异地采取有效的措施进行有效的管理。

2. 更好地促进员工个性的发展

员工良好的个性品质，如乐观、积极进取、有责任感、热情等对取得好的工作效果有很大的作用。在人力资源管理中，了解了员工的个性品质，就可以通过一定的手段和途径，促使员工形成和发展工作和社会需要的个性特征。

3. 为建立和谐的人际环境提供保证

在组织管理中，如果管理者和员工都了解自己及他人的个性特点，就可以采用比较适合他人的方式与人交往，从而减少人际冲突与矛盾，形成良好的人际氛围。

4. 为员工的任用与提拔提供依据

个性测评是组织管理中人员任用、选拔的重要依据。人力资源管理的主要职能之一就是确保人-岗匹配，即把合适的人放在合适的岗位上，而只有了解一个人的个性特征，才能知道他适合什么样的岗位，从而实现人-岗的最佳匹配。

第二节 气质测评

一、气质的一般概念

气质是一个很古老的概念，在古希腊，医学家培多克勒认为气质是个人生来就具备的心理活动的动力特征，是个性的先天基础，与人们平常说的“脾气”“秉性”相类似。个体一出生就具有由生理机制决定的某种气质。例如，有些人一生下来就大哭大闹，乱动不止，而有些新生儿则比较安静，很少啼哭。

一般来说，气质是个人行为全部动力特点的综合。心理活动的动力特点是指心理过程的速度和稳定性、心理过程的强度，以及心理活动的指向性特点，等等。例如，知觉的速度、注意力集中时间的长短、情绪的强弱，以及人们倾向于自己的内心世界还是外部环境。

一般认为，个性心理活动的动力特点主要表现在人的情感和活动发生的速度、强度、稳定性和灵活性等方面。

现代心理学通常把气质理解为人的典型的稳定的心理特点。气质在环境和教育的影响下，虽然也有所改变，但与其他心理特征相比，变化要缓慢得多。

二、气质类型

关于气质的类型有很多种说法，不同的研究者从不同的角度对气质进行了分类。在此介绍几种比较有代表性的分类。

（一）体液说

持这种观点的是古希腊的医生希波克拉底。他认为人的身体内部有血液、黏液、黄胆汁和黑胆汁四种体液，根据哪一种体液在人体内占优势，可把人分为四种类型：多血质、黏液质、胆汁质和抑郁质。血液占优势的人属于多血质，因血液具有热-湿的性能，所以多血质的人稳而润，比较灵活、开朗；黏液多的人属于黏液质类型，黏液具有寒-湿的性能，所以黏液质的人比较冷漠、不够热情；黄胆汁多的人属于胆汁质，因黄胆汁具有热-干的性能，所以黄胆汁多的人热而躁、爱发脾气；抑郁质的人黑胆汁分泌多，由于黑胆汁具有寒-干的性能，所以抑郁质的人冷而躁。希波克拉底的体液说被广泛接受，但在现实生活中真正具有上述四种典型气质的人并不多，大多数人属于混合型，有的是两种类型的混合，有的则是三种类型的混合。

（二）体型说

德国精神病学家克雷奇默（Kretschmer）根据他对精神病患者的临床观察，提出按照体型划分人的气质类型的理论。他把人的体型分为三种：肥胖型、瘦长型、健壮型。他把身材矮胖、圆肩阔腰的人称为肥胖型。他认为，肥胖型的人易患躁狂性抑郁症，其特点是好交际、不计较、健谈、活泼、表情丰富、情绪不定，此为躁郁性气质；瘦长型的人高瘦纤弱，易患精神分裂症，其特点是不善交际、内向、退缩、不计较、害羞沉静、不善言谈、喜欢思考，此为分裂性气质；健壮型的人骨肉均匀，体态与身高成比例，易患癫痫症，其特点是有正义感、注重礼仪、节俭、遵守秩序，此为黏着性气质。

（三）血型说

一些研究者认为，气质是由血型决定的。日本学者古川竹二根据血型把气质分为四种类型。A 型血的人属于 A 型气质，其特点是温和、老实稳妥、多疑、怕羞、依赖他人、遇到困难容易灰心丧气；B 型血的人属于 B 型气质，特点是感觉灵敏、恬静、不怕羞、喜社交、好管事；AB 型血的人属于 AB 型气质，特点是 A 型气质和 B 型气质的混合；O 型血的人属于 O 型气质，其特点是志向坚强、好胜、霸道、不听指挥、喜欢指使别人、有胆识、不愿吃亏。虽然持血型说观点的大有人在，但这种说法缺少科学依据。

（四）高级神经活动类型学说

中国心理学界一般认为，气质的生理基础主要是神经类型。俄国生理学家巴甫洛夫在 1909～1910年首次提出了高级神经活动类型的概念。巴甫洛夫认为，大脑皮层的神经过程（兴奋和抑制）具有强度、均衡性和灵活性三个基本特性。强度是指神经细胞和整个神经系统的工作能力和界限；均衡性是指兴奋和抑制过程间的相对关系；灵活性是指兴奋过程和抑制过程更迭的速度。根据神经过程的强度、均衡性和灵活性，巴甫洛夫把人和动物的高级神经活动类型划分为四种，如表 7-1 所示。

表 7-1　高级神经活动类型及特征

神经类型	强度	均衡性	灵活性	行为特点
兴奋型	强	不均衡		攻击性强，易兴奋，不易约束，不可抑制
活泼型	强	均衡	灵活	活泼好动，反应灵活，好交际
安静型	强	均衡	不灵活	安静，坚定，迟缓，有节制，不好交际
抑制型	弱			胆小畏缩，消极防御反应强

同时，巴甫洛夫认为，兴奋型相当于胆汁质，活泼型相当于多血质，安静型相当于黏液质，抑制型相当于抑郁质。

后来的研究表明，神经类型并不总是与气质类型相吻合，气质是心理特征，神经类型是气质的生理基础，气质不仅与大脑皮质的活动有关，而且与皮下活动有关，还与内分泌腺的活动有关。因此，整个个体的身体组织都影响着一个人的气质。

三、气质与职业的匹配

（一）气质与职业的关系

气质在人的实践活动中不起决定作用，但是有一定的影响，主要表现在它可能影响活动的效率。例如，要求做出迅速灵活反应的工作，具有多血质和胆汁质的人较为合适，而具有黏液质和抑郁质的人则较难胜任；而要求耐性、细致的工作则适合于黏液质和抑郁质的人。

另外，一些特殊的工作岗位，如飞机驾驶员、宇航员、高空带电作业等，这些岗位操作时员工常常处于身心的高度紧张状态，要求员工具有灵活快速的反应能力，冷静、理智、胆大心细、临危不惧的心理品质。

气质特性影响着一个人是否适合从事某个岗位，所以，对于一些特殊岗位来说，识别气质类型应成为职业选择、培训及淘汰的重要依据。

一些常规的职业，如教师、医生、一般行政人员、技术人员、流水线工人等原则上都要求员工具有相应的某些气质特点，但是，这些特点的突出与否对工作结果的影响不是特别大。这是因为，如果这些特点在员工身上表现较弱的话，员工可以利用自身的其他特点来弥补这些特点的不足。例如，对于一个黏液质的流水线工人来说，他具有良好的注意稳定性，而注意转移的灵活性不足，他在工作中往往用注意力的稳定性补偿了注意力不易转移的缺陷，较好地适应了工作。

（二）不同气质类型相匹配的职业

每种气质类型都有其适应的职业范围。在适合的职业领域，各种气质类型的人能取长补短，从而更好地发挥作用。

胆汁质的人较适合做反应迅速、动作有力、应激性强、危险性较大、难度较高而费力的工作。他们可以成为出色的导游员、勘探工作者、推销员、节目主持人、演讲者、外事接待人员等，适宜从事稳重、细致的工作。

多血质的人比较适合做社交性、文艺性、多样性、要求反应敏捷且均衡的工作，而不太适合做需要细心钻研的工作。他们可从事的职业范围很广，如外交人员、管理人员、驾驶员、医生、律师、运动员、新闻记者、冒险家、服务员、侦察员、警察、演员等。

黏液质的人较适合做有条不紊、刻板平静、耐受性较高的工作，而不太适合从事激烈多变的工作。他们可从事的职业有外科医生、法官、管理人员、出纳员、播音员、会计、调解员等。

抑郁质的人细心、敏锐，能够兢兢业业地工作，适合从事持久细致的工作，如技术员、打字员、排版工、检查员、登录员、化验员、刺绣雕刻工、机要秘书、保管员等，而不适合做要求反应灵敏、处理果断的工作。

（三）气质与管理

气质类型本身并无好坏之分，任何一种气质类型都有积极的一面，又有消极的一面，因此，在评定气质类型时，不能认为一种气质类型是好的，另一种气质类型是坏的。

在管理中，要帮助员工了解自己的气质类型，使他们扬长避短，发扬积极的方面，克服消极的方面，从而使其自身的气质得到不断完善。

另外，在管理中，要注意根据人们不同的气质类型的特点，采取不同的管理方式。例如，多血质的人往往耐力不够，做事容易虎头蛇尾，应对他们进行严格的督促，严格要求；胆汁质的人比较粗心，做事急躁，应培养他们冷静客观的工作态度；抑郁质的人比较敏感、脆弱，和他们打交道时尤其要注意方式方法，不能伤害他们，以免引起他们过于激烈的反应。

新员工的适应问题是组织管理中很重要的问题，因为新员工能否很好地适应环境直接影响工作效率。多血质的人对新环境的适应能力比较强，管理者不必对他们过多关心；而黏液质和抑郁质的新员工适应能力比较差，管理者应该更多地关注他们，给予他们更多的关心和指导，使其更快地适应。

四、气质测评的实施

气质测评通常通过一个 60 道题目的自陈式量表来进行。整个量表限时在 5～10 分钟完成。在做测试时，不要猜测题目的内容要求，也就是说不要去推敲答案的正确性，按自己的真实想法回答，因为题目答案本身无所谓正确与错误之分。另外，每一题都必须回答，不能有空题。在回答问题时，认为很符合自己情况的，记2分；较符合自己情况的，记 1 分；介于符合与不符合之间的记 0 分；认为较不符合自己情况的记－1 分；完全不符合自己情况的，记－2 分。

第三节　性格测评

一、性格的一般概念

性格是对现实的态度和习惯化了的行为方式。如果一个人经常表现得大度宽容、助人为乐、与人为善、勤劳勇敢、认真严谨，则这些特点就是他的性格特征。一个人在特殊情况下偶尔表现出来的行为方式并不代表他的行为特征。如果一个一向行事谨慎的人偶尔表现得鲁莽，并不能说明鲁莽是他的性格特征，他的性格应该是果断的。也就是说，只有那些经常性的、习惯性的表现才能被认为是一个人的性格特征。

性格与气质不同，它有好坏之分，在某种程度上性格常常是用道德观点来评价的。例如，人们通常会对“善良、宽厚、勤奋”等加以赞扬，而对“自私、狭隘、懒惰”等加以批评。

世界上没有性格完全相同的人。性格的特征千差万别，应该说，性格是个体差异的一个重要方面。

二、性格类型

许多心理学家从不同方面对性格进行了分类，比较常见的有以下几种。

（一）向性说

瑞士精神分析学家荣格（G. G. Jung）把人的性格分为外向和内向两种类型。外向的人表现为坦率、随和、喜欢交际、感情外露、开朗、适应环境的能力强；内向的人表现为安静、富有想象、易害羞、喜欢独居、不善交际、适应环境的能力较差。荣格指出，完全属于内向和外向的人是很少见的，多数人兼具两者的特点，也同时具有多种心理功能，只是在某个人身上某种倾向或某种心理机能具有相对的优势。

（二）机能类型说

英国心理学家培因（A. Bain）等根据智力、情感、意志三种心理机能在人们身上占的优势不同，把人格区分为理智型、情绪型和意志型。理智型的人喜欢思考，通常以理智衡量周围发生的事情，并以理智支配自己的行动；情绪型的人不善于思考，行动易受情绪左右；意志型的人具有明确的行动目的和较强的自制能力，行动受追求目标的支配。

（三）独立-顺从说

美国心理学家威特金（Witkin）把性格分为独立型和顺从型两种。独立型的人自信，自主意识和自尊心较强，善于独立地发现问题和解决问题；顺从型的人社会敏感性较高，易受暗示，常不加批判地接受他人的意见。

（四）文化社会类型说

德国社会学家斯普兰格（E. Spranger）根据社会文化价值来划分性格类型，把人的性格分为理论型、经济型、审美型、社会型、权力型和宗教型六种。理论型的人用知识和理智衡量一切，力求认识生活的真理，以追求真理为生活目标；经济型的人以经济观点衡量一切，以追求利润、获取财物为生活目标；审美型的人从美学的角度判断事物的价值，以获取和欣赏美为生活目标；社会型的人乐善好施，以增进别人和社会的福利为生活目标；权力型的人相信并迷信权力，爱支配别人和发号施令，以追逐权力为生活目标；宗教型的人以宗教教条衡量一切，以寻求生活的安宁为生活目标。斯普兰格认为，纯粹属于某一类型的人是没有的，多数人是不同类型特点的混合。

三、性格与职业的匹配

（一）性格与职业的关系

性格类型不同，倾向适合的职业也不同。外向的人适合从事社交性和活动性的工作，而内向的人则更适合做稳定性的工作。不同的职业对从业者也有不同的性格要求，要适应这一职业，就必须具备或培养这一职业要求的性格特征。例如，作为医生要有高度的责任感、一丝不苟的工作态度、救死扶伤的人道主义品格；而作为一名教师，则要富有爱心、博学多才、严于律己、为人师表。可以说，从事每一种职业都要有一定的“职业性格”，适合的职业性格有助于个体更好地完成本职工作。

（二）性格类型与职业的匹配

如上所述，性格的分类很多。瑞士心理学家荣格提出的性格分类，从四个侧面分析了人的性格及适合从事的职业。

1. 外向型和内向型

根据人对外部世界的态度，性格分为内向型和外向型。内向型的人注重事物的内在变化，外向型的人注重事物的外在环境。

内向的人喜欢独立思考、埋头工作、勤奋、沉思、不冲动、全面周到，但是对外部环境理解不多，逃避他人，易被他人误会，不喜欢工作被打断。适合的工作有钢琴师、诗人、心理学家等。

外向的人对外部环境关注多，乐意与他人来往，具有开放的心态，喜欢行动，易被他人了解，但是不够独立，希望和他人共事，喜欢变化、行动，讨厌规范约束。适合从事导游、公关等工作。

2. 感知型和直觉型

根据认识外在世界的方法，性格可分为感知型和直觉型。感知型的人较注重实际及对具体事实的看法，直觉型的人较注重事件的可能性和整体性的关系。

感知型的人注重细节、实际，有耐心，耐得住烦闷，有条理。但常常缺乏整体观念，创新意识不强，不喜欢预测未来，很难应付太复杂的工作。适合做律师、会计师、秘书等。

直觉型的人整体观念强，看问题全面，富有想象力，喜欢创新。但不注重细节，不求实际，做事缺乏逻辑性，不能忍受沉闷，常常无端推断。适合从事室内设计师、电影评论员及美容师等工作。

3. 理性型和感性型

根据下结论、作决定的方式，性格可分为理性型和感性型。理性型的人较注重客观、公平和逻辑分析；感性型的人较注重主观、价值和人际关系。

理性型的人做事逻辑性强，客观公正，善于分析、思考，有判断力，坚定。但是常忽视他人的感受，不善于与人沟通，感情不外露，较少富有同情心，不愿说服别人。适合做法官、教导员等。

感性型的人能在乎他人的感受及需要，能与人和睦相处，感情外露，喜欢说服他人。但是做事不够客观，逻辑性差，常缺乏系统的思考，易接受他人观点，不具备批评精神，爱感情用事。适合的职业有宗教人员、播音员、辅导人员等。

4. 决断型和熟思型

根据处理事情的态度，性格可分为决断型和熟思型。决断型的人做事较注重一定的步骤及计划，熟思型的人较注重突发的灵感及弹性的方法。

决断型的人做事有计划、果断，作决定迅速，控制能力强。但常常固执，不易妥协，做事不灵活，作决定时常常凭少许信息，计划不轻易变更。适合做企业家、生产主管及投资顾问等。

熟思型的人善于协调，看问题全面，灵活，开放，依据可靠的信息作决定，不任意批评人。但做事常犹豫不决，计划性差，控制能力较差，易于分心，计划常常更改。适合做保险顾问、社会工作者及漫画家等工作。

（三）职业性格

根据上述荣格对性格类型的四个维度的分类，可以看出个体的职业性格类型，见图 7-1。

（1）对外在世界的态度	内向	外向
（2）认识外在世界的方法	感知	直觉
（3）下结论、作决定的方式	理性	感性
（4）处理事情的态度	决断	熟思

图 7-1 个人的职业性格类型图

四、性格测评实施

目前在我国比较流行的是 Y-G 性格测验量表（Yatabe-Guilford）。该量表是由日本的矢田部达朗等和美国的吉尔福特共同设计制定的。量表由吉尔福特的12个人格特质，每个特质共 12 个项目，共 120 个项目构成。Y-G 性格测验量表是一个自陈式量表。

表 7-2 列出了 12 个人格特质及相应的性格指标。

表 7-2 人格特质及相应的性格指标

序号	人格特质	性格指标
1	抑郁性（D）	情绪稳定性
2	循环性（C）	
3	自卑感（I）	
4	神经质	
5	主观性	社会适应性
6	非合作性	
7	攻击性	社会适应性、活动性
8	一般活动性	活动性、冲动性
9	乐天性	冲动性、内省性
10	思维外向性	内省性
11	支配性	支配性
12	社会外向性	

根据 12 个人格特质的不同结合，可以区分出五种典型的性格类型（A～E），以及一些次典型（A′～E′）、亚典型（A″～E″）或混合型（AE，AB，BC）的性格类型。

五种典型的性格特征可以描述如下。

（1）A 型，也叫平均型。情绪比较稳定，对人、对事较随和，对社会的适应能力一般。向性适中，不容易冲动，活动性一般。

（2）B 型，也叫不稳定不适应积极型。情绪不稳定，对社会、现实不够适应，活动性强，反应快，外向。个性变化多端，表现在外，容易冲动。

（3）C 型，也叫稳定消极型。情绪稳定，适应性强，随遇而安，活动性差，服从性强，内向，比较老实。典型的 C 型人可能缺少作为。

（4）D 型，也叫稳定适应积极型。情绪稳定，适应性强、活跃、外向、善于与人相处，有抱负，组织能力强，在学习与工作中都可能取得较好成绩。但如果特征过于明显，则冲动性过强，极端外向，驾驭人的欲望过甚，会从另一极端导致对社会的不适应。

（5）E 型，也叫不稳定适应消极型。E 型人与 D 型人相反，情绪波动较大，对现实、环境难以适应；活动面小，内向，心胸狭窄，神经质，多愁善感又难以表露，往往会促使其发生意外问题，值得注意。

第四节　几种常见的人格测验

卡特尔 16 种人格测验、大五人格测评及 MBTI 人格测试是目前在我国比较常见的人格测验，在企业的管理咨询及招募、选拔中使用较为广泛。

一、卡特尔 16 种人格测验

卡特尔 16 种人格测验是由美国心理学家卡特尔编制的。他认为人的个性是由许多特性所构成的，由于各种特性在一个人身上的不同组合，构成了一个人不同于他人的独特个性。卡特尔把人的个性分为“表面特质”和“根源特质”。所谓表面特质是指一个人经常发生的、可以从外部观察到的行为，而根源特质则是制约表面特质的潜在基础。卡特尔从许多表面的行为中抽取了 16 种“根源特质”，称为 16 种个性因素，然后他又据此编制了专门的量表来测量这 16 种特质，这就是卡特尔 16 种人格测验。

卡特尔 16 种人格测验具有较好的信度和效度，因而在全世界应用范围广泛。我国是 20 世纪 80 年代开始引进此种测验的。

（一）16 种人格因素及其高分低分特征

1. 乐群性 A

高分特征：外向，热情，乐群。通常和蔼可亲，容易与人相处、合作，适应能力强。愿意参加或组织各种社团活动，萍水相逢也可以一见如故。

低分特征：抑郁，缄默，孤独，对人冷漠。通常表现为执拗，对人冷漠，吹毛求疵，宁愿独自工作，且工作标准常常很高。

2. 智慧性 B

高分特征：聪明，富有才能，善于抽象思维。

低分特征：思维迟钝，学识浅薄，抽象思维能力较弱。

3. 稳定性 C

高分特征：情绪稳定而成熟，能面对现实，行动充满魄力，能以沉着的态度解决现实中的各种问题。

低分特征：情绪容易激动，易产生烦恼，容易受环境支配而心神动摇不定。

4. 恃强性 E

高分特征：好强固执，独立积极。有主见，独立性强，但容易自高自大，自以为是。

低分特征：谦虚，顺从，通融，恭顺。

5. 兴奋性 F

高分特征：轻松兴奋，随遇而安。通常表现为活泼、愉快、健谈。

低分特征：严肃，审慎，冷静，寡言。内省而不轻易发言，较消极、阴郁。

6. 有恒性 G

高分特征：有恒负责，做事尽职。责任心强，工作细心周到，有始有终。

低分特征：苟且敷衍，缺乏认真负责的精神，缺乏远大的理想和目标。

7. 敢为性 H

高分特征：冒险敢为，少有顾忌。有时也可能粗心大意，忽略细节。

低分特征：畏怯退缩，缺乏信心，有强烈的自卑感，在人群中羞怯，有不自然的表现。

8. 敏感性 I

高分特征：敏感，感情用事。通常心肠软，易受感动，较女性化，爱好艺术，富有幻想。

低分特征：理智，着重现实，自恃自力。多以客观、坚强、独立的态度处理问题，不感情用事。

9. 怀疑性 L

高分特征：怀疑，刚愎，固执己见。多疑，不信任别人，与人相处斤斤计较，不顾别人的利益。

低分特征：信赖随和，容易与人相处。无猜忌，不与人竞争，顺应合作，善于体贴人。

10. 幻想性 M

高分特征：幻想，狂放不羁。忽视生活细节，只以本身动机、当时兴趣等主观因素为行动的出发点，可能富有创造力。

低分特征：现实，合乎常规，力求妥善合理。不鲁莽从事，在关键时刻也能保持冷静。

11. 世故性 N

高分特征：精明能干，世故。处事老练，行为得体，能冷静分析一切，理智，客观。

低分特征：坦白，直率，天真。思想简单、感情用事，与人无争，心满意足，但有时也显得幼稚、粗鲁、笨拙。

12. 忧虑性 O

高分特征：忧虑抑郁，烦恼自扰。通常觉得世道艰辛，人生不如意，甚至沮丧、悲观。

低分特征：安详，沉着，有自信心。不易动摇，有安全感，相信自己有解决问题的能力。

13. 实验性 Q1

高分特征：自由，激进，不拘泥于现实，对新的思想和行为感兴趣。

低分特征：保守，着重传统观念与行为标准。不愿尝试探新，常常激烈地反对新的思潮和变革。

14. 独立性 Q2

高分特征：自立自强，当机立断。通常能够自作主张独立完成自己的工作计划，不依赖别人。

低分特征：依赖，随群，附和。通常愿意与人合作共事，而不愿独立孤行。常放弃个人主见，附和众议。

15. 自律性 Q3

高分特征：知己知彼，自律谨严。通常言行一致，能够合理支配自己的感情行动，为人处世能保持自尊心。

低分特征：矛盾冲突，不明大体。通常既不能克制自己，又不能尊重礼俗，更不愿考虑别人的需要。

16. 紧张性 Q4

高分特征：紧张困扰，激动挣扎。缺乏耐心，心神不定，过度兴奋，时常感觉疲乏。

低分特征：心平气和，闲散宁静。容易知足满意、容易平衡，也可能过分松懒，缺乏进取心。

卡特尔 16 种个性因素问卷简称 16PF，它适用于中学生或青年和成人，测验大约需要 45 分钟。

（二）双重个性因素类型

二元双重个性因素类型的标准也分为十级，即每一类型的最高分为 10 分，最低分为 1 分，3 分以下为低分，7 分以上为高分。

1. 适应与焦虑型

高分特征：焦虑性高，易激动，易出现不满意感。高度焦虑不但会降低工作效率，而且会影响身体健康，易患神经症。

低分特征：焦虑性低，通常感到心满意足，能做到所期望的和认为有重要意义的事，生活适应顺利。但极端低分者，可能对困难的工作缺乏毅力。

2. 内向与外向型

高分特征：外向，开朗，善交际，不受拘束，不拘小节。

低分特征：内向，趋于胆小、自足，和别人交往拘谨而不自然。

个性的内向与外向没有好坏之分，应根据具体工作的要求而定。内向者较专心，能从事较精确的工作；外向者善于从事社会交往方面的工作。

3. 感情用事与安详机警型

高分特征：安详机警，富有事业心，果断，刚毅，进取，但也易贸然行事，不顾后果。有时过分现实，忽视生活情趣。

低分特征：感情用事，情感丰富，含蓄、敏感，性格温和，讲究生活艺术。情绪多困扰不安，通常感觉挫折气馁。

4. 怯懦与果断型

高分特征：果断，独立，有气魄，锋芒毕露，有攻击性，有创造性。通常主动寻求可以施展所长的机会和环境，以充分表现自己的独创能力。

低分特征：怯懦，顺从，优柔寡断，易受人驱使而被动，依赖，迎合迁就他人。

（三）综合个性因素

用 16PF 既可以测出一个人某一方面的个性特征，又可以对一个人的个性进行综合分析，做出全面评价。在应用 16PF 的多年过程中，人们积累了大量的各种职业和患各种类型的心理疾病的人的个性资料，经过分析研究，可以用一些特殊的公式计算出以下几种综合性的个性因素。

1. 心理健康者个性因素

心理健康是一切工作和学习的基础。以此方法计算出来的心理健康标准分为 4～40 分，平均分为 22 分。不足 12 分者占 10%，这种人一般情绪显著不稳定。而担任艰巨工作的人要求有较高的心理健康标准分。

2. 专业有成就者的个性因素

专业有成就者的个性因素得分为 10～100 分，平均分为 55 分，60 分约等于标准分 7 分，63 分以上约等于标准分 8 分、9 分、10 分。总分在 67 分以上者，一般应有一定的成就。

3. 创造性强者的个性因素

标准分越高，则创造能力越强。

因素总分与标准分的换算关系如下。

因素总分为 15～62 分、63～67 分、68～72 分、73～77 分、78～82 分、83～87 分、88～92 分、93～97 分、98～102 分、103～105 分。

标准分为 1 分、2 分、3 分、4 分、5 分、6 分、7 分、8 分、9 分、10 分。

4. 在新环境中有成长能力的个性因素

总分为 4～40 分，平均分为 22 分，不足 17 分者占人数分布的 10%，成功的可能性很小。27 分以上者成功的希望较大。

二、大五人格测验

大五人格测验也是组织中较为常用的人格测验。最被广为接受的大五人格模型是由 Costa 和 McCrae 提出来的，他们用五种普遍性因素概括人格结构和特点，这五种因素是个体的适应性、社交性、责任意识、利他性、开放性。每种因素都包含一系列潜在的特质和维度，如图 7-2 所示。

(1) 适应性 (emotional stability)，也称神经质，指能激起一个人负面情感所需刺激的数目与强度。个体所接受的刺激越少，其适应性越差。适应性差的特征表现为容易紧张、过分担心、缺乏安全感，较不能妥善控制自己的情绪，敏感。

(2) 社交性 (extraversion)，也称外向性，指个体对与他人之间关系感到舒适的程度。如果一个人与他人之间舒适的关系越多或越高，则表示其越外向。高社交性的特征除了自信、主动活跃、喜欢表现，还有喜欢交朋友、爱参与热闹场合、活泼外向等表现。

(3) 责任意识 (conscientiousness)，指个体对目标的专心、集中程度，若一个人

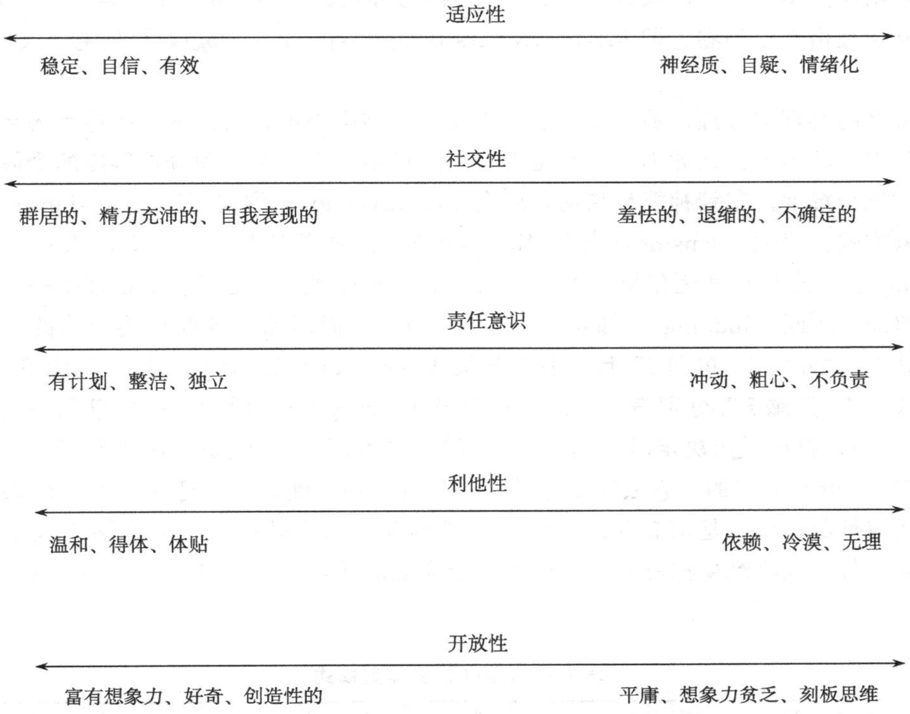

图 7-2 大五人格因素

目标越少，越专心致力于其上，则其责任意识程度越高。其特征有努力工作、成就导向、不屈不挠、有始有终。此外，也意味着负责、守纪律、循规蹈矩、谨慎与责任感、细心。

(4) 利他性 (agreeableness)，是个体对他人所定下的规范的遵循程度，对规范的遵循程度越高，利他程度就越高。高利他性的特征为有礼貌、令人信赖、待人友善、容易相处、宽容等。

(5) 开放性 (openness to experience)，指个体兴趣的多少及深度。如果一个人兴趣越多样化，相对深度越浅，则其开放性越高；反之，则开放性越低。高开放性的特征为心胸开阔，富有想象力、好奇心、创造力，喜欢思考及求新求变。

每种因素既是相关特质的集合，也是一种连续体。例如，一个人拥有利他性因素一端的特质被描绘成温和、体贴的，而具有另一端物质则被认为是冷漠和无礼的。

在选拔员工时进行人格测试，是因为人格和行为之间往往是相互联系的。人们对大五人格因素和工作绩效之间的关系进行研究之后，发现具有独立、负责、有毅力和成就定向人格特质的员工，其工作绩效比缺乏这些特质的员工更佳。

三、MBTI 人格测试

美国的心理学家 Katherine Cook Briggs（布里格斯）和她的女儿 Isabel Briggs Myers（迈尔斯，也是心理学家）根据瑞士著名的心理分析学家 Carl G. Jung（荣格）

的心理功能类型理论，以及她们对人类性格差异的长期观察和研究，编制了迈尔斯-布里格斯性格类型问卷，即 MBTI（Myers-Briggs type indicator），该问卷于 1976 年出版。

荣格的心理类型理论最早在《心理类型》一书中提出，它揭示、描述和解释了个体行为表现的差异。在此书中，荣格阐述了通过临床观察和心理分析得出的个体行为差异的三个维度。①精神能量指向：外向（extraversion)-内向（introversion)；②信息获取方式：感觉（sensing)-直觉（intuition)；③决策方式：思考（thinking)-情感(feeling)。布里格斯和迈尔斯母女在这三个维度的基础上补充了一个新维度——生活态度取向：判断（judging）-知觉（perceiving)，从而用四个维度描述个体的行为差异。其中，“外向 E-内向 I”代表着心理能量（energy）的不同指向；“感觉 S-直觉 I”“思考 T-情感 F”分别表示人们通过感知（perception）活动获取信息和经过判断(judgment）权衡做出决定时不同的用脑偏好；“判断 J-知觉 P”是就人们的生活方式（life style）而言的，它表明个体是以一种有计划（确定）的还是随意（即兴）的方式适应外部环境，是信息获取维度和决策维度的综合效应在个人生活方式中的体现。以上每个人格维度都有两种不同的功能表现形式，经组合可得到 16 种人格类型，见表 7-3。

表 7-3 MBTI 性格类型模式

主导功能	辅助功能（带）	MBTI 类型	主导功能	辅助功能（带）	MBTI 类型
内向实感	外向思考	ISTJ	内向思考	外向实感	INTP
内向实感	外向情感	ISFJ	内向思考	外向直觉	ISTP
外向实感	内向思考	ESTP	外向思考	内向实感	ESTJ
外向实感	内向情感	ESFP	外向思考	内向直觉	ENTJ
内向直觉	外向思考	INTJ	内向情感	外向实感	INFP
内向直觉	外向情感	INFJ	内向情感	外向直觉	INFJ
外向直觉	内向思考	ENTP	外向情感	内向实感	ESFJ
外向直觉	内向情感	ENFP	外向情感	内向直觉	ENFJ

在实际应用中，常将 MBTI 的 16 种人格类型分为四大类，即 SJ 型、SP 型、NT 型及 NF 型。

（1）SJ 型：忠诚的监护人。这种类型的个体通常有很强的责任心与事业心，他们忠诚、按时完成任务，推崇安全、礼仪、规则和服从，他们被一种服务于社会需要的强烈动机驱使。他们坚定，尊重权威、等级制度，持保守的价值观。他们充当着保护者、管理员、稳压器、监护人的角色。

（2）SP 型：天才的艺术家。这种类型的人有冒险精神，反应灵敏，在任何要求技巧性强的领域中游刃有余，他们常常被认为是喜欢活在危险边缘寻找刺激的人。他们为行动、冲动和享受当下而活着：约有 60%的 SP 型人喜欢艺术、娱乐、体育和文学，他们被称赞为天才的艺术家。

(3) NT 型：科学家、思想家的摇篮。NT 型的人有着天生的好奇心，喜欢梦想，有独创性、创造力、洞察力，有兴趣获得新知识，有极强的分析问题、解决问题的能力。他们是独立的、理性的、有能力的人。人们称 NT 型的人是思想家、科学家的摇篮，大多数 NT 型的人喜欢物理、管理、计算机、法律、金融、工程等理论性和技术性强的工作。

(4) NF 型：理想主义者。该种性格的人在精神上有极强的哲理性，他们善于言辩，充满活力，有感染力，能影响他人的价值观并鼓舞他人的激情。他们帮助别人成长和进步，被称为传播者和催化剂。约有一半该类型的人在教育界、文学界、咨询界，以及心理学、文学、美术和音乐等行业显示着他们的非凡成就。

经过 50 多年的使用和完善，MBTI 已被证明是具有良好信度和效度的人格量表，已经发展成为具有广泛影响和应用前景的国际著名人格量表，并已广泛应用于职业指导、人事咨询、管理人员评估及团体动力学分析等方面。1994 年，由我国学者罗正学、苗丹民等与美国东卡罗莱纳大学合作，对 MBTI2G 量表进行了系统的翻译和修订工作，经过近六年的努力，基本完成了中文版 MBTI 人格测验量表的修订工作。修订后的量表共 97 题，由意思表达完整的 83 个短句和 14 对意思清晰的词对组成。短句包括题干和 2～4 个强迫选择条目；词对为意义相斥的两个形容词。该量表分 4 个维度、8 个因子：外倾 2 内倾（EI)，感觉 2 直觉（SN)，对事 2 对人（TF)，判断 2 认知（JP)。目前我国对 MBTI 的研究和应用均较为普遍。

值得注意的是，20 岁以后个体的 MBTI 相对比较稳定，但是随着年龄的增加、经验的丰富，MBTI 人格会逐步发展完善。对于 MBTI 测试的结果而言，各种类型的人均有相应的优点和缺点。如果使用 MBTI 进行职业生涯规划，关键在于如何将个人的人格特点与职业特点相结合。MBTI 理论注重的不是工作本身，而是工作内容。例如，对于 ENTJ 型（外向、直觉、思维、判断）的人而言，并不能说他适合或不适合做总经理助理，关键在于总经理助理这一职位是能让 ENTJ 型的人领导、掌管、组织和完善一个机构的运行体系，以便让它有效运转并实现目标，能否让 ENTJ 型的人从事长期计划的设计、创造性地解决问题、对各种各样的问题提出创造性而合乎逻辑的办法等。

本章小结

本章主要介绍了个性测试的类型，核心内容如下。

第一部分对个性的含义、特征进行了描述。现代心理学倾向于将个性定义为“个体比较稳定的、经常影响他人的行为，并使他和别人有所区别的心理特点的总和”。

第二部分气质测评。一般来说，气质是个人行为全部动力特点的综合。现代心理学通常把气质理解为人的典型的稳定的心理特点。得到公认的分类方法是把气质分成胆汁质、黏液质、多血质和抑郁质四种类型。

第三部分是性格测评。性格是对现实的态度和习惯化了的行为方式。性格与气质不同，它有好坏之分，在某种程度上性格常常是用道德观点来评价的。

第四部分介绍了几种常见的人格测验。卡特尔 16 种个性因素测验是由美国心理学家卡特尔编制的。该测验具有较好的信度和效度，因而在全世界应用范围很广。大五人格测验也是组织中较为常用的人格测验。一般认为可以用五种普遍性因素概括人格结构和特点，这五种因素是个体的适应性、社交性、责任意识、利他性、开放性。MBTI 也是常用的人格测验之一，它从四个维度来描述个体的行为差异，即外向-内向、感觉-直觉、思考-情感、判断-知觉。

中英文对照关键词

人格 personality
气质 temperament
性格 character
Y-G 性格测验 Yatabe-Guilford test
卡特尔 16 种人格测验 Cattell 16 personality test
大五人格 big five personality
迈尔斯-布里格斯性格类型问卷 MBTI Myers-Briggs type indicator

案例分析题①

刘先生进“小庙”

某公司招聘 HR 经理，在众多的应聘人员中，刘先生被一眼相中。原因很简单：刘先生曾在某知名跨国公司任 HR 经理多年，经验可谓丰富。既然能在跨国公司干，现在让他担任规模上逊色不少的“小公司”的 HR 经理还会有问题吗？于是，刘先生很快就到这家公司任职了。当然，这家公司开出的薪酬也不菲。可让公司始料未及的是，他们花大价钱请来的 HR 经理却在公司里显得有些手足无措。刘先生过去在跨国公司任职时有现成的制度，只要按照那些制度执行就行。而现在不同了，因为公司规模小，HR 经理必须负责 HR 领域内的所有事情，甚至要从头建立 HR 管理的制度和系统。刘先生面对纷繁芜杂的工作找不到头绪，几经周折拿出来的方案都不够细致，缺乏创造性的东西，也缺乏抽象性和深度。几个月后，刘先生只能无奈地离开。

案例分析题：

1. 为什么在大的跨国公司工作多年、经验丰富的刘先生却无法胜任“小公司”的工作？

① 齐立滢．2009．“大五”人格理论在人力资源管理中的应用．人口与经济，(增刊)：105，106

2. 该公司在招聘刘先生做 HR 经理时，除了看重其经验丰富，应对他进行怎样的个性测试？

复习思考题

1. 气质类型对个体选择职业有何影响？
2. 从性格与职业匹配的角度谈谈该怎样选择职业。
3. 简要说明大五人格的五个方面内容，并说明大五人格测试的重要意义。
4. MBTI 的 16 种人格类型可以分为哪四大类？

气质测试量表及 Y-G 性格测试量表

第八章
职业兴趣测评

学习目标

- 了解并掌握职业与兴趣的概念及关系
- 了解职业测评发展的历程和分类
- 主要了解并掌握霍兰德职业兴趣理论、罗伊的职业心理类型理论、盖特的职业兴趣层级理论及 Tracey-Rounds 的职业兴趣理论等
- 了解并掌握职业兴趣测评研究的发展与研究意义
- 主要了解并掌握斯特朗职业兴趣量表、库德兴趣量表、杰克逊职业兴趣调查表等职业兴趣测评的方法
- 了解并掌握职业兴趣测评在人力资源管理中的重要性

引 子

研究生小汪，毕业后，应聘至某公司任总经理秘书。月薪丰厚，让同学们羡慕不已。但两年不到，她就辞职了。原因在于在原来的工作中，她总是会出错，如装错材料等。“这点小事都做不好，还能做什么大事！”她会因此而受到类似的批评。自己究竟能干什么呢？她带着这个问题做了整套职业心理测评。小汪的测评结果如下。

职业心理测评结果 单位：分

能力倾向	言语理解	判断推理	数量关系	资料分析	思维策略	总分
	45	87	77	99	75	81
社会愿望	权利动机	回避失败	争取成功	风险决策	亲和动机	
	15	53	71	62	91	
行为风格	外向	直觉	思考	知觉	情绪稳定	
	61	3	86	1	43	
职业兴趣	艺术	事务	经营	研究	技能	社交
	83	3	75	16	18	97

对小汪的测试结果，分析如下。

(1) 从测试内容来看，涉及职业心理的三个系统：职业兴趣、社会愿望（动机）属于动力系统，能力倾向属于效能系统，行为风格属于风格系统。分数都是以百分等级表示。

(2) 从分项测验结果来看，首先，小汪的基本能力素质良好。善于发现事物之间的内在关系（资料分析、判断推理），思维也比较灵活（思维策略为 A 级）。其次，小汪的职业兴趣分化比较明显，对于研究、技能、事务性工作不感兴趣，尤其是常规事务性工作，称得上是兴趣索然。在经营、社交及艺术类型上的较高得分，显示其喜欢与人打交道的、具有创造空间及挑战性的职业。就社会愿望看，与人深度交往的愿望比较强烈（亲和动机）。但控制和影响他人、控制环境的愿望不强。成就动机较高。最后，就行为而言，小汪的风格极为鲜明，典型的 ENTP 型，尤其是直觉、思维、知觉的倾向非常明显，单项报告中显示均为 A 级（最高级），说明她比较习惯从宏观的角度发现和认识问题，十分关心事物的总体变化，处理问题讲求客观公正，开放性、适应性较强，但顺从性、细致性不够。

(3) 就总体而言，如果将小汪的测试结果统合起来看的话，我们可以发现，她的能力较强，适应面较广，但她的动力系统及风格系统特征决定了她的职业选择有一些“雷区”，她对事务性工作毫无兴趣，顺从性、细致性不是她的优势，但她所任的秘书工作对于这些特征的要求是比较高的，既无兴趣，又不适合，这正是她对工作感觉不好的内在原因。小汪适宜那些管理规则明确、创造空间大、自由度大、节奏快、多变化的职业领域，如计划与开发、销售与创造等。

（资料来源：自我职业心理评估，http://www.doc88.com/p-773875684987html［2017-10-01］.）

案例思考题：

请思考职业兴趣对个人职业生涯发展的意义。

第一节　职业兴趣概述

事实上，很多人在面临求职择业时，往往不知道自己应该去干什么，不知道什么工作适合自己，往往是走一步算一步，随波逐流。特别是年轻人，要么听从父母的建议，要么看其他人的选择，往往没有自己的想法。很明显，他们迷茫的原因就在于他们并不清楚，也不了解自己的职业兴趣，不知道自己的职业方向。

一、职业与兴趣的含义

（一）兴趣

兴趣是一个人力求接触、认识、掌握某种事物和参与某种活动的心理倾向，它表现为人们对某件事物、某项活动的选择性态度和积极的情绪反应。这种“积极的情绪色彩”往往使个体更乐意关注该事物，愿意了解与之相关的知识，愿意探索与之相关的未知领域。而且，在了解和探索的过程中，也愿意为之付出巨大的代价。一般而言，兴趣是以需要为基础的。需要有精神需要和物质需要之分，兴趣基于精神需要（如对科学、文化知识等的需要）。人们若对某件事物或某项活动感到需要，他就会热心于接触、观察这件事物，积极从事这项活动，并注意探索其奥秘。而且，兴趣又与认识和情感相联系。若对某件事物或某项活动没有认识，也就不会对它有情感，因而不会对它产生兴趣。反之，认识越深刻，情感越炽烈，兴趣也就会越浓厚。一个人对某种事物感兴趣，就会产生接近这种事物的倾向，并积极参与有关活动，表现出乐此不疲的极大热情。故此，孔子曾曰：“知之者不如好之者，好之者不如乐之者。”所以说，兴趣是活动的重要动力之一，是活动成功的重要条件。爱因斯坦就说过：“兴趣是最好的老师。”

按兴趣的内容，兴趣可分为物质的兴趣和精神的兴趣。物质的兴趣表现为对舒适、食物、衣着等的渴望；精神的兴趣主要表现为认识的兴趣，如对数学等科学知识及对文学、艺术的兴趣等。按兴趣的目的可分为直接兴趣和间接兴趣。直接兴趣是因事物本身引人入胜而产生的兴趣。若事物或活动本身并不能引起人们的兴趣，而是事物的作用或活动的结果引起人们的兴趣，则这种兴趣是间接兴趣。同时，兴趣具有以下特征。

1. 兴趣的倾向性

兴趣的倾向性即对什么产生兴趣。这对每个人是不同的，表现出个别差异。凡对有益于人类社会的事物容易产生兴趣，其倾向性就是高尚的；凡对有害于人类社会的事物容易产生兴趣，其倾向性就是低级的。我们应通过教育，培养人们高尚的兴趣倾向。

2. 兴趣的广阔性

兴趣的广阔性即兴趣的范围。有人兴趣广泛，对许多事物兴致勃勃，乐于探求；有人则兴趣单调狭窄。兴趣的广泛程度与知识面的宽窄有密切的联系。我们应该培养广泛的兴趣，同时要把广泛的兴趣与中心的兴趣结合起来，做到既博又专。

3. 兴趣的持久性

兴趣的持久性即兴趣的稳定程度。人们对事物的兴趣，可以经久不变，也可以变化无常。培养持久的兴趣是在工作上取得成功的必要条件。

4. 兴趣的效果性

兴趣的效果性即兴趣的力量。若兴趣能够成为推动工作和活动的动力，其效果就是积极的；若兴趣仅仅是一种向往，而不能产生实际效果，它就是消极的。

但是，人的需要和兴趣并不是一成不变的，随着社会的发展进步，人们的需要和兴趣也会随之发展和变化。

（二）职业

职业（career）是指从业人员为获取主要生活来源而从事的社会性工作类别。然而，学者们对职业的界定还是有所差异的。

（1）美国学者罗宾斯（S. P. Robbins）博士将职业简单地定义为“一个人在其一生中所承担的相继历程”。

（2）罗斯韦尔（William J. Rothwell）和米尔科维奇（Milkovich）等学者则认为，职业生涯是“人的一生中与工作相关的活动、行为、态度、价值观、愿望的有机整体”。

（3）美国著名的组织心理学家施恩则将职业分为内职业和外职业。他认为，外职业是指经历一种职业的通路，意味着企业努力为员工确认一条有所依循、可感知的、可行的发展道路，包括职业的各个阶段：招聘、培训、提拔、解雇、奖罚、退休等；内职业更多地注重于所取得成功或满足的主观感情，注重于使员工的工作同他们个人的事业发展、获得尊重、社会承认与个人休闲等取得平衡。并且，他认为内职业与外职业是相互作用的，内职业是企业员工个人的主观心理和个体行为，内职业的追求要考虑企业的需要；外职业作为企业的需求与行为，也离不开内职业，因为在企业进化过程中，员工是企业的主体，企业的价值创造从根本上取决于员工个人职业能力及其积极性、创造性的充分发挥。

总而言之，职业需同时具备下列特征。

（1）目的性，即职业以获得现金或实物等报酬为目的。

(2) 社会性，即职业是从业人员在特定社会生活环境中所从事的一种与其他社会成员相互关联、相互服务的社会活动。

(3) 稳定性，即职业在一定的历史时期内形成，并具有较长的生命周期。

(4) 规范性，即职业必须符合国家法律和社会道德规范。

(5) 群体性，即职业必须具有一定的从业人数。

(三) 兴趣与职业的关系

一旦兴趣的探索对象指向某种职业时，就形成了职业兴趣。一般而言，职业兴趣是指一个人力求认识、接触和掌握某种职业或专业的心理倾向，包括职业理想、职业兴趣、职业价值观、职业行为风格、职业能力等。

从现有的研究可以看出，兴趣与职业之间的关系越来越紧密。往往单独使用某种能力并不能解释、预测职业生涯的成功和失败，反而是兴趣、价值观、动机等情感性倾向因素对一个人的职业生涯适应性有着重要的影响，特别是兴趣所起的作用尤为重要。所以，我们在选择职业时，不仅需要知道自己有能力从事什么样的工作，也需要知道自己对哪类工作感兴趣。只有将能力和兴趣结合起来考虑，才更有可能取得职业生涯的成功。爱迪生就是个很好的例子。他几乎每天都泡在实验室里，在那里吃饭、睡觉，但丝毫不以为苦，他说："我一生中从未间断过一天工作。我每天其乐无穷。"可见，一个人如果能根据自己的爱好去选择职业，他的主动性将会得到充分发挥。即使十分疲倦和辛劳，也总是兴致勃勃，心情愉快；即使困难重重也绝不灰心丧气，而能百折不挠，想尽办法去克服它，甚至废寝忘食，如醉如痴。这样的例子不胜枚举。英国著名女科学家古道尔就是由于热爱动物，而只身进入热带森林与黑猩猩一起"生活"了10多年，从而揭开了黑猩猩的秘密；爱因斯坦在1952年曾被推荐为以色列总统，但他谢绝了。他说："方程对我而言更重要些。因为政治是当前，而一个方程却是永恒的东西。"史蒂芬·霍金对物理学兴趣浓厚，并孜孜不倦地努力，为我们写下了著名的《相对论》……

美国曾对2000多位著名的科学家进行调查，发现很少有人是出于谋生的目的而工作，他们大多是出于个人对某一领域问题的强烈兴趣而孜孜以求，不计名利报酬、忘我地工作，显然，他们的成功与他们的兴趣是紧密相连的。

非常明显，兴趣是职业成功的一个重要的推动力，它能将你的潜能最大限度地调动起来，使你长期专注于某一方向，做出艰苦的努力，取得令人瞩目的成绩。通常，兴趣的发生和发展要经历这样一个过程：有趣—乐趣—志趣（职趣，即职业兴趣）。

(1) 有趣是兴趣过程的第一个阶段，也是兴趣发展的低级阶段，它往往短暂易逝，非常不稳定。处于这一阶段的兴趣常常与你对某一事物的新奇感相联系，随着这种新奇感的消失，兴趣也会自然地逝去。

(2) 乐趣是兴趣过程的第二个阶段，它是在有趣定向发展的基础上形成的，是兴趣发展的中级阶段。

(3) 志趣是兴趣发展过程的第三个阶段，当乐趣同你的社会责任感、理想、奋斗目标结合起来时，乐趣便成了志趣，即职业兴趣。这往往是一个人取得成就的根本动力，是成功的重要保证。

但是，要特别注意，兴趣不代表能力，一个人对某一特定职业有兴趣并不意味着能干好这个职业；同样，如果仅具有从事某项工作的能力但缺乏兴趣，那么在该职业上成功的可能性也非常小。只有对某一种职业感兴趣，并具有该职业所要求的能力，才能做好这项工作。

所以，从这个角度看，职业与兴趣的关系体现在以下三个方面。

(1) 兴趣是职业生涯选择的重要依据。大多数人在外界环境限制较小时，往往更倾向于选择自己感兴趣的职业。因而，对一个人的兴趣或兴趣类型有了正确的评估后，就可以预测或帮助他进行职业生涯的选择。

(2) 兴趣可以增强职业生涯的适应性。因为兴趣可以通过工作动机促进一个人能力的发挥，兴趣和能力的合理结合会大大提高工作效率。有学者研究显示：如果从事自己感兴趣的职业，则能发挥全部才能的 80%～90%，而且长时间保持高效率而不感到疲劳；相反，则只能发挥全部才能的 20%～30%。

(3) 由兴趣的本质性质所决定，兴趣往往会影响一个人工作的满意感和稳定性，在某些情况下（如不考虑经济因素），甚至起决定性作用。一般来说，从事自己不感兴趣的职业很难让你感到满意，并由此导致工作的不稳定。

由此可见，对职业兴趣的测评尤为重要。

二、职业测评的发展与分类

职业测评是心理测验的一个分支，在学术上被广泛认可的心理测验的定义是“行为样组的客观的标准的测量”。如果想借助职业测评达到了解自我的目的，应该选择科学的职业测评。科学的职业测评以特定的理论为基础，经过设计问卷、抽样、统计分析、建立常模等程序编制，必须符合三个条件。

(1) 效度，测验结果的准确性。

(2) 信度，测验结果的稳定性。

(3) 常模，每一位被试的心理测验都有一个原始分数，通常情况下，这个分数没有实际意义，除非这个分数能与别人比较。与此相关的标准便是常模。常模是指有代表性的样本在测验上的分数分布情形。

由此可见，科学的职业测评是客观化、标准化的问卷，其科学性、客观性、可比较的功能是其他自我了解的方法不具备的。

（一）职业测评的发展

职业测评兴起于 20 世纪初，首先在美国的军事和工业领域获得了广泛应用，大大提高了职业招聘和培训部门的经济效益。1926 年，美国飞行学校的学员中，有 87%因飞行不佳而被淘汰，原因是空中飞行的心理适合性不佳。于是，根据人才选拔和安置工作需要，以及职业咨询的兴起，心理学家开始编制各种职业能力倾向测验，想办法将职业选择与个人特点结合在一起。其中，美国学者斯特朗（E. K. Stong）作出了重要成绩，他于 1927 年编制出版了世界上第一个职业兴趣测验——“斯特朗男性职业兴趣量表”，至今仍受到普遍重视。

到了 20 世纪四五十年代，心理测量学家开始在实践中评价求职者的“岗位适合度”，即人们从此开始越来越重视人-职匹配。为了实现这个目标，心理学家通常需要事先对求职者进行一次简单的诊断面谈，然后进行一系列的纸笔测验，通常包括能力倾向测验、投射性测验。

20 世纪 60 年代以后，评价中心技术得到发展并开始在许多大公司应用，使得测评不仅仅面向普通员工，而且扩展到中高层管理人员。由于评价中心技术综合运用了测验、面试和情景模拟技术，测评比原来更加可靠和有效。例如，有研究表明，用评价中心技术选拔出来的经理，工作出色的人数比用一般标准选拔出来的经理多 50%；在评价中心技术中获得较高评价的人比获得较低评价的人更容易得到晋升。以美国电报电话公司为例，它们在对一批经理候选人进行评价后，把结果保留了下来。8 年后，把结果与实际情况进行核对，发现以前预测会升迁的候选人中已经有近 64% 的人被提升为中层主管，以前预测不晋升的候选人中，只有 32% 的人上升为中层主管。由于评价中心的有效性较高，此技术已成为西方评价各层管理人员的主要技术工具。

心理测量经过近百年的稳步发展，现已成为最有效、最客观的职业测评手段。全球有 3/4 以上的大公司在人员甄选、安置和培训方面使用职业测评，而且越来越多的中小公司也正加入到这一行列中来。美国电报电话公司早在 20 世纪 30 年代就起用评价中心技术，采纳许多心理测量的方法来考察自己的管理者，并取得了相当的成功；摩托罗拉公司也很早就接受和采纳了心理测量，在员工招聘中采用各种有关的心理测验。

西方许多发达国家从小学开始就开展各种各样的活动，以帮助学生认识工作、热爱工作并及早进行职业规划。美国的中学生至少要接受一次这样的职业测验。在中学和大学还设立了专业的职业辅导咨询中心，由职业心理学家依据专业的职业心理测评技术和规范化的咨询流程对学生进行职业指导。

在我国，随着近年来就业形势的变化，职业测评也越来越引起人们的关注。有关职业测评的信息纷纷见诸媒体，人才中介机构相继开展了职业测评的服务，各企事业机构也开始将职业测评运用于招聘过程之中。联想集团是国内较早在招聘中运用职业测评的企业，以前联想集团单纯通过面试招人的准确率是 40%，而实施职业测评之后，面试的准确率提高到了 60%。但总体上讲，目前我国有关机构开展的职业测评活动仍然有很大的盲目性，即使在大学课堂上，也很少能够听到职业规划辅导类的学习内容，通过科学的技术手段和专业化的咨询流程提供职业辅导在我国依然是亟待加强的工作。

（二）职业测评的分类

职业测评中的心理测验主要包括以下一些类型。

1. 智力倾向测验

该测验具有考察智力（能力）水平及结构的双重目的。一方面，不同的人智力水平不同，选择优智的人，可期望获得高绩效；另一方面，智力水平相近的人，其智力结构可能不同：有的人擅长言语理解、加工、表达，有的人擅长数字加工，有的人则擅长对形象的分析、加工。不同智力结构的人适合不同类型的工作。

2. 人格测验

该测验主要用以测量求职个体与他人相区别的独特而稳定的思维方式和行为风格，这些特点可能影响该求职者的工作绩效、工作方式及习惯。

3. 职业兴趣测验

不同人的工作、生活兴趣可以按照人、概念、材料这三大基本要素分类，而社会上的所有职业、工作也是围绕这三大要素展开的。基于这一理论思想设计的职业兴趣测验可以在个体兴趣与职业之间进行匹配。

4. 动机测验

所谓动机是指由特定需要引起的，欲满足该种需要的特殊心理状态和意愿。通过动机测验，可以了解个体的工作生活特点，从而找到激励他们积极性的依据和途径，并以此为依据安排相应的工作内容。

以上介绍的是职业测评中最基本、最常用的四大类测验。本章重点介绍职业兴趣测评，另外，职业测评还包括职业发展测评、职业生涯决策测验和职业生涯成熟度测验等。这些测验都是基于西方经典职业发展理论的，均用于评估个体的职业发展程度，是欧美国家进行职业辅导的基本工具，但是这些测验目前还缺乏实用的中国版本，因此还没有在国内得到普遍应用。

需要特别注意的是，职业测评绝不是用少数三四种工具“以不变应万变的方式”对付所有个体对不同职位的测量要求。实际上，每个求职者的特点都是不尽相同的，各个职位的素质要求也是相当多样化的，因此可能产生的测评组合也就十分丰富。要想真正做到人-职匹配，必须有的放矢地根据个人的特点和岗位需要选择测量工具，使工具适应求职个体和招聘岗位的需求，而不是让个体和岗位去迁就测评工具的要求。

三、职业兴趣理论

广义地说，兴趣是一种人格特征。休伯（D. Super）曾一再主张，职业的选择是自我观念的延伸及完成。而且现有的研究也证实，不同职业团体具有特有的性格特征。例如，人们已经发现，具有较高的文学和审美兴趣的被试，其精神症指标偏高；具有科学兴趣的被试，性格明显内倾；而与推销兴趣有关的则是攻击性。现在研究还进一步证明，被试在斯特朗-坎贝尔兴趣问卷上的分数与人格问卷的分数（如爱德华个性偏好量表）显著相关。很多心理学家认为，职业选择反映出个体基本的情绪需求，职业的调整往往与职业兴趣有密切的关系。

有关职业兴趣的理论往往是仁者见仁、智者见智。这里主要介绍以下几种。

（一）霍兰德职业兴趣理论及六边形模型

霍兰德职业兴趣理论又称为人格-职业匹配理论（personality-job fit theory），对职业兴趣测量产生了深远的影响。

约翰·霍兰德是美国约翰·霍普金斯大学心理学教授、美国著名的职业指导专家，他于1959年提出了具有广泛社会影响的职业兴趣理论，认为人的人格类型、兴趣与职业密切相关，兴趣是人们活动的巨大动力，凡是具有职业兴趣的职业，都可以提高人们的积极性，促使人们积极地、愉快地从事该职业，而且职业兴趣与人格之间存在很高的相关性。

根据霍兰德的研究，他认为按照不同的职业特点和个性特征可以将人分为六种类型：实际型（现实型）(R)、调研型（研究型）(I)、艺术型（A)、社会型（S)、企业型（E）和常规型（传统型）(C)。这六种类型的人具有不同的典型特征。每种类型的人对相应的职业类型感兴趣，从而可以根据人格特征对其职业需求进行合理的搭配，这便是霍兰德职业兴趣理论的核心假设。具体内容见表8-1。

表8-1　霍兰德职业兴趣理论的主要内容一览表

类型	共同特征	典型职业
社会型(S)	喜欢与人交往，不断结交新的朋友，善言谈，愿意教导别人。关心社会问题，渴望发挥自己的社会作用。寻求广泛的人际关系，比较看重社会义务和社会道德	喜欢要求与人打交道的工作，能够不断结交新的朋友，从事提供信息、启迪、帮助、培训、开发或治疗等事务的工作，并具备相应的能力，如教育工作者（教师、教育行政人员）、社会工作者（咨询人员、公关人员）
企业型(E)	追求权力、权威和物质财富，具有领导才能。喜欢竞争，敢冒风险，有野心，抱负。为人务实，习惯以利益得失、权力、地位、金钱等来衡量做事的价值，做事有较强的目的性	喜欢要求具备经营、管理、劝服、监督和领导才能，以实现机构、政治、社会及经济目标的工作，并具备相应的能力，如项目经理、销售人员、营销管理人员、政府官员、企业领导、法官、律师
常规型(C)	尊重权威和规章制度，喜欢按计划办事，细心、有条理，习惯接受他人的指挥和领导，自己不谋求领导职务。喜欢关注实际和细节情况，通常较为谨慎和保守，缺乏创造性，不喜欢冒险和竞争，富有自我牺牲精神	喜欢要求注意细节、精确度、有系统有条理，具有记录、归档、根据特定要求或程序组织数据和文字信息的职业，并具备相应的能力，如秘书、办公室人员、记事员、会计、行政助理、图书馆管理员、出纳员、打字员、投资分析员
实际型(R)	愿意使用工具从事操作性工作，动手能力强，做事手脚灵活，动作协调。偏好于具体任务，不善言辞，做事保守，较为谦虚。缺乏社交能力，通常喜欢独立做事	喜欢使用工具、机器，需要基本操作技能的工作。对要求具备机械方面才能、体力或从事与物件、机器、工具、运动器材、植物、动物相关的职业有兴趣，并具备相应能力，如技术性职业（计算机硬件人员、摄影师、制图员、机械装配工）、技能性职业（木匠、厨师、技工、修理工、农民、一般劳动）

续表

类型	共同特征	典型职业
调研型(I)	思想家而非实干家，抽象思维能力强，求知欲强，肯动脑，善思考，不愿动手。喜欢独立的和富有创造性的工作。知识渊博，有学识才能，不善于领导他人。考虑问题理性，做事喜欢精确，喜欢逻辑分析和推理，不断探讨未知的领域	喜欢智力的、抽象的、分析的、独立的定向任务，要求具备智力或分析才能，并将其用于观察、估测、衡量、形成理论、最终解决问题的工作，具备相应的能力，如科学研究人员、教师、工程师、计算机编程人员、医生、系统分析员
艺术型(A)	有创造力，乐于创造新颖、与众不同的成果，渴望表现自己的个性，实现自身的价值。做事理想化，追求完美，不重实际。具有一定的艺术才能和个性。善于表达，怀旧，心态较为复杂	喜欢的工作要求具备艺术修养、创造力、表达能力和直觉，并将其用于语言、行为、声音、颜色和形式的审美、思索和感受，具备相应的能力。不善于事务性工作，如艺术方面（演员、导演、艺术设计师、雕刻家、建筑师、摄影家、广告制作人）、音乐方面（歌唱家、作曲家、乐队指挥）、文学方面（小说家、诗人、剧作家）

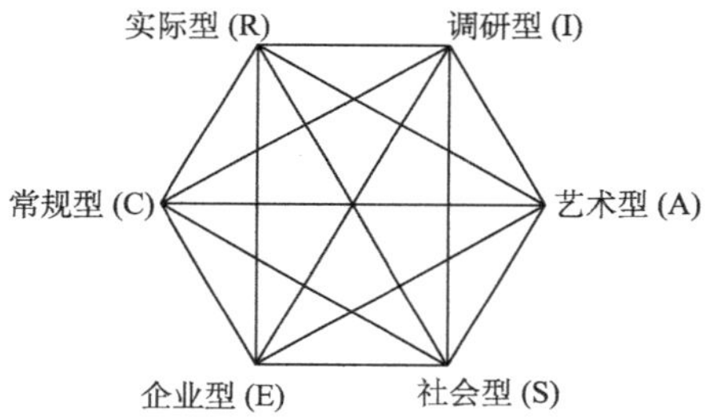

图 8-1　六种类型的内在关系图

霍兰德所划分的这六大类型，不是并列的，它们有着明晰的边界。他以六边形标示出六大类型的关系，如图 8-1 所示。

从图 8-1 中可以看出，每一种类型与其他类型之间都存在着不同程度的关系，即相邻关系、相隔关系和相对关系。

（1）相邻关系：如 RI、IR、IA、AI、AS、SA、SE、ES、EC、CE、RC 及 CR。属于这种关系的两种类型的个体之间共同点较多，实际型（R）、调研型（I）的人就都不太偏好人际交往，这两种职业环境也都较少有机会与人接触。

（2）相隔关系：如 RA、RE、IC、IS、AR、AE、SI、SC、EA、ER、CI 及 CS，属于这种关系的两种类型个体之间共同点较相邻关系少。

（3）相对关系：在六边形上处于对角位置的类型之间为相对关系，如 RS、IE、AC、SR、EI 及 CA 。相对关系的人格类型共同点少，因此，一个人对处于相对关系的两种职业环境都感兴趣的情况较为少见。

所以，人们通常倾向于选择与自我兴趣类型匹配的职业环境，如具有实际型（现实型）兴趣的人希望在现实型的职业环境中工作，可以最大限度地发挥个人的潜能。但在职业选择中，个体并非一定要选择与自己兴趣完全对应的职业环境。一是因为个体本身常是多种兴趣类型的综合体，单一类型显著突出的情况不多，所以评价个体的兴趣类型时，也时常以其在六大类型中得分居前三位的类型组合而成，组合时根据分数的高低依次排列字母，构成其兴趣组型，如 RCA、AIS 等；二是因为影响职业选择的因素是多方面的，不完全依据兴趣类型，还要参照社会的职业需求及获得职业的现实可能性。因此，在进行职业选择时，会不断妥协，寻求相邻职业环境，甚至相隔职业环境，在这种环境中，个体需要逐渐适应工作环境。但如果个体寻找的是相对的职业环境，则意味着所进入的是与自我兴趣完全不同的职业环境，工作起来可能难以适应，或者难以做到工作时觉得很快乐，甚至可能会每天工作得很痛苦。

霍兰德职业兴趣理论主要从兴趣的角度出发来探索职业指导的问题。他明确提出了职业兴趣的人格观，使人们对职业兴趣的认识有了质的变化。霍兰德的职业兴趣理论反映了他长期专注于职业指导的实践经历，他把对职业环境的研究与对职业兴趣个体差异的研究有机地结合起来，而在霍兰德的职业兴趣类型理论提出之前，这二者的研究是相对独立进行的。霍兰德以职业兴趣理论为基础，先后编制了职业偏好量表（vocational preference inventory）和自我导向搜寻表（self-directed search）两种职业兴趣量表，作为职业兴趣的测查工具，霍兰德力求为每种职业兴趣找出两种相匹配的职业能力。兴趣测试和能力测试的结合在职业指导和职业咨询的实际操作中起到了促进作用。

同时，霍兰德的职业兴趣理论还提出，兴趣是描述人格的另一种方法，是职业选择中一个更为普遍的概念。在霍兰德的理论中，人格被看作兴趣、价值、需求、技巧、信仰、态度和学习个性的综合体。就职业选择而言，兴趣是个体和职业匹配的过程中最重要的因素，直至目前，霍兰德职业兴趣理论是最具影响力的职业发展理论和职业分类体系。另外，霍兰德的重大贡献还在于他于 1982 年编撰完成的《霍兰德职业兴趣代码字典》（*Dictionary of Holland Occupational Codes*，DHOC）。这个字典对《美国职业大典》（*Dictionary of Occupational Title*，DOT）中的每一个职业都给出了职业兴趣代码。这对职业兴趣量表直接应用于职业辅导和咨询起到了很好的推动作用。

（二）罗伊的职业心理类型理论及圆形模型

美国临床心理学家安娜·罗伊（Anne Roe）认为，职业选择的首要因素是个体是“以人取向”还是“不以人取向”。她认为，实际中存在两种维度或连续体，而不是一种维度。职业角色的一种维度是从“有目的的交流取向”到“利用资源的取向”；另一种维度是从“人际关系”到“自然现象取向”。她于 1956 年创立的职业心理类型理论，从个体早期的人格发展、成长经历和亲子关系来判断和推测当前的职业选择。她根据职责、能力和技能的程度，将所有的职业划分为六个水平：专业和管理（高级）、专业和管理（一般）、半专业和小商业、技能的、半技能的，以及无技能的；八个活动领域：技术（Te）、户外（Od）、科学（Sc）、一般文化（Gc）、艺术与娱乐（AE）、服务（Sv）、商业

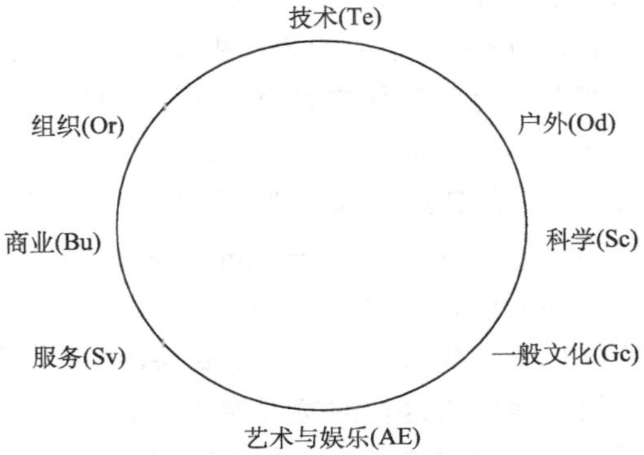

图 8-2　Roe 的心理类型分类图

(Bu) 及组织 (Or)。这八种领域之间的关系可以用一个特定的圆形排列来表示，即圆形模型 (circular model) (图 8-2)。

而且，Roe 认为邻近的领域比不邻近的领域在人际关系的程度和性质方面更相似。同时，她还认为这八种类型在圆周上的排列顺序为 Te—Od—Sc—Gc—AE—Sv—Bu—Or。然而，其他学者的研究并没有证实 Roe 的假设：Meir 研究认为八种类型之间的顺序是 Te—Sc—Od—AE—Sv—Gc—Or —Bu；Knapp 等则认为 Te—Od—Bu—Or—Gc—AE—Sv—Sc 最好地代表了八种类型之间的顺序关系。

(三) 盖特的职业兴趣层级理论及层级模型

以色列职业心理学家盖特 (Gati) 认为，兴趣分化 (interest differentiation) 不可能发生在一个单一的时间点上，也不可能发生在一个特殊的水平上。相反，他认为兴趣是一个连续的过程，可能经过连续的几步，在每一步中个体兴趣在某一特殊水平上、在某一特定兴趣领域内产生分化。基于此，Gati 提出了一个层级模型的职业兴趣结构。在他的理论中，他提出如下假设。

(1) 人们根据属性或方面来知觉职业 (例如，在户外或户内工作，与人接触的类型，独立性，薪水)。

(2) 对职业的知觉邻近性 (或相似性) 会随着共同方面的增加或/和不同方面的减少而增加 (也就是说，这些方面而不是其他方面，构成了一种职业的特征)。

(3) 对职业知觉的相似性可以用一个层级的树形结构来表示。

(4) 职业兴趣的结构与层级结构相一致。

在 Gati 的职业兴趣层级模型中，兴趣的分类是按几个层级水平排列的。在最高层，职业兴趣分成两个主要的组 (group)：软科学和硬科学。这两个组分别被分成更小的组，这些更小的组又被分成几个独立的领域 (field)，领域的数目及领域的特征依赖于所采用的特定的分类系统。每个领域可进一步分成不同的职业 (occupation)。层级模型不是以单一的步骤 (如 Roe 和 Holland 的理论模型) 对职业或类型进行分类，而是以几种不同的步骤进行，根据显著的特征进行第一步的分类，然后根据越来越细小的差别进行分类。通常，领域与类型之间的邻近距离在层级模型中用“树形”来表示，领域与类型位于树枝的终点。任何两对类型或领域之间的距离用连接它们的“树枝”的最短距离的长度来反映。层级模型可以解释成特征树，每个树枝代表了所有职业共有的特征或方面。例如，科学、技术和户外三者构成的树枝可以表示为事物取向兴趣 (object-oriented interests)。正是依据这种分类方法和实验研究，Gati 将 Holland 和 Roe 的理论进行了划分，认为 Holland 和 Roe 的模型都应该修改为三分组模型 (three-group partition)，如图 8-3、图 8-4 所示。

很显然，从图 8-3 中可以看出，Gati 在这个三分组模型中，认为 R 与 I、A 与 S、E 与 C 分别构成层级结构最底层的三组，这三组又组合成一个组，构成层级结构的第二层。他认为这样的模型能更好地拟合 RIASEC 数据。故此，Gati 依据同样的方法对 Roe 的八种类型也重新进行了排列 (图 8-4)。

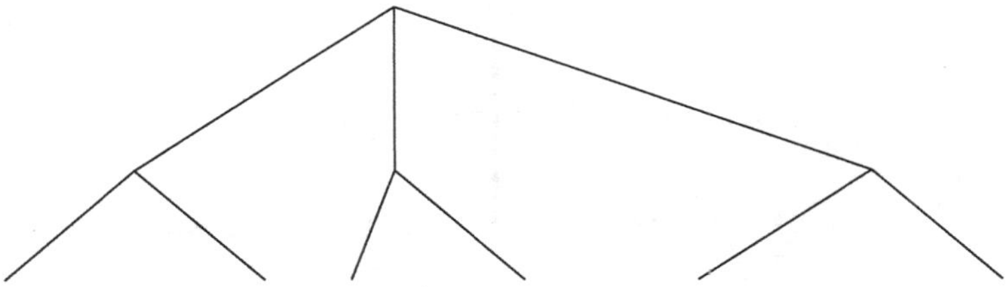

图 8-3　Gati 对 Holland 模型的划分图

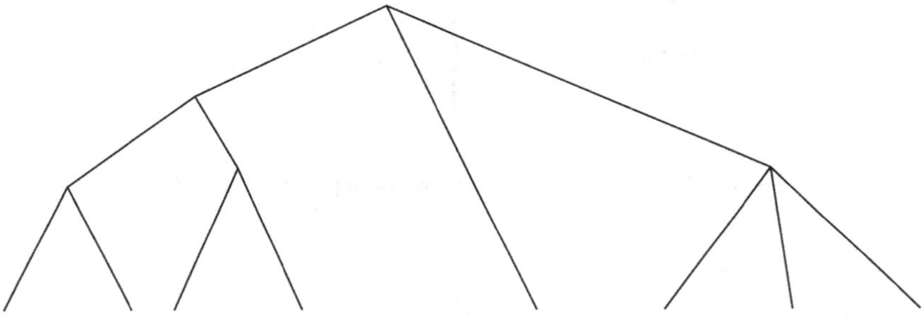

图 8-4　Gati 对 Roe 模型的划分图

（四）Tracey-Rounds 的职业兴趣理论及其球形模型

职业心理学家 Tracey 和 Rounds 在前人研究的基础上，提出了职业兴趣的结构应该由三个维度构成：人物/事物、资料/观念和名望(prestige)。他们认为，在人物/事物和资料/观念维度所构成平面的圆周上均匀地分布着八种基本兴趣，在名望维度上分布着 10 种基本兴趣，具体如图 8-5 所示。从图 8-5 中可以清楚地看到，这八种基本的兴趣是社会促进、管理、商业细节、数据加工、机械、自然/户外、艺术和助人，而在名望维度上则分为高低两个维度，其中高名望维度上的基本兴趣包括影响、社会科学、商业系统、财务分析、科学；低名望维度上的基本兴趣包括手工劳动、质量控制、人事服务、建筑/修理、基础服务。

很显然，在 Tracey 和 Rounds 的职业兴趣球形模型中，名望维度是一个显著区别于其他职业兴趣理论的特征。他们认为，以往的文献并没有把名望看作职业兴趣的主要维度，可能是因为一般认为名望是职业的属性而不是兴趣的属性，而且研究者在方法学上没有将名望整合到职业兴趣的评量中。然而，Tracey 和 Rounds 却认为名望与地位（status)、职业水平（occupational level)、培训水平（level of training)、困难和责任水平（level of difficulty and responsibility）等变量间都具有高相关性，因此，名望是职业兴趣的一个必要的维度。

当然，在这些理论模型中，最有影响、应用最广泛的理论还是霍兰德的职业兴趣

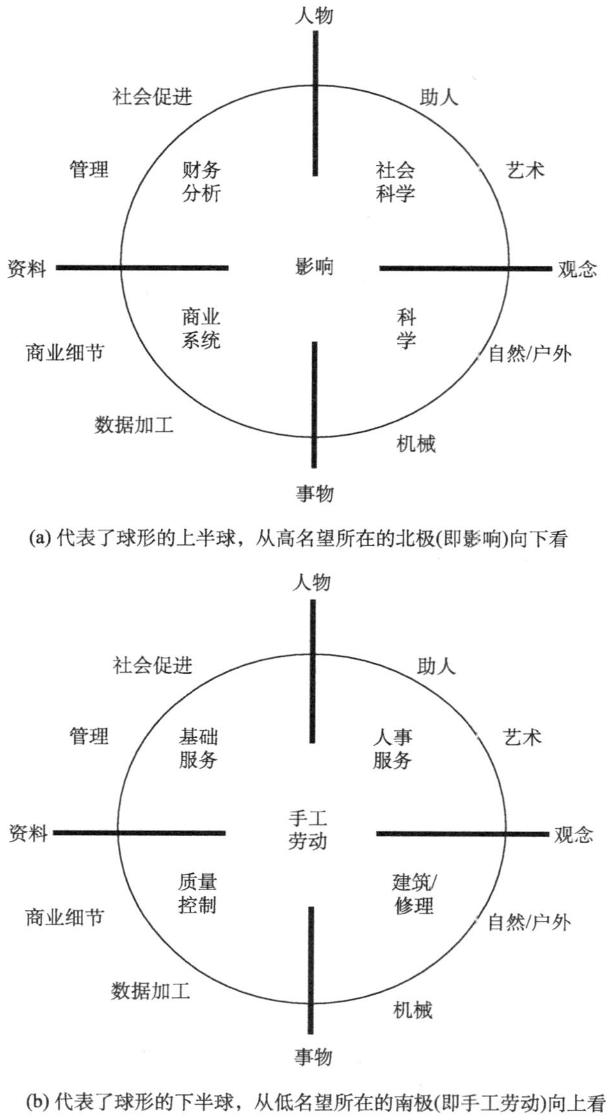

图 8-5　Tracey 和 Rounds 的职业兴趣球形模型

理论及他的六边形模型。实际上，后面介绍的这三种理论与模型都是以霍兰德的理论与 RIASEC 结构为基础展开的，而且还有更多的研究探讨了霍兰德职业兴趣理论与其他理论之间的融合关系。

然而到目前为止，依然没有研究证实哪个职业兴趣的结构能够适用于所有的群体。显而易见，对职业兴趣结构的研究，特别是跨文化职业兴趣结构的研究，还需要作进一步的探讨和验证。

四、职业兴趣测评的研究发展与作用

（一）职业兴趣测评的研究发展

实际上，有关兴趣测验的研究可以追溯到20世纪初。1912年，爱德华·李·桑代克（Edward Lee Thorndike，1874～1949年）从学习的角度对兴趣和能力的关系进行了探讨；1915年，詹姆斯（James Miner）发表了一个关于兴趣的问卷，这标志着对兴趣测验的系统研究的开始；1927年，斯特朗（E. K. Strong）编制了斯特朗职业兴趣调查表（Strong vocational interest blank ，SVIB），这是最早的职业兴趣测验；之后，库德（G. F. Kuder）也开始了他对职业兴趣测验的研究，并于1939年发表了库德兴趣调查表（Kuder preference record）；而后，霍兰德自1953年起编制了职业偏好量表（vocational preference inventory，VPI），在此基础上又发展了自我指导探索（self-directed search，SDS）（1969年），并提出了“人格特质与工作环境相匹配”的理论（1970年），其影响渐渐增大，与斯特朗、库德形成了鼎足之势。

实际上，自1965年后，各个职业兴趣测验开始出现相互吸收、相互融合的现象：首先是库德在其职业兴趣调查表（KOIS）中引入了斯特朗的一些思想；其次是坎贝尔（Campbell，1968）把KOIS中的同质性量表引入SVIB中；最后是经验模式和理论模式的融合，即将霍兰德的理论作为斯特朗等职业兴趣量表的理论基础。

1969年，Roe提出了职业兴趣和职业选择结构的八分仪模型。在这个模型中，八种职业类型根据彼此之间相似性的大小被分配在一个圆中。后来，有人把霍兰德的和Roe的理论共同整合起来。Gati（1991）针对霍兰德的正六边形模型中有关相邻各类职业群之间距离相等这一假设的局限性，提出了自己的三层次模型。Prediger在霍兰德六边形模型的基础之上增加了两个维度——人和物维度、数据和观念维度，形成了维度模型，由此，职业的类型和职业的性质得以有机结合起来。美国大学考试中心(ACT)把Prediger的研究进一步推向深入，他们在Prediger兴趣模型的两维基础上，将职业群体的具体位置标定在坐标图上，从而得到工作世界图。该图共分12个区域，共有23个职业群被标定在图中。如果被试知道了自己的兴趣类型，就可以通过计算和查表确定自己的职业兴趣在该图中的位置，通过与不同职业群的远近位置的比较，可以进一步扩展职业兴趣的搜寻范围。

综上所述，经过多年的发展，职业兴趣测验已经在教育、培训、人事组织管理等领域得到越来越多的应用。在这个过程中，兴趣测验本身也得到了逐步完善。

（二）职业兴趣测评的发展趋势

近些年来，职业兴趣测评在应用中产生了一些问题，也呈现出以下趋势。

1. 霍兰德职业兴趣理论对职业兴趣测量产生了深远影响

霍兰德关于职业兴趣的理论，是在其多年的职业指导实践中逐步完善起来的。可以说，在霍兰德职业兴趣类型理论提出之前，关于对职业兴趣的个体差异的测量，以及对职业和职业环境的研究这两方面工作是相对独立的，而霍兰德理论的提出使这两者建立了密切的联系。

霍兰德的另一个重大贡献就是他于1982年编撰完成的《霍兰德职业兴趣代码字典》（*Dictionary of Holland Occupational Codes*，DHOC）。它对《美国职业大典》（*Dictionary of Occupational Title*，DOT）中的每一个职业都给出了职业兴趣代码，这对职业兴趣量表直接应用于职业辅导和咨询起到了很好的推动作用。

2. 各种量表之间的相互融合

1965年以后，各职业兴趣测验展现了一种相互吸收、相互融合的发展趋势。首先是库德在其职业兴趣调查表中引入了斯特朗的以经验性方法编制量表的思想；其次是坎贝尔把职业兴趣调查表中的同质性量表引入SVIB中；最后是在编制兴趣测验中体现了一种经验模式和理论模式的融合，即将霍兰德的理论作为斯特朗、库德等职业兴趣量表的理论基础。

相应地，在同一量表中将三种编制方法综合在一起，形成三层次的量表结构成为当今的主流。第一层次通常是霍兰德的六个维度；第二层次是概括的职业类别，不过在分类上有一些分歧，SCII有33类，ACT有23类，Kuder有10类，Roe有8类；第三层次是具体的职业量表，其数目也不尽相同，如SCII（1985年版）有106个、SDS有115个等。

3. 编制无性别差异的职业兴趣量表

性别角色对人的职业兴趣的确会产生一些影响。但是，随着科学文化的进步，性别差异对职业的影响似乎也正在减小。因此，越来越多的心理学家在进行职业辅导时更加注重真正的职业兴趣而非传统文化的社会化作用。编制无性别差异的职业兴趣量表成为新的发展趋势，如1977年ACT编制的UNIACT就是为消除性别差异而进行的一次实践。1981年，SCII也将其男女常模合二为一。如此一来，性别差异的减少在客观上促使人们进行了更为广泛的职业探索。

然而，目前国内一些心理学家在探讨这一问题时，考虑到我国的文化传统，仍认为无性别差异的职业兴趣量表在我国施行有一定的困难。因此，建议在建立常模时考虑职业文化水平的因素，在高文化水平要求的职业上建立无性别差异的量表，而对于低文化水平要求的职业仍需要分性别建立常模。

4. 注重与相关测验的综合

在职业或专业选择的决策中，不仅仅涉及职业兴趣，还涉及能力、价值观、个性特征、个人职业成熟度，等等。因此，在利用职业兴趣测验做职业辅导时，辅导员越来越注重将职业兴趣的结果与其他相关测验的结果加以综合，并提供从测验到信息的一条龙服务。随着计算机在人们生活中扮演着越来越重要的角色，纸笔形式的测验已渐渐被计算机测验取代。利用计算机作为工具进行测验和辅导成为一种新的趋势，大型的综合性的职业指导系统软件应运而生，如ACT的DISCOVER系统、ETS的

SIGI PLUS系统等。这使得职业指导形成了新的局面，并为兴趣测验的编制提出了新的要求。

5. 注重职业兴趣测评在个人职业发展中的作用

早期对职业兴趣的理论研究是从对职业心理的研究中衍生而来的，对职业兴趣量表的编制也主要是从心理测量的角度出发的。随着对这一领域的社会需求的增大，职业兴趣测验已经越来越多地关注它在各个方面的应用价值。总的来看，相关职业兴趣的研究越来越注重职业兴趣测验在人们职业发展中的作用。这主要体现在：一是高中时对大学专业的选择；二是大学毕业后对职业的选择；三是在工作过程中对职业的再选择。

（三）职业兴趣测评的作用

职业兴趣测评的目的是实现人适其职，职得其人，人尽其才，才尽其用。它在研究、咨询、辅导和组织对员工的职业/生涯开发中都占有重要的地位，是不可或缺的工具。具体来说，它有以下几种功能。

（1）预测功能：预测个体在教育训练、职业训练及未来工作中的表现。

（2）诊断功能：评估个体的长处和短处、优势和劣势，并诊断个体在兴趣、价值观和职业/生涯决策等方面的特质。

（3）区别功能：区别出个体的某些特质最类似于哪一类的职业群体。

（4）比较功能：依据测量学指标，将个体素质（能力倾向、兴趣、价值观等）与某些效标团体相比较，从而观察两者之间的匹配程度。

（5）探测功能：了解个体在职业/生涯发展的连续过程中，其职业决策、职业适应性的行为、态度，以及能力方面的一般状况，以便提供必要的职业辅导。

（6）评估功能：对职业/生涯咨询或辅导的进展情况和效果进行评估。

很显然，企业需要通过职业兴趣测评对企业内的人力资源进行有效的规划，为招聘、安置、考核、晋升提供依据，同时，职业兴趣测试也为个人择业提供参考，是职业/生涯规划与开发的基础。可见，通过职业兴趣测评，无疑可以达到组织和个人“双赢”的目的。

第二节　职业兴趣测评的方法

斯特朗和库德可以说是职业兴趣研究的先驱。他们采用实证的方法来建构量表，也就是首先比较各个效标群体（即特殊职业群体，选定的指标是对工作满意）与一般参照群体之间在各种职业活动上存在的差异，然后将那些有差异的项目组成该职业的兴趣量表。库德偏好记录表共有10个宽泛的领域，分别代表了10种职业兴趣：户外类、机械类、计算类、科学类、说服类、艺术类、文学类、音乐类、社会服务类、文秘类。而在斯特朗最初编制的职业兴趣调查表中仅包含10种职业量表，后来又于1968年发展出基本兴趣量表（basic interest scales，BIS），测量23种基本的活动领域。1974 年，坎贝尔（Campell）整合了男性与女性的斯特朗兴趣问卷，形成了 Strong-Campbell 兴趣问卷。该问卷将职业量表扩展到 124 个，发展出一般职业主题（general occupational themes，GOT），并与霍兰德的六种类型相对应。1994 年版的斯特朗兴趣问卷虽然整合了男性与女性常模，发展出一些测量个人类型的量表，但是在结构上没有发生变化。

本节主要介绍这三种常用的技术方法，即斯特朗职业兴趣量表（Strong vocational interest blank，SVIB）、库德职业兴趣量表（Kuder occupational interest survey，KOIS）和杰克逊职业兴趣调查表（Jackson vocational interest survey，JVIS）等。

一、斯特朗职业兴趣量表

1927 年，斯特朗编制完成了第一个正式的斯特朗职业兴趣量表（Strong vocational interest blank，SVIB），这是最早的职业兴趣测验。他的方法是先编制涉及各种职业、学校科目、娱乐活动及人的类型的问卷，然后取两组被试：一组代表专门从事某种工作的标准职业者，另一组代表一般人，让两组被试接受测评，将两组被试反应不同的题目放在一起，构成职业兴趣量表。当时该问卷仅适用于男性，1933 年他专门为女性编制了特定的量表。1968 年，坎贝尔主持了对该量表的修订工作，增加了基本兴趣量表（BIS）和一般职业主题（GOT），并将其更名为斯特朗-坎贝尔兴趣量表（Strong-Campbell interest inventory，SCII）。

斯特朗-坎贝尔兴趣量表是目前国外较流行的职业兴趣测验，它被广泛地应用于人才测评中，对个人职业选择提供了非常有效的信息，为企业挑选员工提供了有益的帮助。

（一）斯特朗-坎贝尔兴趣量表的基本情况

斯特朗-坎贝尔兴趣量表（SCII）的 1985 年最新版本中包括 325 个项目，构成 264个量表，其中包括 6 个一般职业主题量表（the general occupational theme，GOT）、23 个基本兴趣量表（the basic interest scale，BIS）、207 个职业兴趣量表（the occupational scale，OS）、2 个特殊量表（the special scale，SS）、26 个管理指标量表（the administrative index，AI）。

（1）一般职业主题量表是根据霍兰德职业理论建立起来的。有 6 个量表，即霍兰德职业兴趣理论的 6 个职业兴趣中的 RIASEC，每个量表包括 20 题，共 120 个题目。统计表明，这 6 个量表的得分存在不同程度的相关性。

（2）基本职业兴趣量表是由在内容上具有相似性且在统计上高度相关的题目组成的，因此，这种量表属于同质性量表。

（3）具体职业量表是根据斯特朗的经验性方法建立起来的。在 SCII 的 1985 年版本中，共包括 106 种职业，除其中 5 种为男女共用同一常模外，其余各有自己的常模。

（4）特殊量表包括学术满意度量表（academic comfort scale）和内-外向量表

(introversion-extroversion scale)。

(5) 测验管理指标量表是对每一份答案进行常规性统计，以确保在施测及数据录入过程中没有意外情况发生。它包括三个统计量：整体反应指标、异常反应指标和反应类型指标。无论应试者在哪种测验管理指标上出现异常情况，都应引起施测者的注意，查找出产生这种情况的原因。

（二）斯特朗兴趣调查表的形式

斯特朗兴趣调查表 TM（Strong interest inventory，SII，来源于 CPP）是斯特朗编制的工具的最新版。该调查表包括 317 个题目，被分为以下八个部分。

(1) 职业，包括 135 个职业名称，对其中每一个做出反应：喜欢（L）、无所谓（I）、不喜欢（D）。

(2) 学校科目，包括 39 个学校科目，对其中每一个做出反应：喜欢（L）、无所谓（I）、不喜欢（D）。

(3) 活动，包括 46 个一般职业活动，对其中每一个做出反应：喜欢（L）、无所谓（I）、不喜欢（D）。

(4) 休闲活动，包括 29 个娱乐活动或爱好，对其中每一个做出反应：喜欢（L）、无所谓（I）、不喜欢（D）。

(5) 不同类型的人，包括 20 类人，对其中每一类做出反应：喜欢（L）、无所谓（I）、不喜欢（D）。

(6) 两种活动之间的偏好，包括 30 对活动，对每对活动指出偏爱左边的活动（L）或右边的活动（R），或者没有偏好（=）。

(7) 你的个性，包括 12 种个性特点，根据其是否描述了自己做出反应：是、不知道、否。

(8) 对工作的偏好，包括 6 对观念、数据和事物，在每对中指出偏爱左边的题目（L）或右边的题目（R），或没有偏好（=）。

尽管斯特朗兴趣调查表在题目、形式和施测程序上与以前的版本并没有本质的变化，但其内容进行了扩展，包含了211个职业量表（其中，男性和女性各自独立的量表各有 102 个，另外 7 个职业量表只有一种性别的版本）。

（三）斯特朗职业兴趣量表的应用意义

斯特朗职业兴趣量表不但能为人们提供就业方向，而且还能对职位转换和职业发展提供帮助。测试结果经过计算机分析，可以与不同类型、不同职业人群的平均水平作比较，这样就能够了解自己在工作领域、职业行为、休闲活动、教育专业等方面感兴趣的程度，明确自己的兴趣到底是什么，以及可能在哪个领域取得成功。

斯特朗职业兴趣量表是一项很重要的职业兴趣测试工具，该量表涉及非常多的子量表，因此对每个量表的结构和内容的把握就显得非常重要。因此，在测评时最好能小范围地或一对一地进行专业测评和咨询，以便把若干子量表提供的信息分析得更加清楚，从而使自己能对其职业选择有一个全面、清晰的认识。相比较而言，该量表经过缜密的设计，简便而且易操作。

二、库德职业兴趣量表

1934 年，库德（G. F. Kuder）编制了库德个人爱好记录表（Kuder personal preference record，KPPR），该方法是以一群大学生为施测样本，使用描述各种不同活动的短句，从被试的反应中确定句子的种类。该方法没有对照组，采用了三择一的“强迫选择”技术记录被试的反应。一般来说，测得的分数不是描述在某特定职业上得分的多少，而是 10 个广泛的兴趣领域分数。这 10 个兴趣领域分别是户外活动、机械、计算、科学、游说、艺术、写作、音乐、社会服务和文书，然后确定与之相应的 10 个同质性量表，被试的结果按这 10 个量表记分，通过得分高低决定其重要的兴趣领域。每个量表上的题目大致按内容效度来拟定和分组，但最后的选定是以题目的内部一致性程度及与其他量表必须有低的相关值而确定的。

1966 年，该量表改为库德职业兴趣量表（Kuder occupational interest survey，KOIS），主要用于检查人们的特定职业兴趣。1985 年版的 KOIS 由 100 组三择一强迫项目选择模式构成，以百分位数按等级顺序排列，有高、中、低三个职业兴趣范围，高者超过 75 百分位数，低者低于 25 百分位数，二者之间为中等者。

目前，该量表已建立了 126 种专业职业团体的分数，有些只有男性的资料，有些只有女性的资料，其余的则两性资料均有。库德职业兴趣量表与斯特朗职业兴趣量表的差异表现如下。

（1）使用强迫选择的自比项目形式（alternative activities），测验结果可揭示个体内部的相对优势和弱势，而非这个个体某一特征的决定水平。

（2）以每个效标组的实际平均反应作为量表的确定项目，可提高量表的整体效度。

三、杰克逊职业兴趣调查表

杰克逊职业兴趣调查表（Jackson vocational interest survey，JVIS）主要应用于大学生的职业教育和规划，也可用于希望更换工作的成人。该量表包含 289 个以自比形式安排的与职业相关的活动，归入 34 个基本兴趣量表中。同时，该量表避免了性别偏倚（gender bias），也非常注意抑制默认定式。

杰克逊职业兴趣调查表所采取的技术路线反映了重视理论基础的测验编制取向，也反映了计算机的高速发展所带来的方法学上的改进。具体而言，其编制分为三步。

第一步是定义出该量表所要测量的维度，这些维度有两种形式。

（1）“工作角色”，是指一个人在其职业上的工作内容。有些“角色”与某一特定职业或某类特定职业有密切的关联，如工程、法律、幼教等；有些“角色”，像人际关系处理、专业指导等，则包含在多种职业领域中。

（2）“工作风格”，它并不是与工作直接有关的活动，而是一种工作环境，在这个情景中我们可以预期某些行为的产生。工作风格通常包括易产生计划的、独立的及独断领导的。

第二步是题目的分析。最初的题库中有 3000 多个题目，对这些题目子群进行因素分析。由于题目的作答方式是“喜欢”或“不喜欢”，所以因素分析的结果反映被试的反应偏向的一般因素，也就是说，每个人所回答的“喜欢”或“不喜欢”的总题数有很大差异，利用统计方法将这些反应偏向消除。然后根据题目的内部一致性，选出与自己所属量表的总因素分数高相关且与其他量表的因素分数无显著相关的题目，再由计算机程序把代表不同工作角色或工作风格的题目配对。这些配对题目在各自单独呈现时，对其所代表的角色或风格有相似的测量效力，组合成强迫作答的格式。因此，JVIS 最后的题本共有 34 个量表，包括 26 种工作角色和 8 种工作风格，整个调查表对男女两性均适用，其常模资料包括了相等的男女样本。

第三步则是对结果的分析。通常情况下，在 JVIS 的 34 种量表中任一量表上得高分的，则表示被试对该职业领域的人所从事的各类活动感兴趣，并倾向于表现出在该工作环境中的一般人会做出的举动或行为。实际上，JVIS 在一般职业类型的分数是参考霍兰德的 6 个职业类型模型、由 34 个基本兴趣量表进行因素分析而得出的。其结果通常分为 10 种职业类型，即表达性的、逻辑的、探查性的、实务的、独断的、社会化的、助人的、传统的、企业的及沟通性的。

而且非常重要的是，JVIS 还建立了和斯特朗职业兴趣量表（SVIB）的联系，在解释分数时能充分利用斯特朗兴趣问卷所拥有的雄厚的职业团体资料库。总体来说，JVIS 属于理性量表编制方法，相比经验量表具有更好的稳定性和有效性。

四、其他职业兴趣测评方法

其他一些较为著名的职业兴趣测评的方法还包括加利福尼亚职业偏好系统（California occupational preference system）、俄亥俄职业兴趣调查表（Ohio vocational interest survey）、职业偏好问卷（vocational preference inventory），以及适用于没有受过学院教育的人使用的三个职业兴趣问卷，即明尼苏达职业兴趣量表（the Minnesota vocational interest inventory，MVII），职业评估问卷（career assessment inventory），商业、服务、技术职业指导问卷（career guidance inventory in trades, services and technologies）。另外，还有为特殊群体设计的兴趣测验量表，如 Jenkins 活动调查表（Jenkins activity survey）、个人适应问卷（personal orientation inventory）、学校态度调查表（survey of school attitudes）等。

在我国应用较多的量表是由北京人才评价与考试中心开发的“BEC 职业定向测验”（BECA）和“BEC 职业兴趣测验”（BECP）。BECA 是根据美国教育与工业测验服务中心编制的“职业能力安置调查表”（CAPS）修订而成的。该量表包括机械推理、空间关系、言语推理、数学能力、言语运用、空间知识、知觉速度与准确性、手指速度和灵活性等八个分测验。根据该测验的成绩可以推测出择业者在科学理论研究与组织、科学实验研究、工程设计、熟练技术工作、服务行业、野外工作、企事业管理工作、商业性经营工作、文秘工作、艺术创造、新闻传播、工艺美术、行政管理、行政或公益事务等 14 类领域的职业定向。

第三节　职业兴趣测评在人力资源管理中的应用

实际上，早在春秋时期，人们就已经将个人兴趣与个性用于个人的职业发展中了。例如，孔子将其72弟子的个性分为三类："狂"、"狷"和"中行"，并以此对他们的职业、人生发展提出了他的意见。随着职业兴趣理论的发展，测评结果越来越多地应用到个人的职业发展中，企业也越来越多地在人力资源管理实践活动中使用各种职业兴趣测评方法和技术测验，帮助企业挑选出更适合岗位、更适合组织的人员，并利用测评结果帮助员工在企业内实现各自的职业目标。

一、职业兴趣测评与人员招聘和选拔

众所周知，现代社会的职业划分越来越细，社会活动的要求和规范越来越复杂，各种职业间的差异也日益明显，各种职业对个体的吸引力和要求也迥然不同。从职业兴趣的角度看，它作为一种特殊的心理特点，往往与个人的特性相关，也就是说，由于个体自身的生理、心理、教育、社会经济地位、环境背景等存在差异，个体所乐于选择的职业类型、所倾向于从事的活动类型和方式也就千差万别。因此，无论对企业还是对个人而言，在目前日益复杂的职业分工体系中，寻找到合适的人员及合适的岗位都显得特别困难。因此，我们需要借助相关的方法和技术，特别是职业兴趣测评方法和技术，来全面地了解自己，对自己的职业兴趣有一个正确的认识。职业兴趣测评有助于我们选择到适合自己发展的职业，也有利于企业发现并找到适合本企业、胜任本岗位的人员。

我们都清楚地知道，在现代人力资源管理中有一条重要原则，即将合适的人放在合适的岗位上，即人-职匹配。而人与职位的匹配除了以往我们特别强调的员工知识、能力、技能与岗位要求的匹配，现在越来越多的企业已意识到员工的性格、兴趣与岗位匹配的重要性。在胜任力模型中，后者的匹配更为重要，直接影响到企业的核心竞争力。因此，企业在招募新员工时，就很有必要对候选人员进行相关的职业兴趣测评，了解候选者的职业兴趣，以便分析其职业兴趣类型是否与企业所能提供的职业环境相匹配。所以，企业在招募人才的过程中，如果能够坚持以霍兰德的职业兴趣理论为指导，采用相应的职业兴趣测评方法和技术，不仅可以招募到适合本企业的人员，而且还可以在招聘工作中减少盲目性。毫无疑问，对于企业而言，利用科学的职业兴趣测评方法和技术，可以帮助企业招聘到更适合其岗位要求的人员，有助于员工队伍的稳定及可持续发展。

二、职业兴趣测评与职业生涯管理

职业生涯管理在企业人力资源管理中是一个日益重要的组成部分，其意义与作用在技术与知识高速发展的今天日益凸显。职业生涯管理可以说是一个战略过程，通过为组织内员工构建职业开发与职业发展的通道、帮助员工进行个人发展规划等一系列与职业生涯相关的活动，来最大限度地开发个人的潜能并充分发挥其潜力，使之与企业的职业需求相匹配、相协调、相融合，使企业与个人的需求达到最佳的结合，最后达到满足个人与组织的需要，获得双赢的结果。因此，职业生涯管理是一个系统的、动态的管理体系。在这个系统的管理体系中，职业兴趣测评是一个关键环节。通过职业兴趣测评方法和技术，一方面使员工对自己的兴趣、爱好、能力、特长、不足等有一个全面而准确的认识，以便选择适合自己的职业；另一方面企业可通过测评帮助员工明确其职业目标，并在企业总体战略的指导下为员工实现其职业目标制订具体的行动计划，以便员工在企业内部快速成长，为本企业的发展贡献力量。

但需要注意的是，企业在进行职业咨询和辅导过程中，职业兴趣测评是基本依据，但并不是唯一的依据，还需要结合企业发展目标、企业现有的绩效考核体系、其他测评技术与方法，以及职业咨询师的丰富经验等。否则，只能起到给人贴“标签”的作用，而不能真正对企业内员工的职业发展起到实际的职业辅导作用。

另外，在进行职业兴趣测评时，还应该注意，职业兴趣测评方法和技术只是众多方法的一种，并不是唯一的方法。而且在测评时，选择具有良好效度、信度、适合本企业要求的职业兴趣测评量表很重要，最好能在专业职业咨询人员的帮助下实施。

毫无疑问，职业兴趣是职业选择中最重要的因素，也可以说是职业成功的重要因素。职业兴趣测评可以帮助个体明确自己的主观性向，从而帮助其选择到适合的职业。根据霍兰德的职业兴趣匹配理论，个体的职业兴趣可以影响其对职业的满意程度。当个体所从事的职业和他的职业兴趣类型匹配时，个体的潜在能力会得到最彻底的发挥，工作业绩也更加显著；反之，则不然。在职业兴趣测试的帮助下，个体可以清晰地了解自己的职业兴趣类型和在职业选择中的主观倾向，从而在纷繁的职业机会中找寻到最适合自己的职业，避免职业选择中的盲目行为，特别是对那些缺乏职业经验的人和即将步入职场的大学生来说，更是如此。霍兰德的职业兴趣理论可以帮助人们做好职业选择和职业设计，成功地进行职业调整，从整体上认识和发展自己的职业能力，同时也可以帮助企业找到适合其岗位和组织文化的员工。

本章小结

职业兴趣在一个人的职业选择过程中起着非常重要的作用。根据霍兰德的职业兴趣匹配理论，个体的职业兴趣会影响其对职业的满意程度。为了更好地理解职业兴趣测评的重要性，本章重点介绍了职业与兴趣的相关性、职业兴趣测评研究的发展历程，以及趋势因素、职业兴趣测评理论，特别是霍兰德的职业兴趣理论、罗伊的职业心理类型理论、盖特的职业兴趣层级理论、Tracey-Rounds 的职业兴趣球形理论，以及职业兴趣测评方法中的斯特朗职业兴趣量表、库德职业兴趣量表和杰克逊职业兴趣调查表，最后介绍了职业兴趣测评在人力资源管理中对人员挑选与职业发展的重要作用。

中英文对照关键词

职业 career
兴趣 interest
霍兰德的职业兴趣理论 Holland' personality-job fit theory
六边形模型 hexagonal model
罗伊的圆形模型 Roe's circular model
盖特的职业兴趣层级模型 Gati's hierarchical model
Tracey-Rounds 的职业兴趣球形模型 Tracey-Rounds's spherical model
斯特朗职业兴趣量表 Strong vocational interest blank
库德职业兴趣量表 Kuder occupational interest survey
杰克逊职业兴趣调查表 Jackson vocational interest survey

案例分析题

一个奇怪而有趣的现象

西部房地产销售公司最近一直接到顾客对一线售楼员工的投诉，为此，总经理李丽非常恼火，她要求人力资源部门迅速进行调查。人力资源部经理张晓非马上着手调查，首先对公司销售部、售后服务部 54 名员工的基本情况、近三年的考核记录及顾客投诉记录进行了调查，他发现了一个奇怪的现象：得到上级主管好评的，大部分的顾客评分都较低；相反，顾客评分较高的一线员工，大部分的上级主管评分较低。为什么上司喜爱的员工却遭到客户的抱怨呢？原来公司实行的是主管考评的绩效管理制度。对直接服务顾客的一线员工，公司同时也一直在进行顾客满意度的跟踪调查，即针对每个员工，公司每个月联系10位顾客，请他们就所接受服务的质量打分，调查持续 12 个月，每个员工得到120位顾客的评分。进一步分析发现，上级主管考评与顾客评分之间实际上并无明显的联系。之后，为了得出进一步的结论，张晓非经理采用霍兰德职业性向测试工具和性格测试工具对每个员工进行了测试。调查结果显示，得到顾客较高评分的 32 位员工中，社会型的员工占 96%，企业型的员工占 89%；而得到上级主管较高评分的 26 位员工中，常规型的员工占 98%。这个结果说明：社会型的员工和企业型的员工容易受到顾客的好评，而常规型的员工容易受到上级主管的好评。按照霍兰德的职业兴趣理论，不难理解：社会型的人有自己的主见和特长，喜欢从事为他人服务的工作；企业型的人善交际，口才好，能影响他人；常规型的人尊重权威，习惯接受他人的指挥和领导，工作踏实，忠诚可靠，上级主管当然喜欢。

同时，人力资源部还发现了另一个有趣的现象，这 54 名员工分别是由两个经理招聘录用的：李经理挑选的员工中，研究型的占 99%，常规型的占 82%，社会型的占 56%；张经理挑选的员工中，社会型的占 93%，常规型的占 68%，研究型的占 16%。而李经理本人是研究型的，张经理本人是社会型的。很明显，负责招聘的主管人员倾向于聘用与自己同类型的人。

案例分析题：

1. 针对目前的情况和调查结果，如果你是张晓非经理，你该怎么做？

2. 霍兰德职业兴趣理论最大的贡献是什么？

复习思考题

1. 请简述职业与兴趣的关系。
2. 请简述职业兴趣测评的方法。
3. 请简述职业兴趣理论及其模型。
4. 结合人力资源管理，试分析职业兴趣测评的重要性与意义。
5. 结合附录测试一下你的职业兴趣。

霍兰德职业兴趣测评量表

第九章
评价中心技术

学习目标

- 明确评价中心技术的概念及特点
- 理解评价中心的优点及局限性
- 掌握评价中心技术的主要形式
- 把握评价中心技术实施的关键问题

引　子

评价中心技术在公开选拔领导干部工作中的应用

为认真贯彻落实党中央和市委关于深化干部人事制度改革的部署要求，加大竞争性选拔干部工作力度，进一步拓宽选人用人视野，促进优秀人才脱颖而出，根据《党政领导干部选拔任用工作条例》和《公开选拔党政领导干部工作暂行规定》，北京市委决定，2011 年面向社会公开选拔 148 名局处级党政机关领导干部和国有企事业单位领导人员。公开选拔工作分为网络报名、资格初审、考试测评、组织考察、决定任用、任职谈话、岗前培训等阶段。

其中，考试测评分为笔试和面试两个环节。笔试环节包括综合素质笔试、领导特质测试两项，由北京市公开选拔领导干部工作办公室按照《党政领导干部公开选拔和竞争上岗考试大纲》的有关精神，局级职位按照"一职一卷"、处级职位按照公开选拔职位类别命制试题，在统一时间内组织资格初审合格人员进行考试。笔试成绩按照综合素质笔试和领导特质测试 9：1 的比例计算。根据笔试成绩，每一职位按得分高低顺序列前 6 名的（得分并列的，全部列入，下同），到职位咨询点接受资格复审，复审合格者进入面试。进入面试的报考人员，要提交个人近三年的工作业绩报告。

副局级领导干部和市属国有企事业单位领导人员职位面试环节包括半结构化面试、无领导小组讨论、资历评价、心理健康与工作压力测试、外语水平测试等五项。部分进行专业管理能力测试的职位，不再组织无领导小组讨论。面试成绩按照半结构化面试、无领导小组讨论（或专业管理能力测试）、资历评价 5：3：2 的比例计算。处级领导干部和区县局级单位所属企事业单位领导人员职位面试环节，包括半结构化面试、资历评价、心理健康与工作压力测试、外语水平测试等项目，部分职位进行专业管理能力测试（或无领导小组讨论）。进行专业管理能力测试（或无领导小组讨论）的职位，面试成绩按照半结构化面试、专业管理能力测试（或无领导小组讨论）、资历评价 5：3：2 的比例计算；不进行专业管理能力测试（或无领导小组讨论）的职位，面试成绩按照半结构化面试、资历评价 8：2 的比例计算。心理健康与工作压力测试、外语水平测试成绩作为参考，不计入考试测评综合成绩。

根据考试测评综合成绩，参考心理健康与工作压力测试结果、外语水平测试成绩，确定每一职位前 3 名人选，到指定医院体检合格后，列为考察对象，对其进行组织考察，然后再进行"决定任用""任职谈话""岗前培训等阶段"，直至选拔工作完成。

历时三个多月，经过网络报名、资格初审、考试测评、组织考察、决定任用等环节，最终确定了 35 个局级和 103 个处级职位的任职人员。35 个局级职位任职人员，平均年龄 41 岁，最小的 36 岁，最大的 47 岁；女干部 3

人；非党员干部5人；具有研究生学历27人，占77.1%；具有博士学位的10人，占28.6%，具有硕士学位15人，占42.9%；具有高级职称23人，占65.7%；后备干部16人，占45.7%。103个处级职位任职人员，平均年龄35岁，最小的29岁，最大的45岁；女干部29人；非党员干部16人；具有研究生学历68人，占66%；具有博士学位的10人，占9.7%，具有硕士学位56人，占54.4%；具有高级职称22人，占21.4%；后备干部42人，占40.8%。另外，有7个处级职位经考察没有合适人选，职位空缺。

这次公选是北京市第11次公开选拔领导干部，在工作中，充分借鉴历年尤其是2010年公选的成功经验，积极探索，大胆实践，围绕“干什么、考什么”的要求，进一步改进考评方式和内容，不断扩大公开，取得了良好的效果。

（资料来源：人民网，北京市148局处级岗位公选 局级职位考试“一职一卷”. http://politics.people.com.cn/GB/14562/14590721.html [2017-10-01]）

案例思考题：

1. 除了案例中提到的评价中心技术，你认为还可以将哪些评价技术引入领导干部的选拔中去，为什么？

2. 结合评价中心技术实施步骤，试分析在领导干部选拔过程中应注意哪些问题。

第一节　评价中心技术概述

评价中心技术是现代人员素质测评的主要形式之一，也是人力资源开发中重要的形式之一。由于独特的形式与功用，评价中心技术已成为人力资源测评中一种较为特别的测评方法。

一、评价中心技术的历史发展

评价中心技术起源于德国心理学家1929年建立的一套用于挑选军官的多项评价程序。其中一项是对领导才能的测评，测评的方法是让被试参加指挥一组士兵，被试必须完成一些任务或者向士兵解释一个问题，在此基础上评价员对其面部表情、讲话的方式和笔迹等进行观察。美国战略情报局（OSS）将此法用于挑选特工人员，获得了成功。它们设计了一套具有一定情景压力的模拟测验，让被试在一定时间内完成某项任务。与此同时，观察被试的组织能力、指挥能力、应变能力、控制力及遭遇挫折时的表现，以选拔优秀的特工人员。

第二次世界大战后，随着许多军事心理学家和军官加入到企业中从事小规模的人员测评活动，评价中心技术也得到了进一步发展，并迅速成为一种更全面、更有效、更客观的人才测评方法。20世纪50年代，美国电报电话公司率先使用评价中心技术进行人才素质测评和人才选拔。自1956年开始，曾在OSS工作过的工业心理学家布雷（Douglas Bray）博士负责在AT&T公司实施了著名的“管理进步研究项目”，运用评价中心技术对新进公司的几百名管理培训生进行了管理潜能评价，并进行了为期20年的长期跟踪研究。布雷的研究结果表明，评价中心技术的确能较准确地预测未来的职业成功，并于1964年开始陆续将他的研究成果发表于美国的《应用心理学》等权威专业期刊。

1960～1970年，评价中心技术在美国和欧洲的部分国家得到稳步发展。美国许多知名大公司，如通用电气公司、国际商业机器公司、福特汽车公司、柯达公司等，都采用了此项技术，并建立起相应的评价中心机构来评价管理人选。1970年，William Byham在《哈佛商业评论》发表了题为“运用评价中心发现未来职业经理人”的文章，对于进一步推广评价中心方法在各类组织机构中的应用产生了深远的影响。1978年，评价中心技术这一人才测评技术得到迅速发展，美国平等就业机会委员会开始将这项技术用于挑选管理和执行官员。这一时期许多学者都在尝试研究评价中心技术使用的广泛性。Gaugler等（1987）的研究发现，有超过2000家美国公司使用这一技术，英国也发现这一技术的使用率接近40%。

20世纪90年代以来，一方面由于企业面临的竞争日益加剧，高质量的人力资源成为企业获取竞争优势的重要资源；另一方面由于职业心理学家及其他有人力资源管理方面背景的人士对咨询业的参与，评价中心技术的使用愈发广泛。据统计，目前美国每年有数十万人接受评价中心技术的测评。

评价中心方法最早被引入中国是在第二次世界大战后期（1943～1946年）。在重庆成立的跨国军事情报合作机构（即著名的“中美合作所”），用此选拔和训练情报人员。20世纪80年代中期，中国人员测评工程的先行者陆红军教授等将评价中心的核心方法——情景模拟测试重新引入，并在上海的几家国有企业试点选拔厂级中高层领导，引起各级组织部门的广泛关注。20世纪90年代初，梁开广、许玉林、付亚和等在四通集团、丽都假日酒店等非国有企业应用评价中心技术的基础上，于1992年在《应用心理学》杂志上发表了国内最早的关于评价中心效度研究的文章。1996年，人事部考试录用司在为地质矿产部选拔局级领导干部时运用了评价中心技术，取得了令人满意的结果。90年代中后期，通用汽车、诺基亚、壳牌、飞利浦、可口可乐等跨国公司进入中国，它们或借用其母公司总部的评价中心机构或委托国际咨询公司帮助实施在华投资企业的评价中心。目前在中国，部分企业及事业单位已开始在管理中使用评价中心技术，并取得了良好的成效。越来越多的企业开始关注评价中心技术，相信在不久的将来，评价中心技术将有着更为广阔的发展前景。

二、评价中心技术的概念

现代人才测评理论认为，人的行为和工作绩效都是在一定的环境中产生和形成的，对人的行为、能力、绩效等素质特征的观察与评价，不能脱离一定的环境，所以要想准确地测评一个人的素质，应将其纳入一定的环境系统中，观察、分析、评定被试在该环境下的行为表现及工作绩效，从而考察被试的全面素质。基于这种理论，人们逐步形成和发展了评价中心技术这种现代人才测评的新方法。

“中心”一词听起来像某个地点，但评价中心技术是一种活动，而非一种场所。评价中心（assessment center）技术是以测评被试各种素质为中心的标准化的一组评价活动。评价中心技术是综合运用各种不同的素质测评方法的一种新型人才测评技术。它是通过创设一种逼真的模拟管理系统或工作场景，将被试纳入该环境系统中，使其完成该系统环境下对应的各种工作。在这个过程中，测评师采用多种测评技术和方法，观察和分析被试在模拟的各种情景压力下的心理、行为、表现及工作绩效，以测量和评价被试的管理能力和潜能等素质。评价中心技术还纳入心理测验、笔试、面试等传统测评技术，优势互补，形成了一个综合、全面的人才测评系统。

三、评价中心技术的特点

评价中心技术作为一种较为新颖的人才测评方法，表现出综合性、全面性、可靠性、动态性及标准化等诸多特点。

1. 综合性

评价中心技术所运用的技术相较于其他人员测评方法，其独特之处首先表现在综合性上。相对于心理测验、笔试、面试、小组讨论、管理游戏、角色扮演等测评技术，评价中心技术往往是选择其中多种技术进行综合实施，取长补短，使得对人才素质的测评更加全面和深入。

2. 全面性

以评价中心技术所测评的内容而言，表现出测评的全面性。由于综合运用了人才测评技术，其不仅能够对被试的实际工作能力进行很好的测评，而且还可以对被试其他方面的各种潜在能力和素质进行测量。例如，组织和计划能力、决策能力、创造力、人际关系技能、应变能力、社会角色的知觉能力，等等。

3. 可靠性

以结果而言，评价中心技术表现出测评的可靠性。由于采用多种人才测评技术对被试进行多次、全面的测评，所以可以减少因被试水平发挥不正常，或者少数主试评价偏差而导致测评结果失真的可能性，减少了以某一次测评决定命运等不公平现象的发生。另外，评价中心技术测评的“试题”与实际工作高度相似，所测的素质往往是分析和处理具体工作的实际知识、技能与品德素质，所以评价中心技术的测评结果可以比较准确地反映被试的实际能力与素质。

4. 动态性

以过程而言，评价中心技术表现出测评的动态性。评价中心技术是把被试置于一个动态的模拟工作情景中，模拟实际管理工作中瞬息万变的特点，不断对被试发出该环境下各种发生变化的信息，要求其在一定的时间内和一定的情景压力下作出决策，往往是在一个动态的环境下展示被试的能力与素质。

5. 标准化

以测评中心技术测量的依据而言，表现出测评的标准化。评价中心技术活动丰富，形式多样，时间持续从几个小时到一周不等，但每项活动都是按照统一的测评需要设计的，测评的依据并不是随意而定的，而是以工作分析所确定的素质为目标而进行的。

四、评价中心技术的利弊

评价中心技术作为一种现代化的人才测评技术，具有以下优点。

1. 突破传统测评技术的局限性

早期的一些素质测评技术，如智力测验、个性测验等虽具有一定的效果和作用，但是评价中心技术综合了管理学、心理学、社会学、行为科学和人类学等多门学科的研究成果，突破了传统测评方法的局限，开创了测评技术的新里程。评价中心技术主要针对管理人员，注重现场研究和实践性，着重考察被试解决实际问题的能力，使人才测评技术有了新的发展。

2. 测评有效性较高

自从评价中心技术被运用以来，人们对它的有效性颇感兴趣。人们常运用评价中心技术对未来工作绩效的预测来说明其有效性。通过计算个体在评价中心中的全面结果和某种形式的绩效标准，如评价性测量、晋升/工资增长，或经理人员的主观判断间的相关系数来预测其效度。迄今为止，对各种测评方法效度的研究均表明，评价中心技术的效度明显高于其他测评方法。后来接任 Douglas Bray 工作的 Moses 博士，继续对 AT&T 公司的约 6000 名管理人员进行了一项研究，发现评价中心技术的准确度几乎是标准智力测验的 5 倍。IBM 的 Hinrichs 博士也对 IBM 内部运作的评价中心效度进行了 8 年的跟踪研究，得出了与 AT&T 公司相近的结果。

1984 年，Mike Smith 曾针对评价中心技术的有效性进行过一次元分析，发现评价中心技术和其他测评方法的效度系数如表 9-1 所示。

同期，Schmitt 和 Gaugler 也分别作过类似的元分析，他们发现评价中心技术的效度分别为 0.41 和 0.37。

与其他方法一样，评价中心技术同样存在一些问题，在使用过程中需要格外注意。

(1) 评价中心技术需要结合其他方法综合使用。评价中心技术适宜对被试的能力指标、个性特征、动机与职业倾向进行测查，而对其应具有的知识与职业道德并不适宜测查。所以，对管理人员进行评定应形成以评价中心技术为主、笔试（知识测评）与评定委员会面试（职业道德测评）为辅的评定系统，三者形成相对固定的评定程序。

表 9-1　评价中心技术和其他测评方法的效度系数比较

方法	效度系数
评价中心技术	0.65
工作样本测试	0.54
认知能力测试	0.53
个性测试	0.39
背景资料	0.38
参考资料	0.23
面试	0.19

资料来源：唐宁玉．2002．人事测评理论与方法．大连：东北财经大学出版社：162

（2）评价中心技术、笔试与评定委员会面试三者之间的权重不易确定。能力、个性特征、动机与职业倾向、知识、职业道德五项指标都会对被试的最终评定结果产生影响。评价中心技术、笔试、评定委员会面试三种形式的评定结果在对管理人员的最终评定结果中各占多少比例难以确定。

（3）评价中心技术的专业考官比较稀缺，开发成本与施测成本比较高。由于我国人才测评产业起步较晚，专业人才测评师匮乏，加之情景模拟测验的开发成本与施测成本比较高，所以评价中心技术的价格目前偏高。评价中心技术的主要成本在于人工成本，测评专家需要在大量访谈分析的基础上确定测试指标，并根据测试指标进行题目开发与试测。另外，需要多位专家根据被试在测试过程中的表现进行记录并评价，最后还需考官出具测评报告。

（4）评价中心技术的流程相对复杂，测试时间长。由于评价中心需要对被试进行多项测试，所以占用时间较长，如果再与笔试和评定委员会面试评估相结合，占用时间将会更长，所以可能会影响评价中心技术在管理人员评定中的普遍应用。测评项目、时间及测评方式如表 9-2 所示。

表 9-2　测评项目、时间及测评方式

测评项目	测评时间	测评方式
个性测验	45 分钟	全体
职业取向、动机测验	40 分钟	全体
半结构化面试	60 分钟	单独
无领导小组讨论	70 分钟	小组（5～7 人）
公文处理测验	120 分钟	全体
演讲	30 分钟	单独

五、评价中心技术的新进展

在过去的五六十年里，评价中心技术为人才的选拔和发展做出了巨大贡献。种种迹象表明，评价中心技术的应用日趋增长，例如，专业期刊上关于评价中心技术的文章不断涌现；在诸如管理学大会、产业和组织心理学大会等世界性的科学和专业人士大会上，关于评价中心技术的项目层出不穷；对 200 多家机构的调查（Gaugler et al.，1990）表明，评价中心正被用于多种多样的目的；包括美国、欧洲、日本等许多国家和地区在内的咨询机构擅长设计和实施评价中心技术；世界最大的几家咨询机构，包括 DDI、PDI、ESSC 等都表示，它们的测评业务近几年一直保持持续增长的势头。

随着组织结构的日益扁平化、参与管理被广泛采纳，以及雇员日益频繁地流动，评价中心技术也会发生变化，评价中心及整个测评业务都将得到蓬勃发展。由于劳动力缺乏，组织需要员工具有更多的管理技能，从而使评价中心技术更侧重于培训发展，而非以往那样侧重于甄选。随着现代通信技术的发展，评价中心将趋于非正式化，无须测评师和被试花 3～5 天甚至更长的时间聚在一起。由计算机和视频技术辅助测评的进行，测评师可以使用计算机化的行为记录清单作行为记录，这有助于测评师进行行为的观察、评价、打分。评价中心技术也日益突破仅针对管理人员的局限，而被应用于非管理层、新进员工等不同类型的员工。

1. 发展中心

学习型组织、全面质量管理等现代管理概念的提出，意味着个体的提高与完善将永无止境，发展中心可能代表了评价中心技术最重要的发展趋势。

发展中心这一术语在 20 世纪 90 年代被提出，较传统的评价中心技术而言，其侧重点有所不同。传统的评价中心主要侧重于对外部招聘及内部招聘的对象进行挑选，而发展中心更为侧重识别被试的潜能，诊断其与工作有关的优势和劣势。所以，与评价中心技术相比，发展中心不是一个成功或失败的决策事件，它持续的时间更长，成本更高，参与者个体对资料所有权的分享，在评价过程中就予以反馈，发展从评价中心过程中就已经开始，聚焦于学习和自我提高，对咨询或支持要求更好，关注可发展的标准。Rodger 认为，发展中心就是运用评价中心的技术识别个体的优势和不足，以便诊断发展需要，提高工作绩效，促进职业生涯发展，帮助组织获得成功。

2. 自我洞察的评价中心

20 世纪 70 年代提出的自我洞察的评价中心是一种将传统的评价中心技术与自我发展、向他人学习相结合的方法。自我洞察的评价方法包括：识别优势和发展需求，而不是事先确定与工作有关的绩效标准；形成一个发展计划以满足发展需求和建立优势；开发参与者的绩效技能；熟悉评价中心的技术和实践等种种活动。

自我洞察的评价中心和其他评价一样，要事先确定合适的标准，然后经历约五天的练习。被试第一天要做的工作是大量练习和测试。第二天，被试要回顾有关将要使用的行为标准。从这一阶段开始，被试开始了解目标工作的要求，以及刚结束的模拟间的相关性。第三、第四天，被试要处理练习的大部分，每一个被试都要扮演测评师对自己的表现进行全面评价，这就是自我洞察的过程，同时也要对另一同伴的表现予以评价。所有练习都分析完成后，被试再扮演测评师将结果反馈给其他被试。这些反馈都是比较积极和富有建设性的。第五天，每个被试收集好与自己有关的信息、材料、反馈，形成一份自我发展报告。因此，自我洞察的评价中心与传统方法的显著区别在于，它没有任何评价者，相对而言节约资源。被试的有关资料被记载或记录下来供以后分析使用，因此这种方法没有威胁，只有被试自己拥有所有完整的绩效表现资料。另外，在自我洞察的评价中心中，被试更了解自己的发展需求。这种方法也提高了评价、反馈技能，而且被试对这种方法的反应更为积极。

第二节　评价中心技术的主要形式

评价中心技术是以评价管理者素质为中心的测评活动，其表现形式具有多样化的特点。从测评的主要方式看，有投射测验、情景模拟、能力测验等。从评价中心技术的活动内容看，有公文筐、无领导小组讨论、角色扮演、案例分析、管理游戏等多种形式，如表 9-3 所示。

表 9-3　各种评价中心技术形式使用频率

复杂程度	评价中心形式名称	实际使用频率/%
更复杂 ↑	管理游戏	25
	公文筐	81
	角色扮演	没有调查
	有角色小组讨论	44
	无角色小组讨论	59
	演讲	46
	案例分析	73
	事实判断	38
↓ 更简单	面谈	47

资料来源：乔治·C. 桑顿三世. 2004. 评鉴中心——在人力资源管理中的应用. 上海：复旦大学出版社：47

一、公文筐

公文筐（in-basket）是在评价中心技术中使用最多的测评形式之一，从表 9-3 中可以看出，其使用频率高达 81%，被认为是最有效的形式之一。被试被要求假定接替或替代某个管理人员的工作，处理目标工作中的典型工作文件，其中包括信件、内部纪要、报告、电话记录和备忘录等。这些文件分别来自上级、下属、组织内部和组织外部。被试的任务是先整理这些文件，然后排定优先次序，决定哪些事务需要授权、授权对象是谁，以什么方式进行，如写信、便条、会议、电话等，以及发现事务之间的内在联系。公文筐的长度和持续时间可以变化，一般所有这些工作文件要求在 2～3 小时内完成。处理完成后，还要求被试填写行为理由问卷，说明自己为什么这样处理。对于不清楚的或想深入了解的被试，测评师还可以与之交谈，澄清模糊之处，然后测评师对有关行为逐一分类，予以评分。

公文筐能够较好地模拟多任务性的管理挑战，如顾客投诉、销售机会、内部冲突、生产问题、财务状况，等等。对被试的计划和组织能力、分清轻重缓急、决策、授权方面的能力，以及书面沟通、人际敏感性、洞察力等可以进行较好的测评。

二、无领导小组讨论

无领导小组讨论（leaderless group discussion），又称无主持人讨论，是评价中心技术中常用的一种无角色群体自由讨论的测评形式。讨论时，将被试按一定的人数编为一个小组，不确定会议主持人，不指定重点发言，不布置会议议程，不提出具体要求，根据测评师提出的真实或假设的材料，如有关文件、资料、会议记录、统计报表等材料，就某一指定题目进行自由讨论，要求小组能形成一致意见，并以书面形式汇报。在测评中，被试要迅速了解需要解决的问题，准确提出可行的解决方案，并且分析、讨论、综合他人意见，引导小组形成统一认识。因此，这是一种对被试素质进行深入、全面测评的方式。

在无领导小组讨论中，测评的一般标准有如下几条。第一，发言次数的多少、发言质量的高低，说理是否抓住问题的关键，提出合理的见解和方案。第二，是否敢于坚持自己的正确意见，是否敢于发表不同意见，是否支持或肯定别人的合理建议。第三，能否倾听别人的意见，尊重他人的不同看法；是否注意语言表达的技巧，特别是批驳的技巧。第四，是否能够并且善于控制全局，消除紧张气氛；是否善于调解争议问题，并说服他人，创造积极融洽的气氛，使每一个会议参加人都能积极思考；是否能以良好的个人影响力赢得大多数人的欢迎与支持，把众人的意见引向一致。第五，是否具有良好的语言表达能力、分析判断能力、反应能力、自控能力等才能，以及宽容、真诚等良好品质。因此，测评的维度通常是主动性、宣传鼓励与说服力、口头沟通能力、组织能力、人际协调团结能力、精力、自信、出点子与创新力、心理压力、忍耐力等。

三、角色扮演

角色扮演（individual presentations）是一种主要用于测评人际关系处理能力的情景模拟活动。在角色扮演活动中，测评师设置了一系列尖锐的人际矛盾与人际冲突，要求被试扮演某一角色并进入角色情景去处理各种问题和矛盾。测评师通过对被试在不同角色情景中表现出来的行为进行观察和记录，测评其素质潜能。

但是角色扮演的效度不一定很高，所以未能进入角色的人并不一定意味着他以后不行，角色扮演很好的人也并不一定保证日后什么都行。

四、案例分析

在案例分析（case study）中，测评师提供给被试一些实际工作中常常发生问题的有关书面案例资料，要求他们解答案例中的问题并写出案例分析报告，或者要求他们准备在小组讨论会上作口头发言、讨论。测评师根据被试分析问题和解决问题的能力、观点的组织表达能力、语言和书面传递信息的技巧等给予评价。案例分析这种测评方式操作比较方便，不但可以用于测评一般能力，如组织一个生产活动，而且可以用于测评特殊技能，如计算投资效益，还可以通过精心设计加工、组合案例，多层次、多角色地深入测评被试某一方面的才能，还能够测评被试多方面的甚至是全面的才能。

五、管理游戏

管理游戏（management games）也是常用的评价中心技术之一。在这种测评中，测评师使被试置身于一个模拟的环境中，面临一些管理中常常遇到的各种现实问题，要求他们想方设法去解决。例如，以总经理的身份去处理经营中的难题，进行人事安排，或是作为谈判代表与别人进行商业谈判的模拟练习。有时还把被试分别假设为两个或两个以上公司的主管，而这些公司又恰恰是互相竞争的对手。被试需要作为各公司的主管来管理经营公司，要求努力提高市场占有率，增强竞争力，增加销售量和提高利润水平。每个被试都要做好决策、计划、生产、营销、激励等各种管理活动，在质量、价格、宣传等各个方面进行竞争，争取战胜对手，占领市场。测评师在测评过程中，观察被试的行为，评价其各方面的素质。与公文筐类似，管理游戏中涉及的管理活动范围相当广泛，可以是如决策、人事工作等管理工作的某一方面，也可以是一种多方面的复杂的工作；可以通过计算机来模拟，也可以由人工操作进行；可以严格地按照一定的程序进行，也可以灵活地变换形式。

第三节　评价中心技术的实施

评价中心技术的实施是一个需要尽心设计、审慎对待的问题。在对目前常见的认识误区分析的基础上，需要特别关注评价中心技术的实施过程、实施的有效性，以及测评师的选拔与培训三个关键问题。

一、评价中心技术实施中的误区

评价中心技术作为人才测评中的一个方法，因其能够较为全面地考察测评对象的能力素质，已经被越来越多的人力资源工作者引用。但有些人只知其表，缺乏对评价中心技术的内涵、实施、操作等的正确观念。常见的认识误区如下。

（一）“用了小组讨论或行为事件面谈等就是运用了评价中心技术”

提及人才的评价选拔，很多人力资源管理者都说自己采用了评价中心技术，理由是在评价人员时已经使用了小组讨论或行为事件面试等“高级”的评价技术。甚至有些企业认为，构建评价中心就是在企业内部或人力资源部成立一个测评部或测评小组，专门负责员工的招聘、选拔等人才评价事宜。

这些都是对“评价中心”的片面或者错误的理解。评价中心技术是一组综合的测评方式，并非某一种具体的评价方法，更不是一个单位或一个地点。评价中心技术的核心是综合运用各种评价技术，通过不同技术之间的互补，实现对测评对象全面、完整的观察评价。

评价中心技术的评价方法包括小组讨论、行为事件面谈、角色扮演、管理游戏等，但不能说这些单一的技术就等同于评价中心技术。不同评价方法在测量不同指标时达到的效果不同，即使在测量同一指标的不同方面时也有所侧重。因此，通常需要根据评价指标选取最具评价效度的技术。例如，小组讨论主要通过团队互动进行测评，所以在评价人际沟通、组织协调、团队合作、影响力、语言表达等人际交往方面的能力指标时更为有效；而公文筐测验是模拟工作事件的纸笔测验，因而更适合评价综合分析、统筹规划、决策能力、信息把握等与事务处理相关的思维层面的能力素质。同样，对于人际沟通能力的测量，小组讨论更关注实际情景中与他人互动的技巧和策略，且大多是针对团队内部的沟通；而公文筐测验中将沟通范围区分为对内沟通和对外沟通，并侧重考察与处理工作事件相关的沟通意识。例如，在公文筐测验中可以设计发生在公司外部的危机问题，考察测评对象在危机公关中的沟通协调能力。

当然，这里并非强调小组讨论不能考察公文筐所考察的指标或维度，而是说各种评价方法在评价内容和角度上各有优势。评价中心正是综合考虑了各种评价方法的优势，通过2～3种评价方法对某项指标进行交叉评价，围绕评价内容选取有效的评价方法并加以有机组合，达到评价效果最优化的目的。

（二）“通过购买评价中心题目或题库完成评价中心技术转移”

在有些人力资源管理者的心目中，评价中心技术的重心就是编题，构建企业自己的评价中心就是购买一套针对企业情况的评价中心题目，只要有题目，谁都能使用评价中心技术。例如，小组讨论无非是让一组测评对象先就题目进行个人陈述，再进行交叉辩论，评委在一旁观察测评对象的行为表现、打分，区分出三六九等。而事实上，看似简单的过程中却蕴含着评价中心技术“标准化、系统化”的精髓，空有题目的评价中心技术并不是真正的评价中心技术。

评价中心技术转移是一个极为专业的过程。测评专家在帮助企业构建内部评价中心时，必须根据企业的实际情况，综合把握企业的发展战略、用人理念等相关信息，对需要进行评价的岗位进行深入研究，从工作分析入手，把握每个目标岗位的关键职责和能力素质要求，建立相应的素质模型或评估模型体系。此后的整个内部评价中心构建项目，都应该在这套评估模型的指导下进行。

评价中心技术的整套成果体系的作用，就在于将系统化、标准化的评价中心框架和流程传递给企业，教会企业如何操作评价中心，如何准确地完成人才评价工作，这才是评价中心技术转移的核心目的。因此，评价中心技术转移应当是授人以渔，而非授人以鱼。

应该注意的是，企业内部评价中心一旦构建完成，也并非永久有效，随着企业的发展，企业的战略目标、目标岗位职责和能力素质要求等都会相应地发生变化。在这种情况下，评价中心体系也需要做出相应的调整。这种调整可能是评价方法的调整，也可能是题目的调整，甚至可能在评估模型上都需要作出改动。一般一套评价中心体系的适用年限为3～5年。

（三）“评价中心的评价内容和评价方法越多越好”

企业总希望获得最准确的测评结果，希望评价的指标和所采取的评价方法越多越好，但并不是评价内容和方法越多就越能得到精准的测评结果。

我们知道，评估模型体现的是最能预测目标岗位绩效的核心能力素质。在此之外的能力素质不能说与目标工作岗位无关，但对预测绩效的贡献度相对较小；更何况能力素质是无穷尽的，我们只能将精力集中在最核心的素质指标上。不仅如此，当测评掺杂进与绩效预测相关度较低的能力素质时，核心能力素质在整个综合评价中所占的比重也会相应降低，反而会影响预测的准确性。对于选择评价方法也是如此，当我们用2～3种方法从不同角度对测评对象的某项能力素质进行评价后，已经完全可以全面把握该项能力的状况，此时若再增加其他方法，也只是对现有评价结果的反复验证，这不仅浪费时间和精力，甚至可能增加无效的行为证据，混淆测评结果。

因此，并非评价内容和评价方法越多，评价结果就越准确，重要的是选择核心的评价指标和最适合的评价方法，严格根据有效性和经济性原则来设计评价中心。

（四）“评价中心技术优于标准化测验”和“标准化测验比评价中心技术更客观”

人们通常会将评价中心技术与标准化测验技术进行比较：一种观点倾向于“眼见为实”，认为评价中心多样化的评价方法与标准化测验单调的选择题相比，为测评对象提供了更多的展示机会，由测评经验丰富的专家根据实际情况进行判断打分，准确性更高，测评时应首选评价中心技术；另一种观点显然更看重“客观性”，认为评价中心技术既然有了测评专家的干预，必然掺杂了评价的主观性，而标准化测验能更为严格、准确地根据测评对象的反应作出判断。这两种观点都各有其正确和偏激之处。

首先，评价中心的确能够从多个角度，较全面地对测评对象进行系统观察和综合把握，但评价中心的操作也更为复杂，企业使用评价中心考察大批量人员时，投入的时间、人力和物力各方面的成本都比较大。例如，我们曾经遇到过这样一个案例，在2000多名候选人中选择23个人，可以说是百里挑一了。这时不用说使用全套评价中心体系，仅采用面试可能就需要花一两个月的时间。在这种情况下，就需要综合使用评价中心技术和标准化测验技术，先借助标准化测验的高度统一性和标准化的优势，对大量候选人进行筛选，淘汰明显不符合岗位要求的，再利用评价中心技术对没有被淘汰的候选人的能力素质进行精确测量，这样就可以极大地提高评价效率。

其次，虽然评价中心的评价过程有测评专家参与，但它并非完全缺乏客观性。针对同一目标岗位而言，一定时期内的评价内容和评价标准是相对固定的，任何评委都必须按照既定的内容、流程和标准对测评对象进行评价。因此，评价中心是专家的评价经验与客观的评价标准相结合，是在客观标准和流程的限制下发挥专家的评价经验，而不是随意地主观判断。

因此，“评价中心技术优于标准化测验”和“标准化测验比评价中心技术更客观”这两种观点在理解上都存在一些偏差。评价中心是一种综合性、系统性的评价过程，从广义上看，也可以将标准化测验作为一种技术纳入其中，作为评价技术体系的一部分。因此，评价中心技术和标准化测验技术之间并无高级、低级之分。进行测评时，最重要的是根据评价内容，选择最适合的评价方法或方法组合，致力于达到测评效果最优化。

二、评价中心技术的实施过程

评价中心技术的目的是测评被试是否适宜担任某项打算委任的工作，预测被试的能力、潜力与工作绩效的前景，同时发现被试的欠缺之处，以此确定对其培养的内容与方式。评价中心技术的实施过程包括一连串的步骤。

1. 制定有关的规章制度

评价中心技术可以运用于晋升、诊断、培训等不同的目的，因此，在实施过程中首先需要明确评价中心技术所要达到的目的是什么，之后制定相关的规章制度，包括：适用的被试人员的范围、被试应该具备的基本前提条件、在评价中心技术使用的过程中主要负责的部门及各自的责任、测评的基本流程，等等。

2. 制定评价标准

社会认知理论告诉我们，观察的目的直接影响观察的方式，信息的编码、储存及在线。因此，在评价中心技术实施的过程中，必须依据测评的目的制定相应的评价标准。例如，测评的目的是选拔领导后备力量，那么可以确定诸如思维能力、解决问题能力、事业心、合作性等多方面能力的具体测量指标，并且对每一指标要有详细的说明。在制定评价标准过程中，最为关键的是每一位参与测评的评委都必须对指标达成共识，对指标的解释要一致。

3. 确定评价技术

评价中心技术是一组综合的测评方式，包括小组讨论、行为事件面谈、角色扮演、管理游戏等，但是并非某一种单一的、具体的评价方法就等同于评价中心技术。不同评价方法在测量不同指标时达到的效果不同，即使在测量同一指标的不同方面时也有所侧重。评价中心技术的核心是综合运用各种评价技术，通过不同技术之间的互补，实现对测评对象的全面、完整的观察评价。因此，在确定评价技术时并非越多越好，而是需要根据评价指标，选取最具评价效度的技术。

4. 实施安排

在明确了评价标准和评价方法之后，在评价中心技术实施过程中需要做的就是由测评师去具体地实施、安排评价活动。在实施安排中，主要涉及时间安排和地点选择两个方面的问题。

一般而言，应用评价中心技术来评选初级管理人员，需要花一天的时间；衡量中级管理人员则往往需要三天左右的时间；衡量高级管理人员的时间往往更长。所以，需要将整个测评活动在有限的时间内进行合理的计划，同时注意活动的先后次序。

评价活动地点的适宜程度会影响参与者的发挥，所以合适的房间有利于帮助参与者达到最佳的状态。房间要足够大，被试能够有足够的空间完成各自的任务，相互之间能够保持一定的距离，而且被试与测评师之间也要能保持适宜的距离以便进行观察与评价。

5. 评价报告的撰写

实施评价中心技术对被试进行测评之后，需要对结果进行分析，完成评价报告。评价中心的报告是实施评价中心技术的目的所在。不管是用于晋升、诊断，还是培训，一份详细的评价报告都是必需的。评价报告没有固定的格式，一般包括：被试在评价中心的总体表现的简述，某种形式技术测评的结论性评语，对每个标准的评价与解释，基于未来的培训和发展建议，等等。报告的长度从一页到数十页不等。

三、评价中心技术实施的有效性

为了达到预期的目的，评价中心技术在实施的过程中应特别注意情景的相似性、典型性、逼真性及主题突出的特点。

所谓相似性是要求所设计的情景与职位的实际工作具有相似性，具体表现在素质、内容与条件三个方面。素质相似是指情景模拟中所测评的素质与实际工作中经常需要的工作素质相一致，内容相似是指情景模拟中被试所要完成的活动与实际工作的内容相一致，而条件相似则是指情景模拟中被试所拥有的工作条件与实际工作中人们拥有的工作条件相一致。

所谓典型性包括两个方面：一是指所模拟的情景是被试未来任职工作中最主要、最关键的内容，而不应是那些次要的、偶然的事情；二是所设计的情景，不是原原本本地从实际工作中节选一段，而是把实际工作情景中多种主要的与关键的——最具代表性的情形，归纳、概括、集中在一起，使本来不同时间、不同情形下发生的事情集中在一起出现。

所谓逼真性是指设计的情景，在环境布置、气氛渲染与评价要求等方面都必须与实际相仿。当然，逼真与真实之间还是有一定距离的，这里设计的情景是根据一定工作原型与生活规律经过加工创造的“情景”。它们源于工作实践，受时间的规律制约，是一种相对的“真实”而非绝对的“真实”，是现实的“写照”而不是现实的“摄照”。

虽然所模拟的情景一般包括多种活动，要测评被试的数种素质，但并非等于说所有这些活动主次不分、杂乱无章。所谓突出主题是指整个情景设计应该使被试的活动围绕一条“主线”进行，突出表现所测评的素质，不要让一些不相干或相干不大的细节浪费了宝贵的测评时间。

四、测评师的选择与培训

许多组织的评价中心的测评师队伍是由组织内部的直线管理人员和专业测评专家共同组成的。采用直线管理人员作为测评师有其自身的优点：一是直线管理人员对需要测评的内容和工作所需的能力及素质要求非常熟悉，因此由他们来判断被试是否能胜任工作是比较合适的；二是直线管理人员介入测评过程，有助于使被试较好地接受测评结果；三是直线管理人员参与评价中心的测评活动，也有利于他们发现自身的不足，有助于提高其自身素质。但是，相比较专业的测评专家而言，直线管理人员必须经过一段时间的培训，尤其需要注意克服以下几种心理现象。

1. 角色心理

所谓角色心理是指身份的自我意识及潜意识表现的一种心理现象，是特定的职业责任、道德规范、行为习惯、职业利益等的反映。参与评价中心技术测评的直线管理人员来自不同的岗位，各具特有的角色心理，因此容易从各自的角色心理出发，表现出不同的价值取向。

2. 自尊心理

所谓自尊心理是指在测评活动中，具有力求正确掌握测评标准、正确运用测评方法、正确执行测评程序、力求取得正确测评结果，以显示自己尊严的心理态势。这其实是绝大多数测评师的共同心态。测评师深知自己所承担的测评责任十分重大，能否高质量地完成测评任务，取得正确的测评结果，不仅关系到能否对测评对象做出正确评价，而且也是自己业务理论、工作能力水平、思想态度的具体表现，因此测评师总是用高标准要求自己，力求达到最高水平。

3. 参照效应

所谓参照效应是指某些被试的“形象”影响着对另一些被试的印象和测评的一种心理现象。其效应意义是指在某个较高“形象”的参照下，其他被试有黯然失色的感觉；相反，在某个较低“形象”的参照下，其他被试的较高素质与能力也会更加明显。

4. 类群效应

所谓类群效应是指测评师与被试的类群关系影响测评客观性的一种现象。“物以类聚，人以群分”，人们通常喜欢那些在各个方面与自己某种程度上相似的人。测评师与被试之间总是存在着一种同行、同类、同专业、同地区等群属关系，这些关系具体到测评师与被试之间，又有亲疏、利害、远近的区别。这些关系会或多或少、或大或小地影响测评师对测评的客观性。

5. 本位心理

所谓本位心理是指测评师在测评中坚持反映自己“大我”价值观的一种心理现象，其效应意义表现为在测评中坚持反映自身的利益要求及价值观。例如，直线管理人员一般都要求测评更加侧重实践、动手、交际等方面的实际能力，以及相应的实践性内容。

本章小结

评价中心技术是将各种不同的素质测评方法结合在一起的一种新型人才测评技术。它是通过创设一种逼真的模拟管理系统或工作场景，将被试纳入该环境系统中，使其完成该系统环境下对应的各种工作。评价中心技术作为一种较为新颖的人才测评方法，表现出综合性、全面性、可靠性、动态性及标准化等诸多特点。评价中心技术突破了传统测评技术的局限性，具有较高的有效性。但是评价中心技术需要结合其他方法综合使用，它有与笔试、评定委员会面试三者之间的权重不易确定，评价中心技术的专业考官比较稀缺，以及开发成本与施测成本比较高等局限性。

随着组织结构的日益扁平化、参与管理被广泛采纳，以及雇员日益频繁地流动，评价中心技术也会发生变化。目前主要表现为向发展中心及自我洞察的评价中心发展的趋势。评价中心技术是以评价管理者素质为中心的测评活动，其表现形式具有多样化的特点。从测评的主要方式上看，主要有公文筐、无领导小组讨论、角色扮演、案例分析及管理游戏。

评价中心技术的实施是一个需要尽心设计、审慎对待的问题。在对目前常见的认识误区分析的基础上，需要特别关注评价中心技术的实施过程、实施的有效性，以及测评师的选拔与培训三个关键问题。

中英文对照关键词

评价中心 assessment center
情景模拟 situational exercise
测评师 assessor
管理游戏 management games
公文筐 in-basket
案例分析 case study
无领导小组讨论 leaderless group discussion
角色扮演 individual presentations

案例分析题

某法国跨国公司的人事评价发展中心评估

该公司主要为其海外分公司提供管理、培训等支持服务，它在世界化工行业名列前茅，业务主要集中在化工、商贸等领域。在中国有大中国公司，负责中国及周边地区业务，同时在全国有关城市设有生产、销售、财务等10多家分公司。

然而，其中的多家分公司设立时间不太长，目前面临着激烈的市场竞争，部分出现亏损，造成这一现象的原因是多方面的。公司上层希望通过培训使这一现状有所改善，但又不知道员工的培训需要什么。由于缺乏生涯设计，许多关键岗位的员工受到的激励也有限。因此，企业认为有必要对员工特别是各层管理者进行管理技能评估，这也与公司即将开始的人事改革相适应。如何根据员工的特点实行人-职-岗位匹配，也是该次评价的目标之一。

咨询公司和客户公司人力资源人员共同制定了员工应该具备的素质、技能表，其内容如下。

公司规章：对公司业绩有兴趣，遵守并能积极参与改进公司规章，尊重他人的不同观点，对公司忠诚。

领导和影响力：设置合理目标并能向下属清楚传达；创造团队气氛；激励团队；对下属进行表扬、鼓励并适当纠正；预计潜在问题，并做出后续安排。

分析、解决问题：解决问题而不推诿；分析问题，并能识别内外可用资源；预计问题并能适时调整行动计划；在团队内能激发多种不同观点用以解决问题；面对问题时保持结果导向。

沟通和团队工作：团队目标高于个人目标；易于让他人接近，善于倾听；提供积极的、具有建设性的反馈意见；让他人以多种方式参与团队事务；愿与他人共享观点、经验。

前瞻、主动性：探求改进工作的新方法，挑战环境以获取更好的思路，有兴趣了解他人的工作，建议如何行动而非坐等汇报。

对结果的承诺：坚持直到预期目标的实现，对接受挑战、克服困难而获得结果，采取有计划的行动以获得成功，严格维护公司利益。

（资料来源：唐宁玉．2002．人事测评理论与方法．大连：东北财经大学出版社：180，181）

案例分析题：

假如让您设计用评价中心技术来考察员工在这些方面的表现，您将采用哪些方法呢？在具体运作时，要注意哪些问题？

复习思考题

1. 评价中心技术经历了怎样的发展过程？
2. 评价中心技术有何特点？
3. 评价中心技术有何优点与局限性？
4. 评价中心技术有哪些主要的评价方法？

第十章 基于胜任力模型的人才选拔

学习目标

- 掌握胜任力模型及相关概念
- 掌握建立胜任力模型的基本方法
- 理解常见的几类胜任力模型
- 熟悉基于胜任力模型进行人才选拔的步骤和方法
- 明确基于胜任力模型进行人才选拔的方法与传统人才选拔方法的优缺点

引　子

中外运-敦豪国际航空快件有限公司岗位胜任力模型

中外运-敦豪（DHL）国际航空快件有限公司是中国对外贸易运输集团总公司和敦豪国际航空快递公司联合成立的航空快递公司。在调整过程中，为了选拔优秀而且适合公司文化背景的人才，DHL 采用了一些先进的管理理念和人员甄选技术，其中基于胜任力的人员选拔方案是其中一种主要的选拔方式，力图做到人职匹配。

首先，DHL 根据自身的企业文化和业务发展，建立起了符合公司自身特点的岗位胜任力模型。胜任力（competency）是从品质和能力层面论证个体与岗位工作绩效的关系，是个体的态度、价值观和自我形象、动机和特质等潜在的深层次特征，是将某一工作（或组织、文化）中表现优秀者和表现一般者区分开来的基础。在建立岗位胜任力模型时，DHL 分成两步进行：第一步，以岗位说明书和著名咨询公司 HAY 为其量身定做的职位评估系统（KH/PS/AC-8 要素）为主要依据，参考原有胜任素质，归纳总结岗位关键胜任要素，形成岗位胜任力模型框架；第二步，通过管理访谈、管理层研讨，对模型框架做有针对性的调整和修正，并细化胜任特质的典型行为；在初步的胜任力模型基础上，形成评估要素列表，制订评估框架并选择、组合评估方法，从而建立起完整的胜任力模型。

其次，根据胜任力模型评估各个岗位应该具备的能力。通过外部专家、内部管理人员及需评价岗位的直接上司、在岗人员及其下属共同对该岗位所需要的胜任力水平做出评估，同时，参考同类组织对相应岗位的要求，建立 DHL 所有岗位的胜任力标准。

再次，通过对公司的管理诊断和评估，建立发展评价中心，并运用于选拔和招聘公司所需要的员工。DHL 聘请专业咨询机构——北京博思智联管理顾问有限公司建立起了独立的发展评价中心（DAC），并广泛地运用于内部人力资源评估、人事决策等管理事务中，取得了良好的效果。DHL 的发展评价中心包括心理测验（包括能力倾向测验、职业兴趣测验、动机测验、管理风格测验）、情景模拟（包括文件筐、无领导小组讨论、角色扮演、管理游戏、案例分析等）和专家面谈（包括结构化面谈、半结构化面谈和非结构化面谈）。

最后，根据所建立的胜任力模型和发展评估中心对现有人员进行评估，力求达到人职匹配。DHL 应用已经建立的发展评价中心，对现有关键岗位进行人员素质评估，根据胜任力模型和参照标准，在胜任力的各个维度上进行比较，对不能达到任职要求的人员进行了调整和有针对性的培训，从而保证了组织调整的顺利完成，并建立起了自身独立的人才选拔系统，将岗位胜任力变成企业的核心竞争力之一。

资料来源：马欣川，等 .2008. 人才测评：基于胜任力的探索 . 北京：北京邮电大学出版社：106-107.

问：1. 基于胜任力模型的人才选拔与传统的人才选拔相比有哪些优势？

2. 结合案例，试概述基于胜任力模型人才选拔的步骤。

第一节　胜任力模型的基本原理

一、胜任力模型产生的背景

胜任力模型是一种新型的人力资源分析评价技术，它最初兴起于 20 世纪 60 年代末 70 年代初。该方法是为解决美国国务院选拔外事情报官员的难题而开发的。当时人们发现，传统的能力和知识测试不能提供有效的预测结果，传统的智力测验、性格测验和学校的学术测验不能预测高层次、复杂岗位的工作绩效。同时，对少数民族、妇女和社会地位较低的人存在不公平性。

美国哈佛大学心理学家戴维·麦克利兰（David McClelland）针对这一问题进行了深入的研究，开发出胜任力模型这一新的人员测评方法，并成立了咨询公司，承担为美国政府选拔外事情报官员的任务。胜任力模型后来用于企业，成为国外企业人力资源管理的重要方法。几十年来的商业运作使这一方法已经形成了一个全球范围的胜任力模型数据库和通用的胜任特征字典，这是一个有很多胜任特征的最小可觉察量表。目前，胜任力模型已经被全球很多大公司采用，并显示出其重要价值。世界500强企业中已经有过半数采用了这一模型。

我国最早系统引进、研究并通过实践检验这一方法的，是邮电部 1998 年软科学课题“通信业管理干部测评及其量化评估方法”的研究，其成果刊登在《心理学报》上。近年来，胜任力模型已被引入中国企业界。在华跨国公司建立了适合于本公司的胜任力模型，将其作为公司选人、育人、留人、用人的标准。

二、胜任力及胜任力模型的概念

“胜任力”（Competency）这个概念最早由哈佛大学教授戴维·麦克利兰于 1973 年正式提出，是指能将某一工作中有卓越成就者与普通者区分开来的个人的深层次特征。它可以是动机、特质、自我形象、态度或价值观、某领域知识、认知或行为技能等任何可以被可靠测量或计数的，并且能显著区分优秀与一般绩效的个体特征。有的学者从更广泛的角度定义胜任力，认为胜任力包括职业、行为和战略综合三个维度。职业维度是指处理具体的、日常任务的技能；行为维度是指处理非具体的、任意的任务的技能；战略综合维度是指结合组织情景的管理技能。胜任力分为水平因素和种类因素。水平因素反映了组织在市场竞争中如何才能变得更加有效，或者反映了个人在具体的工作岗位上怎样才能产生高绩效；种类因素是对技术知识、操作技能、工作习惯及人际技能等概念进行的区分。

胜任力模型是指为完成某项工作、实现某一绩效目标所具备的一系列不同胜任力的组合。胜任力模型通常包括那些与工作绩效最密切相关的内容，即完成工作所需要的关键知识、技能与个性特征，以及对工作绩效有最直接影响的行为等。一个完整的胜任力模型，通常包含一个或多个群组，而每个群组下又包含若干胜任力特征，而且每个胜任力特征都有一个描述性定义和 3～5 级行为描述。

三、冰山模型

胜任力可以用冰山模型（the iceberg model）来表示（图 10-1）。

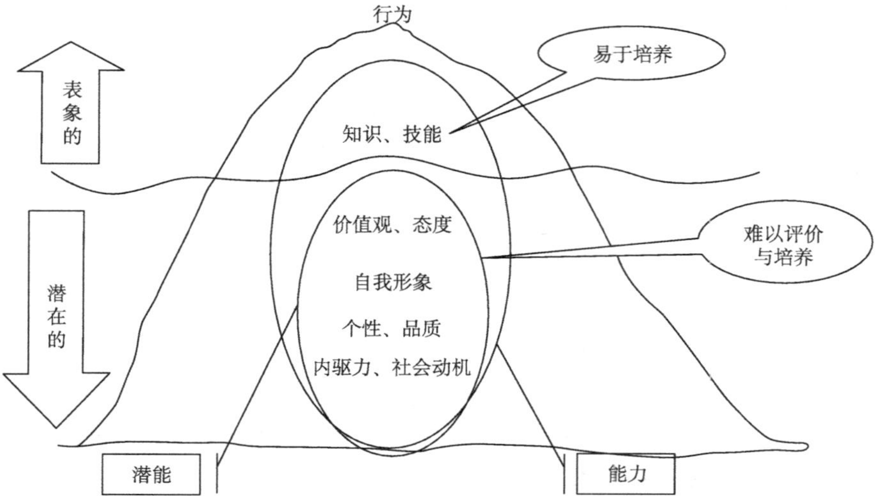

图 10-1　冰山模型

冰山水上的部分——知识与技能，是显性能力，容易被评价，是胜任工作和形成工作绩效的基本保证。冰山水下的部分——潜在能力，是态度、自我形象、社会动机、内驱力、品质、价值观、个性等，这些个人潜在能力是深深隐藏的部分，不易被发现和比较。冰山从上到下深度不同，表示被挖掘与评价的难易程度不同，越靠下的部分越不易被发现和测量。

四、行为锚

行为锚（behavioral anchors）描述可观察的特定行为，而不再需要任何解释与假设。行为锚可以检测判断出雇员是否具有企业定义的能力，运营管理系统也可以通过调整行为锚保证实现企业的绩效，从而建立起行为与结果的联系。行为锚通常包括一些等级，用于测量员工需要展示或具备的能力。运用行为锚的方法是，建立一个锚定评分表，以此为依据，对员工工作中的实际行为进行评级。这其实是将关键事件和等级评价有效地结合在一起的方法。通过一张行为等级评价表可以发现，在同一个绩效维度中存在一系列的行为，每种行为分别表示这一维度中的一种特定绩效水平。将绩效水平按等级量化，可以使考评的结果更有效、更公平。例如，测量人际理解力，即认真倾听他人讲话，体会其言外之意，并准确地把握未明确表达出的思想、情感、关键点的能力。可以采用以下行为锚。

一级，理解情感或具体内容，但不能将两者相联系。

二级，既理解情感又理解具体内容。

三级，理解他人的真正意图，包括未表达的内容。

四级，理解深层次问题，把握导致某种情感的原因。

五级，理解复杂的深层次问题。

五、胜任力的特点

胜任力具有以下特点。

(1) 胜任力可以衡量。胜任力对于预定目标的影响是可以衡量的，企业可以利用胜任力的可衡量性来评价其领导者目前在胜任力方面存在的差距，以及未来需要改进的方向和程度。胜任力的衡量是通过一系列量表进行的。在测评时，人力资源部门的人员会根据被测人员的笔试、面试表现在相关栏目打分或评定等级。即使是一些定性的问题，也最终可以转化成量化的数据。

(2) 胜任力能在一定程度上通过学习获得并发展。胜任力一旦被确定，组织可以通过培训等方式促使员工进行学习，在一定程度上提高其胜任力等级。

(3) 不同组织的同一岗位要求的胜任力往往不同。同一个岗位，放在不同的组织中，胜任力有时会大相径庭。这是因为不同的组织有不同的战略和组织文化，以及组织结构。总之，各组织应该根据自身特点建立各岗位的胜任力模型，而不应该照搬别的组织的现有模型。

第二节　胜任力模型的建立

胜任力模型的建立，是基于胜任力模型进行人才选拔的关键环节。这个环节直接关系到人才选拔的效果，因此是这一章的重点内容。

一、建立胜任力模型的步骤

首先，我们先用通俗的语言解释两个概念：效度和效标。效度就是看一个量表或测验能否有效地测出想要测量的东西，而效标则是评判效度所要参考的标准。例如，在校的考试成绩就是智力测验的一种效标，两者相关度高则该智力测验的效度高。下面我们一一介绍建立胜任力模型的每个步骤。

(一) 确定绩效标准

建立胜任力模型的第一步，就是确定绩效标准，以界定所研究人员的杰出绩效与一般绩效。为某项工作制定正确的绩效标准十分重要。假如绩效标准的制定偏离了企业的宗旨，就会把员工引入歧途。例如，如果把绩效标准定为个人受欢迎程度而非业绩，那么就会使员工过分热衷于拉关系，而忽视了他们的首要任务——在工作上取得成绩。

绩效标准一般采用工作分析和专家小组讨论的方法来确定。工作分析是确定完成各项工作所需技能、责任和知识的系统过程。在这个过程中，可以明确岗位对人员的具体要求，从而提炼出鉴别工作优秀的员工和工作一般的员工的标准。专家小组讨论的方法是指由中高层领导和相关专家组成一个小组，讨论决定绩效标准。专家小组决定绩效标准时有两种方法：一是依靠其现有的知识、经验积累，讨论决定绩效标准；二是确定参加行为事件访谈的人选，在对这些人访谈的基础上确定绩效标准。推荐使用的是这两种方法的结合。这是因为，两种方法各有其局限性，结合起来可以扬长避短，互相补充。另外，工作分析法和专家小组讨论法也可以交叉在一起使用。一般来说，进行工作分析的是人力资源部门的相关人员，他们在某种程度上也可以算是专家。但是如果能让更多的非人力资源的专家参与进来，效果也许会更好。例如，在确定评价研发人员的绩效标准时，应该让研发部门的领导和工程师参与其中，因为他们在这方面有着不可替代的作用。如果仅靠人力资源部门制定绩效标准，很有可能出现许多问题。因此，在进行工作分析时可以采用专家小组讨论的方法，而专家小组在讨论绩效标准时，也可以拿出工作分析的相关资料作为重要参考。

另外一种比较简便的方法是由领导者直接确定绩效标准。这种方法往往在经费不足的情况下使用，而且前提是领导者具备较强的洞察力和较丰富的经验。这种方法虽然比较主观，但也可酌情使用。

在确定绩效标准时，要以定量指标为主，定性指标为辅，并采用具体的标准。例如，科研人员的学术成果、专利数目，业务经理所管部门的销售额、利润率，生产经理所管部门的废品率、成本等。如果具体效标无法取得，那么上级、同事、下级进行评价也是一种比较可靠的方法。

（二）选取标准样本

根据岗位要求，分别从绩效优秀员工和绩效普通员工中随机抽取一定数量的样本进行调查。一般来说，至少应该抽取 20 名员工，其中包括 12 名优秀员工和 8 名一般员工。这样做可以满足简单的能力假设检验要求（如表现杰出者与表现一般者能力等级平均值差异的 T 检验、多变量分析或区别函数分析）。规模更小、不作统计分析的样本也可以提供宝贵的定性分析资料。

（三）收集数据信息

获取效标样本有关胜任力的数据资料可以采用行为事例访谈法、专家小组法、问卷调查法、全方位评价法、专家系统数据库和观察法，但一般以行为事例访谈法为主。我们会在后文介绍建立胜任力模型的方法时，着重介绍这种方法。下面先对这几种方法作一个概述。

1. 行为事例访谈法

行为事例访谈法要求被调查者列举出其在工作中发生的关键事例，包括成功事件、不成功事件或负面事件各三项，并让被访者尽可能详尽地描述事件发生的时间、地点、起因、结果、相关人物、涉及的范围及影响层面。同时，也要求被访者描述自己当时的想法和感受，最好让他们总结一下事件成功或不成功的原因。

2. 专家小组法

邀请一批专家，让他们用头脑风暴法讨论得出表现杰出者不同于表现一般者的特点。这些专家中既要有所选员工的直接上级，又要有与所选员工素不相识的外部人。选择前者是因为他们对所选员工最为了解，能够发掘出样本中的深层次因素；选择后者是因为他们是外部人，对所选员工没有任何个人感情，可以较为客观地进行分析。

3. 问卷调查法

设计出一套问卷，问卷中包含可能成为胜任力的个人特征。如果业绩优秀者在某一特征上的得分与业绩一般者差距较大，那么这个特征很可能就是胜任力中的一项。

4. 全方位评价法

这种方法是指员工个人、上级、同事、顾客都对员工进行评价。这里的评价不是要得出某个员工的绩效是好还是坏，而是要找出导致其绩效优秀或一般的个人特征方面的原因。

5. 专家系统数据库

在计算机中安装了相关的专家系统数据库后，计算机可以向专家或者样本组的员工询问问题。这些问题的答案经过计算机处理之后，可以得出能区分绩效优秀者和绩效一般者的个人特征。其实，专家系统数据库只是把搜集数据的过程变得无纸化了。计算机中的问题归根结底还是来自于上述各方法。

6. 观察法

通过观察业绩优秀者和业绩一般者的工作过程来发现他们各自的特征。这种方法在实施时要求观察者有较强的洞察力，能耐心细致地了解被观察员工的每一个细节，并作精确的记录。

（四）分析数据信息

首先，录音访谈、问卷、观察记录等信息被录入计算机，校对、打印、整理成文稿。然后，就可以开始对数据进行分析了。对于用行为事例访谈法和观察法获得的数据，要进行编码训练。编码训练是一个不断修正、提炼行为事件中的能力定义的过程。编码训练可以识别出某个行为事例反映了什么样的能力。进行编码训练的目的是使每项能力在定义上都获得大家可以接受的“评分者间信度”，使小组内的编码结果达到高度的一致性。接下来是独立分析编码。经过专门训练的人员会将表现杰出者与表现一般者的资料列出来，并寻找其中的差异。分析编码的另一项重要任务是由行为事件中找出新的能力主题，这是最需要创造力也是最困难的一个步骤。然后，专业人员还要对编码结果的一致性进行初步的统计比较，并再次讨论、培训、示例，提高共识。

对于专家小组讨论得出的结果，则不必再进行编码训练。这是因为，专家小组已经将主要的胜任力列举出来了。现在要做的是汇集各位专家提供的数据，看哪些胜任力是各位专家一致提出的。一般情况下，若干专家的意见总有一部分是重叠的，不大可能出现每位专家提出的胜任力都完全不一样的情况。那些被若干专家都认可的胜任力就是我们要选择的，用于构建胜任力模型的成分。

（五）建立胜任力模型

在对数据进行汇总和分析的基础上，敲定一些胜任力，并根据出现频次确定各胜任力指标所占的权重；然后确定等级，描述各等级的特征，建立胜任力模型。建立模型的时候，既要考虑组织的特点和实际情况，又要遵循胜任力层级不重叠、能区分、易理解的建模原则。在初稿形成之后，应该就初稿与管理层充分沟通，最大限度地提高胜任力模型的准确性和可行性。

（六）验证胜任力模型

企业可以采用三种方法来验证胜任力模型的有效性。

第一种方法是，研究人员可以搜集表现杰出者与表现一般者的行为事例访谈资料，由其中的事件评分结果来判断，第一次研究的胜任力模型是否可以预测出第二个效标样本的表现杰出者与表现一般者。这称为同步交叉验证。第二种方法是，研究人员可以设计测验内容来评估胜任力模型所描述的能力，并用来测验第二个效标样本中的表现杰出者和表现一般者。如果胜任力模型和评分表都有效，那么第二个效标样本中的杰出者应该在评分表中得分较高。这称为同步建构验证。第三种方法是，使用测验或行为事例访谈法，按胜任力模型进行选拔，看看这些人在未来的表现是否较好。这是最有力的验证方法，称为预测验证。

二、建立胜任力模型的方法

首先，我们要介绍的是建立胜任力模型的整个过程中通常使用的三种方法，它们分别是归纳法、推导法和修订法。

（1）归纳法是以行为事件为依据，从众多的样本中归纳出优秀员工强于一般员工的方面。此法开发出的胜任力模型最贴近企业现实，但开发起来耗时又耗力，操作难度也较大。这种方法适用于成熟而稳定的企业。

（2）推导法的基本步骤是：第一，澄清组织愿景、使命、战略和核心价值观；第二，了解岗位角色和职责；第三，推导胜任力。这种方法的优点是，胜任力模型与企业战略、核心价值观等密切相关，能够更好地为企业选拔人才。缺点是它建立起的模型过于抽象，缺乏具体的事件作支撑。

（3）修订法是指有关专家根据经验和调查数据提出一系列胜任力，由相关人员从中挑选出比较重要的部分，构建胜任力模型。在挑选的过程中，相关人员还可以对专家提供的信息进行补充和修改。这种方法的优点是便捷、迅速；缺点是主观性较强，不能全面、准确地反映客观现实。

下面介绍一下在构建胜任力模型的某些具体步骤中要用到的两种方法：第一种是在收集数据时要用到的行为事例访谈法；第二种是在分析数据时要用到的口语主题分析编码法。

（一）行为事例访谈法

1. 行为事例访谈法简介

行为事例访谈法是一种开放式的行为回顾式探索技术，是揭示胜任力的主要工具。这是麦克利兰在关键事件访谈基础上，结合主题统觉测验开发出的一种访谈方式。它的主要过程是请受访者回忆过去半年或一年他在工作上最有成就感的关键事例，其中包括情景的描述、有哪些人参与、实际采取了哪些行为、个人有何感觉、结果如何等。也就是说，受试者必须回忆并陈述一个完整的故事。

在具体访谈过程中，需要被访谈者列出他们在管理工作中遇到的关键情景，包括正面结果和负面结果各三项。访谈约需三个小时，需收集 3～6 个行为事件的完整、详细信息。因此，访谈者必须经过严格的培训，一般不少于 10 个工作日。

2. 进行行为事例访谈的原因

传统的访谈关注的是被访者的想法。例如，你热爱这份工作吗，你勇敢吗？但是我们都知道，想得到不一定就做得到。而且一个人对自己的评价和实际情况之间往往会存在偏差。一个人说他热爱这份工作，但却不一定能充满激情地去完成工作；一个人自称很勇敢，但在别人眼中他也许很胆怯。相比而言，行为能更真实地反映一个人的特质。这是我们主张采用行为事例访谈法的重要原因。另外，传统的访谈方法容易使访谈者发生以下角色错位：他们会表现得像一个查户口者、心理分析师、学究、预测家或者教官。

行为事例访谈法可以提供大量信息，包括一个人在实际工作中是怎么做的、怎么说的、完成了哪些事情等。而这一切信息，都可以在很短的时间内被提供出来。它能使研究者获知被访谈者在几个月甚至几年内所做的事情。从这个角度来看，它比观察法要优越许多，因为可以省略掉漫长而枯燥的现场观察过程。

3. 实施行为事例访谈的步骤

1）步骤一：介绍与解释

介绍与解释的目的是使被访者建立信赖感，能轻松、自由地发挥。访问者首先要友好地介绍自己，消除与被访者之间的陌生感，使其能像对朋友谈话一样愉快地和你交谈。接着要解释这次访谈的目的，说明这次访谈的结果会派上什么用场。要强调对谈话内容的保密，并获准使用录音设备。

2）步骤二：锁定工作职责

这一步的目的是实现对被访者的初步了解。访问者应该询问被访者的职务、责任，并弄清楚他（她）向谁负责、下属是谁。注意，在询问被访者的上级或下属是哪些人的时候，要把重点放在他们的职位上而不是名字上。你可以这样说："您向谁汇报工作呢？我不需要知道他的名字，告诉我他的职位就可以了。"

3）步骤三：挖掘行为事例

行为事例访谈法的重要目标是让被访者详尽地讲述 3～6 个重要事件。这一部分应该占用大量的时间，而且应该提供具体的细节。访谈的重点在于事件的真实情况，而不是假设、信仰等比较抽象的内容。为此，应该采用 STAR 方法来挖掘出深层次的行为细节。STAR 方法主要有四个问题。

（1）S（situation）。"那是一个什么样的情景？""是什么因素导致了这一情景的出现？""在这个情景中有谁参与？"

（2）T（task）。"你面临的主要任务是什么？""你要实现什么样的目标？"

（3）A（action）。"你当时采取了什么样的行动来实现目标？""你当时的感受是什么？""是什么想法激励你要把事情做得更好？"

（4）R（result）。"最后的结果是什么？""过程中又发生了什么？"

STAR 是行为事例访谈法最好的工具，也是最有效的问法。

4）步骤四：求证所需特质

在谈话即将结束时，询问被访者："感谢您提供给我精彩的案例。最后我想问一下：要想胜任您所在的岗位，需要具备哪些能力？"在被访者回答这个问题时，访问者要耐心地倾听，不要打断对方的谈话，更不要和他争辩或者把自己的意见强加于对方。只有这样，才能获取被访者最为真实的想法。

5）步骤五：总结摘录

访问者在进行访谈时已经做了一些简单的记录，但多是零碎的、不成文的。访谈结束时，要凭着记忆迅速整理出访谈稿，要求语言通顺、细节完备、格式标准。如果有录音，那么就要反复收听录音，概括出其中的主要内容。不要求文字稿与录音一字不差，但要点必须都在文稿中有充分的体现。

至此，行为事例访谈就完成了。

（二）口语主题分析编码法

由行为事例访谈记录的内容来提取胜任力并进而建立起胜任力模型，需要运用主题统觉测验来提炼特征主题定义，并运用口语表达内容分析法（content analysis of verbal expression，CAVE）来对特征主题定义进行编码记分，在这里统称为口语主题分析编码。口语主题分析编码技术提供了将行为事例访谈获得的口语内容转化成客观的定义和分值的途径，并可由不同的观察评价者通过此种评价方法获得一致的评价结果。

1. 胜任力的辨识

运用口语主题分析编码对行为事例访谈的内容提取胜任主题，实质上是对被访人进行心理活动分析。麦克利兰指出，胜任力可以是一个人的任何个人特征，并按照从浅显到深藏的顺序分为知识、技能、自我概念、特质、动机五层。斯班瑟于 1993 年将其整合的胜任特征词典归纳为六大类：成就特征、助人/服务特征、影响特征、管理特征、认知特征和个人特征。根据这些观点，我们总结出，要从以下几个方面辨识行为事例中体现出的胜任力。

1）情景判断和理解

同样是接受顾客投诉，优秀员工认为这是改进自身服务的好机会，而一般员工则认为这是一件倒霉的事情。在同一情景下，不同的员工会做出不同的判断和理解，通过他们的判断和理解，我们可以洞察出区分表现优秀者与表现一般者的特征。

2）关注点

表现优秀的工程师关注的是顾客的需求，他们会根据顾客的喜好来设计产品；表现一般的工程师则对生产产品的机器和产品本身更感兴趣，他们会依照自己的喜好来设计产品。考察关注点的不同，有利于发掘出胜任力。

3）思想

从一个人的谈吐可以看出这个人的思维方式、知识的运用、将复杂的问题简单明朗化的能力、对事情的记忆、对具体事物的抽象概括能力，等等。优秀的员工思维清晰，善于把复杂的问题简单化，能够清楚地记得过去的事情，并且妙语连珠；而一般的员工则照本宣科。

4）动机

优秀的员工考虑的是整个公司的利益和自己的职业生涯发展，他们工作的动力是把事情出色完成后获得的成就感，当一天工作完成后，他们意犹未尽；一般员工则过于关注金钱等物质层面的东西，而且考虑最多的是自己的短期利益，他们把工作纯粹地看成谋生的手段，当一天工作完成后，他们如释重负。

5）情感

优秀的员工往往有较高的情商，能轻松自如、心平气和地应付一切挑战，不以物喜，不以己悲；一般员工则容易情绪波动，并对工作造成不利影响。

6）行动

优秀的人力资源管理者善于倾听，并注意参加面试者的反应。如果面试者表现出明显的紧张，优秀的人力资源管理者安抚他们的情绪，并用适时的微笑化解面试过程中的尴尬。而一般的人力资源管理者会对参加面试的人员态度冷淡，提出的问题过于尖刻，让面试者不知所措，失去自信。当然，如果面试官的目的是要考验被面试者的心理素质，那么这样的态度无可厚非。不过一般来说，面试考官代表了公司的形象，如果留给面试者一个很不好的印象，有可能会失去公司的潜在客户。因为参加面试的人本身或其亲友很可能就是公司的顾客。

7）结果

优秀的经理人会努力实现组织的目标，结果往往也是令人满意的；一般的经理人则希望能实现自己个人的目标，结果往往是个人的加薪和办公条件的改善，而对整个组织贡献不大。

8）其他特质

其他特质包括外表、表达风格、所有物、肢体语言等。

2. 运用口语主题分析编码的步骤

运用口语主题分析编码要遵循以下几个步骤。

第一步，组织编码小组。这个小组至少应该包括四个参加行为事例访谈的人员，如果缺乏这方面人员，用其他人员代替也可以。应优先考虑访谈者，这是因为他们对整个访谈过程更熟悉，在编码的时候能够清晰地回忆出相关细节，对记录的资料也能够较好地进行分析。而且，这些人往往洞察力较强，这也是他们进入编码小组的优势所在。

第二步，试编码并两两交流。在不知道谁是优秀者、谁是普通者的情况下，选取4～6份访谈录音文稿，复制到人手一份，开始试编码。分析师收到自己访谈的记录和其他人访谈的记录，对照胜任特征词典进行编码。当每一位分析师处理完4～6份访谈记录后，他们要成对地交换记录，以同样的方式分析交换来的新记录。通过这种方法，搜集所有团队成员的看法，发掘出最丰富、最深刻的胜任特征。下面重点介绍一下如何对照胜任特征词典进行编码。

胜任特征词典是通过对照大量绩效优秀组和普通组的访谈资料进行心理活动分析，所获得的各种特征主题定义和计分标准的汇总，相当于一种通过归纳总结以往研究成果形成的胜任力编码系统，主要作用是为研究者提供编码依据。所谓编码主要是指研究者利用已确定的胜任力编码词典对访谈记录提取特征主题并计分的过程。它实质上是运用胜任力研究的相关知识，通过对访谈记录的分析，来识别和归纳被试人员所具有的与工作绩效相关的胜任力要素。编码过程是：在将全部访谈录音整理成文稿后，对全部访谈记录文稿中出现的各项胜任力的名称、每项胜任力出现的次数，以及按照胜任力编码词典对其评定的等级分都进行记录。如果希望计算机完成访谈结果的编码过程，首先需要将胜任特征词典以形式化的结构被计算机理解。可以将胜任特征词典以本体的形式描述，为计算机利用胜任特征词典分析访谈记录数据提供基础。这里必须根据访谈记录的类型分别处理。

（1）非结构化内容，如自由文档。对于这类访谈记录，由于其信息量巨大，我们不可能对其进行完全的分析，所以有必要对这类内容采用一些方法抽取关键的词汇。通常采用以下三种方法：一是对题目进行抽取，因为题目往往可以概括整个内容；二是对关键词与小标题进行抽取；三是对内容中出现频率较高的词条进行抽取。

（2）半结构化内容，主要是以XML表示的文档。我们可以按照以下步骤对其进行抽取。

第一步，将自然语言形式的访谈记录转化为结构化的形式进行存储，这就涉及相关的语义分析的知识，可以利用已有的语义分析技术来实现或者人工转化。

第二步，选择适当胜任特征词典本体。最后利用胜任特征词典对结构化的访谈记录进行分析，得出编码结果。

第三步，总体讨论汇总。分析小组团队聚会一整天，每一位分析者陈述他们对自己分析的访谈记录的看法，在讨论中提高意见的一致性。另外，要根据使用的情况进一步修订胜任特征词典，把每一个谈论到的主题分为表现优秀者的特征群（正面的主题)、表现普通者的特征群（负面的主题)。通常，每个分析人员都会使用不同的词句来描述同一个主题，而且将主题以不同的方式概念化。因此，分析人员在胜任特征的定义会议上，必须通过充分讨论并获得彼此同意之后，才能对胜任主题做出最佳的修辞及定义。

第四步，编码一致性统计，包括分析师之间对访谈材料编码的一致性，以及分析师对胜任特征词典定义的一致性。分析人员成双对编码结果的一致性进行初步统计比较，将差异化解，对访谈内容编码达成共识。对胜任特征字典尚未包括的特殊主题，即在这一职位效标样本的优秀组体现较多，而在普通组较少体现或缺乏的特征，根据不同的主题进行编码。那些不同的主题和有差异的特征，就是能有效区别杰出表现者与一般表现者的胜任特征。重复上述多次讨论、示例、统计，达成共识，直到胜任特征编码书的定义详细说明内部信度，而且可以区分表现杰出与表现一般的两群人。最后形成正式分析用的编码手册。

第五步，正式编码。训练过程中，编码一致性达到较高程度后，按两人一组形成正式的编码小组。将所有访谈录音文稿复印两份，每一位分析师会收到只有编号且隐去姓名的表现杰出者及普通者的行为事例访谈材料。根据正式编码手册，分析员开始进行独立编码。他们只针对有问题的案例或困难编码的事件进行讨论。首先，记录某一胜任特征出现与否。其次，记录胜任特征在量表中的具体等级。

至此，口语主题分析编码的过程就结束了。

三、建立胜任力模型的注意事项

1. 建模程序的合理性

一个企业运用胜任力模型时，必须遵照基本程序：①确定绩效标准（销量、利润、管理风格、客户满意度)；②建立标准样本（一般员工、优秀员工)；③收集数据信息（行为事例访谈、问卷调查、评价中心、专家评议组)；④分析数据信息（访谈结果编码、调查问卷分析)；⑤建立胜任力模型（确定胜任力项目、确定等级、描述等级)；⑥验证胜任力模型（行为事例访谈、评价中心、专家评议组)。这些程序的顺序不能改变，而且也不宜省略其中的任何一步。有人认为验证胜任力模型这一步不是很必要，完全可以省略，这种看法是绝对错误的。一个胜任力模型建立起来以后，必定有其局限性，还可能有致命的缺陷。要发现这些局限性和缺陷，就要依赖胜任力模型的验证。因此，上述的每一步骤都是必不可少的。

2. 胜任力模型与组织目标的一致

胜任力模型必须与组织的使命、目标相一致，这就要求企业在确定某一职位的胜任力时，必须在某种程度上从上往下进行分解，即由“企业使命”确定“企业核心战略能力”，由“企业核心战略能力”确定“企业业务发展需要的能力”，由“企业业务发展需要的能力”确定“职位需要的胜任力”。根据特定职位需要的胜任力，招聘、选拔符合职位要求的人员。当然，这种自上而下地确定胜任力的方法与上述从员工中挑选出表现优秀者和表现一般者进行比较分析的方法并不矛盾。两种方法可以同时使用，以确定更完备的胜任特征词典。

3. 胜任力模型要适应市场环境的变化

随着市场环境的快速变化，同一岗位对人的能力要求也在不断变化。比如，对某些东西过去属于负面评价，而现在变成正面评价；对有些东西过去非常注重，现在则变成不需要特别强调的事项了。在过去，研发人员更多做模仿创新工作，而现在，研发人员要自主创新，即使是国外没有的产品我们也要想方设法地造出来。所以，过去研发人员的胜任力模型侧重于理解现有事物、制造同类产品的能力，而现在则偏重于创新能力和自主研发能力。

4. 胜任力模型要适应组织文化

每个组织都有其特定的文化，如果根据胜任力模型选拔出来的人才与组织文化格格不入，那么这将给组织带来较大的打击。比如，某个杂志社的组织文化是崇尚前卫、时尚，这份杂志用精致的纸张、华美的封面、讲究的印刷工艺和时尚前卫的内容吸引了广大青年读者。但如果胜任力模型过于侧重为人朴素、不拘小节，那么很难想象以这个模型选拔出来的员工会对该杂志做出什么样的贡献。

5. 建立胜任力模型要考虑时间和资源的要求

建立胜任力模型是企业的一项“基础工程”，而一项基础工程的建设往往需要付出较大的成本，但是一个组织绝不能把过多的时间和资源投入到这项工程中去。在建立胜任力模型之前，首先要做好预算工作。要考虑组织是否有足够的访谈人员、编码人员和数据分析人员，如果这些人员不足，从外部聘请这些人员需要多高的成本，在内部培训这些人员又需要多高的成本。另外，建立胜任力模型是为选拔人才作准备的，在选拔人才之前，就应该留足建立胜任力模型的时间，以防人才选拔已经开始而模型却还没有建立起来，或者为了满足人才选拔的需要，匆匆建立起一个质量较差的模型。

6. 适当样本量的要求与参照效标的选择

适当样本量是建立胜任力模型的必需条件。中小企业不适合建立这样的模型，因为样本量太小。而大企业比较有条件，但也要根据企业发展的需要建立核心部门的胜任力模型，并不是大企业的任何部门都需要建立这样的模型。参照效标也是影响胜任力模型建立的重要因素。对于有些岗位，优秀员工、一般员工和较差员工很容易区分出来，参照效标容易获取，准确性较高。而对另外一些岗位，优秀员工、一般员工和较差员工很难准确地区分和衡量，参照效标获取困难。要想克服这一困难，可以借助员工绩效考核方面的结果。企业的员工每过一个周期，都会有相应的绩效考核，长期不进行绩效考核的组织是难以生存的。绩效考核的结果就是区分员工优劣的有力依据。

四、常见的胜任力模型

根据多年的研究和比较，斯班瑟于 1993 年发表文章阐述了五类人员的通用胜任模型，即经理人员、技术/专业人员、销售人员、社区服务人员和企业家。下面介绍前三类人员的胜任特征模型，后两类人员及这五类人员之外的胜任特征模型请读者自己思考。

（一）经理人员

经理人员的胜任特征模型如表 10-1 所示。下面具体介绍其中的三项。

表 10-1　经理人员的胜任特征模型

权重	胜任特征
6	影响力、成就欲
4	团队协作、分析思维、三动性
3	带队伍的能力
2	自信、指挥、信息搜集、团队领导、概念思维
阈限要求	组织权限意识、建立人际资源、技术专长

1. 影响力

优秀的经理人员往往对员工有较强的影响力。这种影响力的根源有多种，可能是由于其具有较高的职务权力、较大的专家权威、较强的说服力，甚至是较受人欢迎的外表等。总之，优秀经理人能够深深地影响别人，这是其与一般经理人员显著不同的地方之一。这里需要强调的是他们说服别人的能力。杰出的经理人经常使用不同的技巧说服部属：他们使用资料或资讯传播工具，向他人指出做某件事的优缺点，使用具体的范例或视觉辅助，以道理或逻辑来解释，以不同的特别技巧来说服人。

2. 成就欲

成就欲在心理学上的术语是“成就动机”，是指在完成某种任务时力图获得成功的驱动力。成就动机驱使一个人排除障碍、克服困难、坚持努力，因而对成功与否有重要影响。

3. 团队协作

优秀的职业经理人具有较强的团队协作精神，他们信奉的是参与式管理，即让普通员工参与到管理过程中来。他们把自己的下属看成和自己具有平等地位的团队成员，在做出决策时采用的是圆桌会议的形式，让每个人都有发言权。他们会时不时地征求别人的意见和建议，能够耐心地倾听来自不同角落的声音。在取得成绩之后，他们首先想到的是如何奖励整个团队，而不是如何慰劳自己。

（二）技术/专业人员

技术/专业人员的胜任特征模型如表 10-2 所示。

表 10-2　技术/专业人员的胜任特征模型

权重	胜任特征
6	成就欲
5	影响力
4	概念思维与分析思维、主动性
3	自信、人际洞察力
2	信息搜集、技术专长、团队合作
1	客户服务意识

下面具体介绍其中的两项。

1. 概念思维与分析思维

什么是概念思维呢？它是一个独立的分析过程，寻求的是新思想和新的解决方案。有这种思维的人认为，被人们普遍接受的“当今现实”的一系列约束条件不一定适用于未来的情况。概念思维不把已有的智慧、现状的惯性看作决定未来的变量。概念思维可以成为任何领域的一个分析和解决问题的工具。它是一种通过识别模式或联系来理解情况或解决问题的能力，把问题和影响因素整合到一个概念框架下。

什么是分析思维呢？分析思维是指遵循严密的逻辑规律，通过逐步推理得到符合逻辑的正确答案或结论的思维方式，它进行的模式是阶段式的，一次只前进一步，步骤明确，包括一系列连续的归纳或演绎过程。在分析思维的进行过程中，主体能充分地意识到过程所包含的知识和运算，并能用语言将过程和得出结论的原因清楚地表达出来。

这两种思维是专业技术人员必不可少的法宝。

2. 主动性

主动性是指个体按照自己规定或设置的目标行动，而不依赖外力推动的行为品质。它由个人的需要、动机、理想、抱负和价值观等推动。艾里克森认为，这是个体心理社会性发展的第三个阶段。具有该行为品质的人对外界事物好奇、充满兴趣，能积极探索和控制外在环境，有明确的目的，为自信心和创造性等其他品质的形成打下了基础。专业技术人员如果缺乏这种主动性，就会缺乏进一步创新的动力。他们会墨守成规，不思进取。只有上级领导交给他们一项任务后，他们才会勉强地去完成。而优秀的专业技术人员却主动寻求更高的目标和更富有挑战性的任务，能赶在领导提出要求之前做出令人吃惊的成绩来。

（三）销售人员

销售人员通用的胜任特征模型如表 10-3 所示。

表 10-3　销售人员通用的胜任特征模型

权重	胜任特征
10	影响力
5	成就欲、主动性
3	对人的洞察力、客户服务意识、自信
2	建立人际资源、分析思维、概念思维、信息搜集、权限意识
阈限要求	相关产品的专业知识

下面重点介绍其中的两项。

1. 对人的洞察力

洞察力是一个心理学概念，指心灵对事物本质的穿透力、感受力，以及洞察事物的能力。而对人的洞察力则是指对别人情感、行为、动机及其相互关系的透彻分析。通俗地讲，对人的洞察力就是透过人的外在表现看本质，变无意识为有意识。销售人员交往的对象主要是客户，而每个客户都有其不同的个性、心理和行为，因此如何把握这些看不见的东西就成了销售人员面对的难题。优秀的销售人员能通过顾客的一些细节看出他们的个性，洞察其特点。

2. 客户服务意识

客户服务意识既不是技巧，也不是技术，而是客户服务的根基，是带动客户服务工作乃至为企业定性的核心动力。换位思考，从客户的角度出发去看待事物，是客户服务意识中最为基本的要素。优秀的营销人员会设身处地地把自己想象成顾客，深入了解他们想要得到什么样的服务，然后努力提供这样的服务。但是有时站在顾客角度思考会影响销售目标的完成。例如，一个背投平板电视的销售人员如果站在顾客角度考虑问题，他会建议大多数顾客不要买自己销售的这种产品，因为对于一般的家庭而言，背投平板电视尺寸太大，不适合大多数家庭那并不很宽敞的房间。解决这一矛盾的办法就是，让这个销售人员主管所有平板电视的销售，而不只是背投平板电视。他可以向顾客推荐其他类型的平板电视，而这对他销售业绩的提高也是有帮助的。

第三节　基于胜任力模型进行人才选拔

建立胜任力模型不是我们的最终目的，利用这个模型进行人力资源管理才是我们的真正目标。人力资源管理中极为重要的一项就是人才的选拔，这里重点介绍基于胜任力模型的人才选拔。

一、基于胜任力模型进行人才选拔的内涵

基于胜任力模型的人才选拔就是对具有公司需要的胜任力的人才的获取和科学合理的配置。主要内容包括两方面：一是指将外部具有企业需要的胜任力的人招聘进来并安置在合适的岗位上；二是对企业内部员工按其具备的胜任力进行合理的岗位配

置。在基于胜任力模型进行人才选拔时，依据的是该工作岗位的优异表现，以及能取得此优异表现的人所具备的胜任力。这样做的理由是，处于胜任特征结构表层的知识和技能，相对易于改进和发展，培训是最经济、有效的方式；处于胜任特征结构最底层的社会动机和个性、品质，则难以评估和改进，所以它是最具有选拔价值的；处于胜任特征结构中部的价值观、态度，对其进行改进和发展虽然需要一定的时间，也有一定的困难，但还是可以通过培训、心理调节等手段来改善。基于胜任力模型的人才选拔应重点考察人员的人格特质和动机、需要，其基本假设是：只有具有与企业哲学、企业使命一致的人格特质和动机的人，才可能与企业建立以劳动契约和心理契约为双重纽带的合作伙伴关系，才可能被充分激励，具有持久的奋斗精神，才能将企业的核心价值观、共同愿景落实到自己的日常行为中。

二、基于胜任力模型进行人才选拔的步骤

（一）明确来自各方面的要求及职位本身的要求

吸纳一批新员工或者内部提拔一批员工都叫作人才选拔。在进行人才选拔时，必须明确组织目标、组织战略、组织文化、组织结构、共同愿景等方面的要求及职位本身的要求。例如，一个慈善组织的目标是改善弱势群体的生活状况，关注少年儿童的成长，那么它所选拔的应该是富有同情心、爱护少年儿童的人。如果让一个嫌贫爱富、欺老凌幼的人到这个组织中工作，他（她）将会不可避免地与组织目标发生冲突。这样的员工越多，组织中不和谐的因素就越多。

（二）通过已建立并经过修正的胜任力模型来完成或修正职位说明书

职位说明书中一般包括以下几项内容。

1. 职位基本信息

职位基本信息也称工作标识，包括职位名称、所在部门、直接上级、定员、部门编码、职位码。

2. 工作目标与职责

重点描述从事该职位的工作所要实现的工作目标，以及该职位的主要职责权限等。

3. 工作内容

这是最主要的内容，此栏详细描述该职位人员所从事的具体工作，应全面、详尽地写出实现工作目标所要做的每一项工作，包括每项工作的综述、活动过程、工作联系和工作权限。同时，在这一项中还可以同时描述每项工作的环境和工作条件，以及在不同阶段用到的不同工具和设备。

4. 工作的事件特征

此项反映该职位通常表现的工作特征，如在流水线上可能需要三班倒，在高科技企业中需要经常加班，营销人员要经常出差，一般管理人员则正常上下班等。

5. 工作完成结果及建议考核标准

此项反映该职位完成的工作标准，以及如何根据工作完成情况进行考核，具体内容通常与该组织的考核制度结合起来。

6. 教育背景

此项填写从事该职位目前应具有的最低学历。教育背景与胜任力有一定的联系，这一点要重点考察。对于应届毕业生，最好让他们提供在校的成绩单，从他们各门功课的成绩有时也可知道该生最擅长什么和最不擅长什么。例如，有的学生英语成绩很好，而数学成绩则不佳。这一点可以反映出他（她）学习语言的能力较强，而抽象思维能力不是很强。

7. 工作经历

此项反映从事该工作之前，应有的最起码的工作经验要求，一般包括两方面：一是专业经历要求，即相关的知识经验背景；二是本组织内部的工作经历要求，对于组织中的一些中、高层职位更强调后者。

8. 专业技能、证书与其他能力

此项反映从事该职位应具有的基本技能和能力。某些职位对专业技能要求较高，没有此项专业技能就无法开展工作。

9. 专门培训

此栏反映从事该职位前，应进行的基本的专业培训，否则将不允许上任。具体是指员工在具备了教育水平、工作经验、工作技能之后，还必须经过哪些培训。

10. 体能要求

对于体力劳动者，这一项非常重要。

职位说明书的这些项目是基本固定的，但每一项中的具体内容却是在不断变化的。要根据胜任力模型修正职位说明书。例如，一个会计岗位的胜任力模型要求应聘者对数字的敏感性强，做事认真细致。根据这一点可以这样修正岗位说明书：教育背景一栏中要求毕业于财会或数学专业，本科以上学历，学习成绩中的数学成绩不能低于 80 分；专业技能方面要求通过 CPA 考试中的一门以上。有学者认为职位说明书中应该包括完整的胜任力模型，笔者认为不可取。因为职位说明书一般是要让应聘者阅读的，如果其中暴露了太多胜任力模型方面的内容，有的应聘者会在以后的测试中对此作相应的准备。例如，职位说明书中强调面对挫折的积极态度，那么应聘者就有可能事先编一个有关自己如何应对挫折的故事以备后面行为面试时使用。另外，一个组织的胜任力模型在某种程度上也可以算是组织的机密，最好不要在职位说明书中泄露。

（三）确定招聘来源

根据招聘岗位的重要性和招聘的复杂程度选定招聘来源。招聘来源是指能够发现符合要求的员工的途径和地方。招聘来源分为内部招聘和外部招聘，这里分别介绍。

内部招聘是指在单位出现职务空缺后，从单位内部选择合适的人选来填补这个位置。内部招聘主要有以下几种：提拔晋升、工作调换、工作轮换、人员重聘。内部招聘的做法通常是企业在内部公开空缺职位，吸引员工前来应聘。

外部招聘是指在单位出现职务空缺后，从单位外部选择合适的人选来填补这个位置。目的在于识别并吸引组织外的求职者，在众多求职者中做出雇用决策。

1. 内部招聘的优点

（1）能为员工发展和晋升提供平等的机会，有利于在组织中营造一个更加开放、更为宽松的环境。

（2）企业和被选人之间的信息基本对称，企业对被选人的工作态度、素质能力及发展潜能等方面有比较准确的认识。

（3）内部员工对企业文化有较高认可度。现有员工对企业的历史、文化及业务状况等非常了解，已融入企业文化之中，与企业具有共同的价值观，员工之间也能充分了解和信任，忠诚度较高。

（4）与外部招聘相比，现有的员工由于熟悉企业业务、管理方式及企业文化，更容易接受指挥和领导，易于沟通和协调，易于发挥组织效能。

（5）内部晋升机制一旦形成，可以激励被提升者更加努力，提高工作效率；同时，也可以激励和鼓舞其他员工，提高他们的士气。

（6）内部选拔可以节约外部招聘昂贵的招聘成本（包括时间成本）和费用。另外，一般来说，内部候选人已经认可企业现有的薪酬体系，其工资待遇要求会更符合企业的现状。

2. 外部招聘的优点

（1）新员工会带来不同的价值观，以及新观点、新思路、新方法。

（2）外聘人才可以在无形当中给组织原有员工施加压力，使其充满危机意识，激发他们的斗志和潜能。

（3）外部挑选的余地很大，能招聘到许多优秀人才，尤其是一些稀缺的复合型人才，还可以节省大量内部培养和培训的费用。

（4）外部招聘也是一种很有效的信息交流方式，企业可以借此树立积极进取、锐意改革的良好形象。

（四）建立甄选标准并对申请表进行审核

甄选标准建立的依据是胜任力模型和职位说明书，但由于申请表中反映的信息有限，所以这一步并不是整个选拔过程的核心步骤。

（五）进行行为面试

这是基于胜任力模型进行人才选拔的核心步骤。行为面试与前面所介绍的行为事件访谈很相像，实际上它们采用的是相同的方法，只不过对象不同而已。关于这种方法的步骤，前文已有所阐释。下面主要介绍行为面试中的一些技巧。

（1）从好的事件开始询问。人们在接受访谈之初，也许会有一点不大情愿，因为这种访谈要占用他们较长的时间，而且会耗费他们一定的精力。如果从好的事件开始询问，会有助于提高被访者的兴趣，减轻他们的抵触情绪。

（2）让应聘者先非常简单地描述关键事件的概要。有些事件是很复杂的，面试官可能一时搞不清楚来龙去脉。因此，有必要让应聘者先概括一下事件，然后再作具体的描述。这不仅有助于面试官的思考，也可以用来考察应聘者的总结概括能力。

（3）在应聘者详细讲完一个工作故事之前，不要让其转到别的事件上。一旦发现应聘者在阐述事件时有跳跃，就提出问题请其提供详细的资料。

（4）让应聘者讲述过去发生的真实事件而非假定的事情或抽象的思想观点。如果应聘者讲的是抽象的观点，立即让其举例予以说明，探求细节，刨根问底。面试者使用非常简单的问话引导应聘者讲出事件的细节，而且要让应聘者讲过去而非现在的看法或行为。追问应聘者行为背后的思想，如“您是如何做出那个决定的”或“您当时是怎么想的”。应聘人员在叙述中提及“我们”时，一定要问清楚“我们”是指谁。

（5）应聘人员在面谈中变得很情绪化时，就要暂停发问直到其平静下来为止。但有一种情况是例外的，那就是面试官想要观察应聘者对情绪的控制力如何的时候。有时面试官甚至故意激起应聘人员的负面情绪，借机观察其反应。这在招聘售后服务人员的面试中很有必要，因为售后服务人员有时要面对牢骚满腹的客户，他们不停地抱怨厂家的产品不好，某个零件出了故障或是能耗太大，等等。这时，售后服务人员要不被顾客的恶劣情绪感染，保持笑容和镇静，并心平气和地为顾客提供服务。

（6）如果应聘人员不能想到任何具体的事件，你可以通过自己的经历举例，向其描述一个完整的事件，这样可以起到抛砖引玉的作用。

（7）不要过多地重复应聘人员的话，因为这样得不到新的信息，还可能被应聘人员理解为一种引导。

（8）不要给应聘人员提供过多的建议。如果应聘人员向你咨询意见，可顺势将问题返还。

（六）采用其他辅助工具对候选人进行测量和评估

这就用到前述的各种测评技术，只不过使用这些技术时要把胜任力模型考虑在内，这里不再赘述。

（七）基于胜任力的背景调查

对测试合格的应聘人员，需要进行比较详细的背景调查，主要采取电话调查和信件调查的方式，核实应聘者的相关社会关系，以及一些证明自身资格、学历、经历等方面的内容。

（八）做出录用决定

做出录用决定有两种结果：一是应聘者不具备岗位所需的胜任特征，需要重新开始招聘工作；二是应聘者满足了胜任力模型的要求，发放录用通知，并签订录用合同。

三、基于胜任力模型的人才选拔方法与传统的人才选拔方法的比较

前文介绍了基于胜任力模型的人才选拔方法，那么它与传统的人才选拔方法相比，有什么优缺点呢？我们简单介绍传统的人才选拔方法。

传统的人才选拔方法有很多种，常用的有简历筛选、推荐信核查、笔试（能力测验、人格测验）、面试、评价中心技术等。这些方法在基于胜任力模型进行人才选拔时也都用到了，那么这两类方法的差异何在呢？两者的差异就在于是否建立了胜任力模型，并以此模型为依据。基于胜任力模型的人才选拔方法并没有改变选拔的形式，但通过这个模型的建立，改变了整个选拔过程的实质。传统的人才选拔，实质上是选拔可造之才。它设立了一个门槛，有能力跨过这个门槛的人具备了一些基本的素质，但要想胜任将来的工作，还需要组织的大力培养。而基于胜任力模型的人才选拔，实质上是选拔可用之才。这些人具备了胜任未来岗位的能力，他们随时待命，一上岗就基本上可以完成手头的基本工作。当然，要想使其绩效有大幅度的提高，也是需要组织的培训的。造成这种差别的原因是，基于胜任力模型进行人才选拔时测评了应聘者更深层次的素质，而且在行为面试的过程中面试官对这些素质可以有更深刻的了解；而传统的方法重视的是知识、智力等处于冰山模型水面上方的素质，即使有人格方面的测试，所测出的人格和胜任力也没有很好的关联。这两种人才选拔方式的优缺点和特点如表 10-4 所示。

表 10-4　两种人才选拔方式的比较

人员选拔方式	特点	优点	不足
传统方式	比较重视考察人员的知识、技能等外显特征	比较容易衡量	1. 没有针对难以衡量的核心动机和特质来挑选员工 2. 如果挑选出的员工不具备岗位所需的深层次胜任力，要改变员工的深层次特质又比较困难，那么就会给组织带来损失

续表

人员选拔方式	特点	优点	不足
基于胜任力模型的选拔方式	帮助组织找到能胜任岗位的员工，其核心动机和特质基本符合要求	避免因人员挑选失误所带来的不良影响，减少企业的培训支出。尤其是为工作要求较为复杂的岗位挑选候选人，如挑选高层技术人员或高层管理人员时，在应聘者条件相似的情况下，胜任力模型在预测优秀绩效方面的重要性远比与任务相关的技能、智力或学业等级分数更为重要	不易衡量

四、基于胜任力模型选拔人才时要注意的问题

（一）面试官的挑选

面试官本身也要具备一定的胜任力。他们不一定是很权威的人士，但一定要经过专门的训练，有相关的从业经验，最重要的是要对人有很强的洞察力。基于胜任力模型的人才选拔的主要工具是行为面试，而行为面试的难点在于，要通过许多不同的事例抽象出应聘者的胜任力。例如，一个应聘研发岗位的人说他最引以为豪的事是自己在一次钢琴业余比赛中获得了一等奖。一般的面试官会认为，这与他将来要从事的工作毫不相关，于是就不再让他谈具体的经过了。但一个洞察力强的面试官会坚持让他谈论自己是如何获得这样的奖项的，尤其是他如何克服一些困难。应聘者可能会谈到他在最初练琴时左手配合不好，他如何勤学苦练最后终于左手、右手能协调一致。通过这个事件，洞察力强的面试官会认为这个应聘者具备了科研攻关所需的坚强意志，因为他在一个不是自己专业的领域都能如此执着、锲而不舍；而洞察力弱的面试官则有可能认为，一个搞科研的人钢琴弹那么好有什么用？他索性略过这一事件。另外，面试官还要有很强的辨别能力。例如，一个应聘质量管理部门岗位的人说他在以前的工作中曾经发现了一批产品中的微小瑕疵，从而避免了企业的一部分损失。如果面试官辨别力差，就会很轻易地认为这个人比较细心，能胜任质量管理的工作；而一个辨别力强的面试官则会追问：这个瑕疵是一出现就被你发现了，还是过了一段时间才被你发现的？如果应聘者的回答是后者，那么说明他还不够认真细致，没能及时发现瑕疵。

（二）行为面试的两大忌

一忌理论/假设问题，如“你认为作为一个领导应该如何帮助下属尽快地成长起来”？正确的问题应该是：“请举例详细说明，你是如何帮助下属尽快进步的。”二忌诱导性问题，如“和客户打交道需要很强的服务意识，你在和客户打交道时是如何做的”？正确的问题应该是：“说说你遇到的一个最难打交道的客户，你是怎么做的，结果如何？”

（三）加强宣传沟通

如果是内部招聘，要消除员工的“陪练心理”和“枪打出头鸟”的消极想法。在过去的有些招聘中，领导会进行不当干预，使招聘显失公平。现在通过公开招聘程序，根据胜任力模型来甄选人才，使员工相信能力是竞争的唯一砝码；同时，通过企业高层领导观念的转变，人才在企业内部的流动更为自由。在招聘宣传时，要让内部员工充分了解这一点，积极参与到内部招聘中来，而且不做贿赂领导、拉帮结派等违反原则的事情。如果是外部招聘，则要在宣传时表现出组织打开门欢迎人才的态度，提供一些具有吸引力的待遇，广纳贤才。同时，也要强调对求职者诚信度的要求，对不诚信的现象予以坚决抵制。

（四）笔试试题题量要加以仔细分析

有人认为题量不宜过大，要保证80%的人能在规定时间内完成，这样才可以达到筛选的真正目的。如果题目都没答完，也就是说有部分技能可能没有检查到，那样筛选出来的人员有可能不符合要求。这种看法有一定的道理。但也有的组织以笔试题目量大而出名。如三星的笔试题量很大，题目是整整一本测试题，有30多页。为什么会有这种情况呢？笔者认为，有的组织在选拔人才时重视的是人才的反应速度和心理承受能力，所以故意设置了较多的题目。有的人擅长慢速而细致的思考，但这种人不适合某些岗位。例如，一个顾客急于让你当场解决一个从来没有遇到过的技术问题，你却说：“等等吧，我要回去仔细研究研究。”你所在的公司在顾客心目中的形象就会大打折扣。有的人在顺境中能发挥得淋漓尽致，在题量加大、压力重重时就会手脚冰凉，心神不定。这样的人也难以应付压力大的工作，因为其心理素质不够好。

（五）分步骤实施

先对部分非核心岗位的内部招聘进行试验，随后再逐步推广。因为基于胜任力模型的人才选拔在我国的使用才刚刚起步，而且要根据每个组织的不同情况，以及同一个组织的不同发展时期来建立胜任力模型。它不是一成不变的，所以要先在部分岗位进行试验，找出不足，进行调整之后再应用于其他岗位。这样既保证了选拔效果，也可以使胜任力模型不断完善。那么，为什么要选非核心岗位的内部员工做试验呢？这是因为，核心岗位关系到整个组织的成败，如果用了不合适的胜任力模型会给组织带来较大的损失。而且，一旦发现核心岗位上选拔的人才不符合要求，也不容易撤换掉这个岗位上的人员。例如，一个企业刚刚选拔出了一个首席执行官，随后发现此人不能胜任该岗位，难道企业能随随便便就撤换掉他吗？撤换他需要经过繁复的程序和相关高层管理人员的同意才行。而且，这次撤换可能会给企业带来恶劣的影响。之所以选择内部员工做试验性的选拔，是因为这样可以减少失败的选拔事件所造成的外部不良影响，防止影响组织的外部形象。这一点类似于我们常说的“家丑不可外扬”。

（六）客观看待评价中心中的无领导小组讨论

无领导小组讨论最突出的特点就是具有生动的人际互动性，应聘者需要在与他人的沟通和互动中表现自己。这种方法考察的维度也多与人际交往有关，如言语表达能力、人际影响力等。因此，无领导小组讨论适用于那些经常与人打交道的岗位人员的选拔，如中层管理者、人力资源部员工和销售人员等，而对于较少与人打交道的岗位，如财会人员和研发人员的选拔，无领导小组讨论并不十分合适。

本章小结

本章主要介绍了基于胜任力模型的人才选拔，主要内容如下。

胜任力模型的基本原理。这一部分中介绍了胜任力模型产生的背景、什么是胜任力和胜任力模型，以及与之相关的两项内容，即冰山模型和行为锚，最后指出了胜任力的特点。

胜任力模型的建立，这是本章的重点内容。这一部分介绍了建立胜任力模型的步骤、方法、注意事项，以及常见的几个胜任力模型。胜任力模型的建立有六个步骤，本章对其中的收集数据信息这个步骤作了较为详细的阐释，介绍了几种数据信息收集的方法。在建立胜任力模型的方法中，本章简单介绍了归纳、推导、修订三种通用的建立胜任力模型的方法。接着，重点介绍了收集数据和分析数据中分别要用到的两种方法，即行为事例访谈法和口语主题分析编码法。最后，本章提供了选拔三类人员常用的胜任力模型。

基于胜任力模型的人才选拔。在这一部分中，本章首先阐明了基于胜任力模型进行人才选拔的内涵，然后列出了基于胜任力模型进行人才选拔的步骤。接着，比较了传统方法与基于胜任力模型的方法在人才选拔时的优缺点和特点。最后指出几个注意事项。

总体来说，本章先让读者对胜任力模型有个初步的了解，然后说明如何建立它，进而阐述如何使用它进行人才选拔。

中英文对照关键词

胜任力 competency

冰山模型 the iceberg model

行为锚 behavioral anchors

最小可觉察差异 just noticeable difference

行为事例访谈法 behavioral event interviewing

同步交叉验证 concurrent cross-validation

同步建构验证 concurrent construct validation

预测验证 predictive validity

口语表达内容分析法 content analysis of verbal expression

案例分析题

博士生要学金庸小说中的六大武林高手

——J大学基于胜任力模型的博士生选拔

J大学建立了博士生的胜任力模型，有人发现优秀的博士生具备的胜任力恰巧就是金庸小说中六大武林高手的特点。下面对这些胜任力作一说明。

胜任力一：苦练基本功，不投机取巧，这是《射雕英雄传》中郭靖的特点。他是一个"笨小子"，从小就笨，不像杨康那样投机取巧。但是他却通过自己脚踏实地的努力，一点点变得聪明起来。最重要的是，他憨厚老实的性格，有利于他打下扎实的基本功。优秀的博士生，必须像郭靖一样，扎扎实实地从基本功练起。不要以为自己已经是博士了，就可以一日千里、一目十行。博士的任务是搞科研，科研的基础是读文献、做实验。博士生必须从最基础的理论入手，不断深入、拓展，最后在脑海中形成所学科目的一个完整理论体系。以物理学为例，我们在中学时就已经熟知牛顿力学的许多理论，也能作相当复杂的受力分析。而上了大学之后，直至博士阶段，还是要从牛顿力学的基本理论再学起，只不过这时比以前更加深入。以前是"知其然"即可，现在则要"知其所以然"。博士生的基本功如果不扎实，必将在以后的研究中碰得头破血流。为了习得扎实的基本功，就必须发扬郭靖的"憨大傻"精神，再简单的题也都认真做，再基本的概念也都仔细揣摩。

胜任力二：为人豁达，能在逆境中成长，这是《笑傲江湖》中令狐冲的性格特点。令狐冲的成长是从失恋、蒙冤开始的。人生烦难事何其多，相信现实生活中的人都曾有被误解、被排斥的感受。令狐冲就是一个在人间炼狱中受磨炼，经历各种人情冷暖和世道鬼蜮的人，最后他获得了武功和人格的双重成长。令狐冲怀着伤痛，在随师父去洛阳的途中，尝尽了辛酸苦楚，非一般人所能忍受。从这方面来说，令狐冲的性格帮了他自己的大忙。虽然他始终忘怀不了小师妹，但是本性却豁达得很。他看清了岳灵珊和林平之相爱的事实后，心里反倒坦然，只想岳灵珊过得快活，即使她完全忘掉自己也无所谓。所以，他能在逆境中依然跟随在华山师弟们的身后，跌跌撞撞地走，心中只想着寻回紫霞秘籍，想着完成他的事业。为人豁达，能在逆境中奋起，这一点对于一个优秀的博士生也很重要。学术研究的过程往往不是一帆风顺的，煞费苦心写出的论文却屡屡遭拒，谈了多年的男（女）朋友现在要和自己分手，一年之内要修完许多门课程，要在核心期刊上发表若干文章才有资格撰写毕业论文，时刻面临不能按时毕业甚至不能毕业的危机……面对这些问题，如果博士生没有一个豁达的心态，有时说不定会成为有心理障碍的人，更别提在逆境中成长、进步了。

胜任力三：能全身心地投入学业。优秀的博士生也要借鉴郭靖的投入精神。充分利用读博期间的学习机会，多向自己的导师请教，多向其他有才学的专家学习，争取早日成才。

胜任力四：巧妙学习的能力，这是黄蓉值得我们学习的地方。黄蓉在金庸书中是出了名的聪明，不论是生活中的智慧，还是统领丐帮的魄力，还是助夫卫国的大智，均是上上之选。她最突出的特点还是学知识能融会贯通而且讲究技巧。她学武功在精而不在多，能够参透各类武功中的玄机，把握它们之间的联系。优秀的博士生也是一样。读文献、做实验、做调研都在精而不在多。文献数以万计，每篇动辄几十页乃至上百页。这就要求博士生能巧妙地阅读文献。例如，有的企业管理系的优秀博士生在学习时把文献按管理学的体系分类，在自己的计算机中建立诸如“社会责任”“组织变革”“团队”“领导力”等文件夹，然后以这些词语为关键词，在文献库中找相关的中英文论文。先看摘要，觉得比较有用就把整篇文章下载下来，仔细研读。每天坚持读中英文文献各一篇，再忙也要坚持。并且，每看完一篇都要写读书笔记，记录下这篇文章的精髓，并写出自己读后的收获。最后，在睡前他（她）还会在脑海中像过电影一般回顾这些文献，找出它们的联系，然后构思一下自己的论文。这样的博士生几年下来，科研成果往往是丰硕的。

胜任力五：身体素质好。优秀的博士生大多有健康的体魄，而且注重饮食营养和平时的锻炼。身体是学习的本钱，如果每天一副病怏怏的样子，很难想象这样的博士生会钻研出什么成果来。这一点要学洪七公。洪七公虽然公务繁忙，却勤于锻炼，将那一个老身板练得健壮无比。而且他平时特别注意营养，经常啃个鸡腿，吃点牛肉干、鱼片等，既补充了大脑的需要，也强健了身体。

胜任力六：有良好的心理素质。优秀的博士生在面临成堆的书本、论文、任务时，能够从容不迫地应对，而不是被巨大的压力给压垮。他们甚至把学习当玩耍，把发表论文的核心期刊当展现自己的舞台。他们有老顽童般过人的心理素质，心平气和，冷静学习。老顽童被黄药师囚禁海岛 15 年，要换别人，憋也憋死了，闷也闷疯了，但是老顽童却能耐得住寂寞。同样，读博的三四年，也是很枯燥很累人的。如果没有老顽童面对枯燥环境的坦然心态和良好的心理素质，恐怕很难修成正果。

上述文字以生动的语言阐述了博士生的胜任力，具体每个胜任力应该达到什么等级请读者自行思考。下面要叙述的是 J 大学基于胜任力模型选拔博士生的方案。

J 大学近年来选拔博士生的方法如下。

（1）在笔试时设置一些考查基本理论的题目，看考生的基本功是否扎实。有一道题是这样的：“请你对自己理解最透彻的一个基本概念进行尽可能详尽的阐述。”这道题可以让考生充分展示自己对最熟悉的一个概念的理解，对于基本功扎实的考生来说是小菜一碟，他们侃侃而谈，写出了长篇大论。但那些基本理论学得不好的考生会发现，自己根本没有什么好展示的。虽然知道许多基本概念的含义，但没有哪个是他熟知的。每个概念三五句就解释完了，没有什么好展开的。这用来测评考生是否具备第一个胜任力。

(2) 在面试的时候询问考生：“令你最难过的事情是什么？你是怎样面对这件最难过的事的？”这用来测评考生是否具备第二项胜任力。有一个考生提到她最难过的事是在800米跑步比赛中得了最后一名，尽管当时心里很难过，但她并不气馁，而是在以后的日子里加强长跑训练，后来在另一次比赛中得了倒数第五。在说这些话的时候，她不仅没有一点难过的意思，还觉得挺有意思：自己努力了半天还是倒数！这反映出该考生很豁达，对成败得失看得比较淡，而且能在逆境中成长。

(3) 让考生提交一份读博期间的工作计划，写出其读博期间的任务和时间安排。有位考生写道：前两学年修完所有课程的学分，第三学年开始写可供发表的论文和毕业论文，第四学年下半学期完成毕业论文的写作。而另一位考生则写道：第一年高分修完课程学分，同时阅读大量文献，争取发表一至两篇论文。第二学年准备毕业论文的写作，同时继续发表论文，第三、第四学年完成毕业论文，再发表两篇以上论文。每周学习六天，灵活掌握一天，每天学习时间不低于9个小时。相比而言，后一位考生对学习的投入程度就比前一位考生高。这不仅表现在他给自己安排的学习时间较长，还表现在他对自己各方面的要求都较高：考试要拿高分，要不断发表论文，早早地就准备毕业论文。这种方法可以用来测评考生的第三项胜任力——全身心地投入学业。

(4) 让考生在工作计划上写明自己准备使用的学习方法，其中包括如何掌握处理数据的软件，如何学习定量研究的方法，如何阅读文献，如何撰写论文等。通过这些方法，可以看出考生能否巧妙地学习，从而测试其第四项胜任力。有的考生这样写道：“我准备找若干篇作实证研究的中英文论文研读，先看别人是如何做定量分析的。然后，按照论文所述步骤，自编一系列数据，用SPSS软件处理。有不会的地方，再翻看SPSS的使用教程。”J大学的老师认为这个学生具备了第四项胜任力，因为他的这种学习方法既可以使其快速领会实证研究方法的真谛，又可以使他在运用中研习SPSS的使用方法，可谓一箭双雕。

(5) 考生在参加完笔试、面试后，J大学按1∶1.2的比例确定参加体检人员。这是为了测试考生的第五项胜任力。另外，考官从考生的面试表现上也可看出其身体素质。一般来说，身体素质好的考生回答问题时往往声音洪亮、底气十足、目光炯炯。从面试考生的外表上也可在一定程度上观察出其身体状况，如头发的光泽、脸色、嘴唇的颜色等。

(6) 在面试时，提出一些出其不意的问题让考生回答，而且无论考生怎样作答，考官总要表示出不赞同的意思。例如，一个考生在介绍他的硕士毕业论文时提到了“活性化组织”这一概念，这是他在前人基础上定义的一个新概念。这时，考官就提出了这样一个问题：“你认为在定义一个新概念时应该注意哪些问题？”这让考生防不胜防。他在回答中提到，在定义一个概念时，要首先弄清概念中新名词的基本含义。以“活性化组织”为例，要定义它首先得弄清名词“活性”的基本含义，然后在其基本含义的基础上定义整个概念。本来，这个考生说得有一定道理，但是考官还是表示出不很赞同的意思，并又提出了一系列关于定义概念的问题，令考生措手不及。这其实就是一种考察考生心理素质的战术，测评的是第六项胜任力。

（资料来源：考博要学金庸小说里的八大高手．http://bbs.pinggu.org/thread-9012-1-1.html［2017-10-01］）

案例分析题：

1. 博士生还应向哪些人物学习（不仅限于武侠小说中的人物）？

2. 在基于上述胜任力模型对博士生进行选拔时，会出现什么样的问题，如何解决这些问题？

复习思考题

1. 胜任力和胜任力模型的基本含义是什么？
2. 冰山模型在水面以上和水面以下的部分各是什么？
3. 建立胜任力模型的步骤有哪些？
4. 如何基于胜任力模型进行人才选拔？
5. 为什么行为面试法是基于胜任力模型进行人才选拔的主要工具？
6. 建立一个人力资源管理者的胜任力模型。

第十一章 人才测评的质量检验

学习目标

- 掌握人才测评的信度指标
- 掌握人才测评的效度指标
- 理解项目分析的指标
- 了解人才测评中常见的误差种类及控制措施

引　子

冷库行业人才测评系统的建立

某冷藏设备有限公司位于江苏省无锡市，成立于1995年，主要生产各种装配式冷库，包括组合式冷冻冷库、速冻冷库、冷藏冷库、保险冷库和超低温冷库等，并提供制冷设备。所生产的产品广泛应用于超市、工业、外贸、水产、畜牧、医药、旅游等行业。通过多年的技术积累，该公司的技术和工艺都得到不断革新，产品质量也受到用户的高度信赖。

随着公司业务的进一步发展，公司引入了大量技术人才，为了科学、合理地选拔和评价人才，公司也引入了人才测评的相关工具，但是在实际应用过程中，所引入的人才测评工具并没有起到应有的作用，花费了大量的时间和精力选拔出的人员中，仍有一部分人员不能胜任岗位或是能力有所欠缺。所以公司决定借助第三方测评机构完善本企业人才测评体系。

1. 现状问题及分析

通过对该冷库企业的管理现状的深入分析及对多层级人员的深入访谈，第三方测评机构专家指出，该公司在人才测评工具的使用过程中，主要存在的问题在于：忽略了人岗匹配的前提，变成单纯的对人本身的测评。与其他企业类似，该冷库企业所引入的人才测评工具专注于对“人”的全面测评，包括人的性格、职业兴趣、能力、素质等。该冷库公司人力资源部的主管提到，“当初引入这个测评工具的时候就是因为能够全面地测评一个人，但是用这个工具测评出来的人还不如之前凭主观判断选出来的人，经常出现不能胜任岗位的人”。顾问专家分析指出，该公司的人才测评之所以达不到应有的效果，其主要原因是所引入的人才测评工具忽略了最主要的前提——人岗匹配，并没有把测评的结果与相关的岗位建立联系，最终使人才测评与岗位要求脱节。企业需要的是与岗位要求一致的人才，而不是单纯的“全能型人才”。例如，企业需要招聘一名文秘，而在一个单纯对人的综合能力素质进行测评的测评工具中，即使被测评者的得分很高、综合能力很强也未必适合这个岗位，因为这样的测评仅仅是针对人本身的测评，没有结合文秘这个岗位的特殊要求。

2. 解决方案

通过深入分析该冷库企业所引入的人才测评工具及企业的管理现状，结合多年的咨询实践经验和人才测评专业研究经验，第三方测评机构专家帮助企业定制了基于岗位分析的人才测评系统。

基于该冷库企业各重点岗位的工作职责及工作要求，结合对在岗人员工作技能的分析，专家团队对该冷库公司的岗位进行分类，比如技术类、市场营销类、管理人员等，明确了各类别岗位对人员各方面能力素质的要求，即各岗位人员所需具备的核心特征和胜任该岗位的最低技能要求。在此基础上，专家团队帮助该冷库企业搭建了基于各核心岗位核心技能要求的分层分类的人才测评系统，即针对不同岗位类别对人员要求的核心技能点和能力素质指标设置了相应的测评题目及测评方式，建立了相应的题库（包括试卷、测评量表等测评用的材料，以及若干独立的试题），以帮助企业筛选出与岗位相匹配的优秀人才，形成一支优秀的人才队伍，促进企业的进一步发展。举例来说，经过深入分析，该冷库企业的某岗位需具备的核心能力素质是灵活性，基于此，该公司拥有了相应的测评方法帮助企业筛选出其他条件合格，且能灵活处理问题的人员担任该职位，而不是采取全面评估的方式对各人员进行全方位的评估。

同时，为保证人才测评系统的落地实施，专家团队指出在应用过程中需着重注意以下两点。①测评与面试结合。在对人员的考察评估中，测评结果只是决策信息的一部分，需要将个人履历、面试、测评等多方面的信息综合起来作出决策。测评对面试中如何深入了解候选者提供了有价值的线索。很多情况下，并没有完美匹配的应聘者，或者几位较优秀的人选难分伯仲，那么对于他们测评中表现较弱的素质，就可以在面试中做进一步的考察。②人才测评效果的跟踪检验。作出了人才选用的决策以后，人才测评的应用不能就此结束，需要对人才测评效果进行跟踪和检验，不断修正测评应用中的偏差和不完善之处。

（资料来源：商业评论网，http：//club. ebusinessreview. cn/blogArticle-243243. html）

案例思考题：

1、请结合案例分析，人才测评系统对企业的意义？

2、请结合案例分析，除了人岗匹配原则，企业在设计人才测评系统时还需要注意哪些问题？

人才测评是一项复杂的工作，不仅求职者会关心人才测评的质量，企业也同样如此。许多企业在需要进行大规模招聘和选拔核心人才时，往往期望构建完整的人才测评与选拔体系，反映公司对特定人才的需求，以便做出正确的决策。企业在这方面会投入大量的时间和精力，可见人才测评的质量是许多企业关心的核心问题。本章主要讨论检验人才测评质量的相关指标，包括信度、效度、项目分析指标等。

第一节　人才测评的信度

一、信度的基本概念

心理测验是对人行为的测量，而人的行为会由于各种各样的原因发生变化。人们在受测时的行为反应会受到当时情景的影响，从而引起测验结果与个体的真实情况出现偏差，因此需要有相关的指标来衡量测试的可靠性程度。信度是指测量的一致性或可靠性程度。人才测评的信度是指对人才测量评估的可靠性和一致性程度。一个好的测评工具必须稳定，每次测量的结果要保持一致，但实际上，由于受到被试样本、施测条件、动机水平和注意力等因素的影响，测评结果不可能达到100%的一致性。

在统计上，信度通常由信度系数来表示。多高的信度才能说明这个测评是可靠的呢？对于信度的高低，并没有绝对的评判标准。唐宁玉（2002）认为，信度系数大于0.90的测评被认为是可靠的，比较知名的智力测验基本上都在这个水平；信度系数在0.80左右的信度也认为是比较可靠的，而信度系数低于0.70则认为可靠性比较低。

二、信度系数的估计

信度系数一般有三种类型：稳定系数、等值系数和内在一致性系数。

（一）稳定系数

为了获知所测量的一些特征是否随时间的进程推移而变化，就需要取得一些稳定性证据。稳定系数又称重测信度，是指用同一种测验对同一组被测对象进行两次测评（如间隔一个月后再测评一次），然后根据被测对象两次测评获得的分数计算其相关系数，如式（11-1）所示。利用稳定系数可以估计测评跨时间的一致性程度，稳定系数越高，说明测评的稳定性越好，测评受随机因素的影响越小。

$$r=\frac{\sum X_1X_2-\sum X_1\sum X_2/n}{\sqrt{\sum X_1^2-(\sum X_1)^2/n}\sqrt{\sum X_2^2-(\sum X_2)^2/n}} \tag{11-1}$$

式中，r 为稳定系数；X_1、X_2 分别为首测分数和再测分数，n 为被测对象人数。

一般来说，获得稳定系数，需要注意以下三点。第一，两次测评时间间隔必须适度。获得稳定系数时，最需要注意的是再次测评的时间间隔。如果相隔时间太短，就使首次测评时的练习效果和记忆效果的影响增大；如果相隔时间太长，则身心发展与学习经验的积累等都足以改变测评分数的意义，从而使相关程度降低。一般来说，再测时间超过六个月，再测相关系数就不能用来代表稳定系数。不同性质的测评，获得稳定系数所需要的再测时间间隔应该有所不同，再测时间间隔一般是几个星期。第二，尽量使两次测评的条件相同。尤其是那些受周围条件或生活事件影响较大的心理因素的测评，如当被测对象在生病或处于疲劳状态的时候对其进行测验，所得结果与正常情况会不同。第三，获得稳定系数要注意被测对象样本。样本应该有代表性，样本不能太小，一般应该选用大样本。

（二）等值系数

当某种测评形式不能或不适合实施两次时，就需要采用与该测评平行的复本（复份）。复本是指内容、数量、格式、难度、区分度、指导语、时限及其他各方面都与原测评一样的测评。再测时用复本代替，可避免因为被测对象记住了测试题的答案和解决方法而造成的测评失真。计算原测评和复本测评之间的相关系数就可以代表信度系数，即等值系数。因此，等值系数是指在对被测对象进行测评以后间隔一定的时间（一般很短），运用复本再测评一次所获得的相关系数。

获得等值系数的方法与获得稳定系数的方法相似。当测评结果是分数形式时，用积差相关法计算（稳定系数计算公式）；当测评结果为等级或名次时，用等级相关法计算。等级相关法的计算如式（11-2）所示：

$$r=1-6\sum D^2/N(N^2-1) \tag{11-2}$$

式中，r 为等值系数；N 为测评结果的个数（被测人数）；D 为同一被测两次评定等级之差。

等值系数有其局限性。首先，现实中，编制理想的复本难度很大。其次，复本测评也会受练习的影响。被测对象在解答原测评中的有关题目时，会总结出一些经验，这些经验可以迁移到复本测评中。例如，一些逻辑问题，这类问题一旦被测对象解答过，通常就会记住问题求解的方法和答案。假如这样的测题首测后再测，那么该测题将包含记忆力，而并非完全是解决问题的能力。

等值系数既可以用来代表测评跨形式的一致性，又可以用来表示测评跨时间的一致性和变化，被广泛用于实验研究，尤其是追踪研究。

（三）内在一致性系数

内在一致性系数反映跨测题的一致性，即测验内部所有题项间的一致性程度。这里题目间的一致性包含两层意思：其一是指所有题目测的都是同一种心理特质；其二是指所有题目得分之间都具有较高的正相关性。同质性是测量单一特质的必要非充分条件。题目的得分正相关时，测验就是同质的；当得分相关度很低时，测验就是异质的。运用内在一致性系数来代表信度系数的条件是各个测评项目是同质的。

内在一致性系数的估计方法有以下几种。

1. 分半信度

在测评没有复本且只能实施一次的情况下，通常采用分半法估计信度。即将一个测评结果分为两部分，一半是偶数号项目上得分的总和，另一半是奇数号项目上得分的总和，计算两者之间的相关系数，但是这个相关系数只是半个测评的信度，不能代表整个测评的信度系数。因此，我们还需要将相关系数代入式（11-3），求出内在一致性系数。

$$r_t=\frac{2r}{1+r} \tag{11-3}$$

式中，r_t 为整个测评的信度系数；r 为分半信度。

分半信度系数也会受到分半方法的影响。分半方法不同，得到的信度系数也不同。分半信度系数的估计要求两半是等值的，如果两半不等值就会产生估计的偏差，等值性越低，偏差越大。

分半信度通常在只能施测一次或没有复本的情况下使用，当一个测验无法分成对等的两半时，分半信度不宜使用。此外，由于将一个测验分成两半的方法很多，除了奇偶分半法，还可以按题目的难度分半或按题目的内容分半，所以，同一个测验通常有多个分半信度值。

2. 库德-理查森信度

库德-理查森（Kudel-Richardson）信度不需要把测评分为两半，它考虑每个项目得分的一致性。因此库德-理查森信度不受分半方法的影响而变化，它只有唯一的一个值。

库德-理查森信度系数的运用需要满足几个条件：①所有测试题都采用 0、1 记分，答对记1分，答错记 0 分；②测验的项目难度比较接近；③项目间的组间相关相等。库德-理查森的计算公式如式（11-4）所示：

$$r=\left(\frac{n}{n-1}\right)\left(\frac{S_t^2-\sum pq}{S_t^2}\right) \tag{11-4}$$

式中，r 为信度系数；n 为测验的项目数；S_t^2 为整个测验总分的变差；p 为项目的答对人数的比例；q 为项目的答错人数的比例。

3. α 系数

当测试题不是采用 0、1 记分，而采用多重记分时，库德-理查森信度就无法运用。克龙巴赫（L. Cronbach）提出了适用于各种记分情况的 α 系数来估计信度。其计算公式如式（11-5）所示：

$$\alpha=\left(\frac{n}{n-1}\right)\left(\frac{S_t^2-\sum V_i}{S_t^2}\right) \tag{11-5}$$

式中，V_i 为测评的每个项目的方差；n 为项目个数；S_t 为测评的总体方差。

α 系数是目前计算信度时用得比较多的方法，特别是被广泛应用于问卷和量表的编制。

（四）评分者信度系数

人才测评中，常常会使用主观性的测评，如面试、投射测验等，其评分只有依靠评分者的主观判断，评分者之间的差异是误差的来源。评分者信度是指多个评分者对同一批人的答卷进行评分的一致性程度，体现了测评跨人员的一致性。

对评分者信度系数的估计，与前述的信度估计方法类似。具体来说，就是随机抽取若干份答卷，让两个独立的评分者打分，计算两个评分者评判的分数之间的相关系数。

三、影响信度的因素

影响信度的因素很多，考虑不周、防范不够，就会使一个测验的信度由于某一因素而造成假相关，这就要重新评估测验结果的信度，或者要选择、转换成其他测验。郑日昌等（1999）指出，影响测验信度系数的重要因素包括以下几个方面。

1. 被试的样本

信度系数要受到团体分数分布的影响。如果所取样本团体的分数分布范围较小，非常同质，则所得的相关系数必然很低；但如果研究的团体非常异质，则二者之间必然具有较高的相关性。因而，由于同质团体得分比较接近，分数分布范围小，所以信度较低；异质团体反之。在受到条件限制的情况下，一般只能以部分较同质的团体来求得信度。另外，取样团体的平均能力水平差异和个别差异均会影响信度。这种差异很难用一般的统计公式来预测或评估，只能通过对各种年龄及能力水平的团体的检验来确定。因而在选择测验时，要注意取样团体的变异性和能力水平、建立信度系数的团体与所要测评团体是否一致等问题；要分别对非常同质的团体建立标准化样本。同时，考虑年龄、性别、级别、职业和相似性等因素，在测量手册上注明其信度系数，以便测验使用者在比较各个测验的信度时选择符合所测团体性质的信度系数及测验。

2. 测验的长度

测验长度指测验题目的数量。一般测验越长，信度就越高。这首先是因为测验越长，就越能使试题或内容的取样恰当，改进项目取样的代表性，从而能够更好地反映受测者的真实水平。其次，测验较长，不容易猜测，测验结果比较可靠。最后，测验的项目越多，在每个项目上的随机误差就可以相互抵消。一般来说，最好不采用短测验，只有在时间或条件限制而不得不采用时方可用之。这时最好的办法是分测验策略多次施测，以增加结果的可靠性。

3. 测验的难度

测验难度与信度之间没有直接的关系，然而当测验分数分布范围缩小时，测验的信度就降低。如果测验太容易，大部分被试得高分；测验太难，大部分被试得低分，这些情形都会减少分数的分布范围，从而降低信度，使测评结果变得不可靠。只有当测验的难度水平可以使测验分数分布范围最大时，测验的信度才可能最高。只有所编制的测验能够达到理想的难度，才能使被测者全体的得分范围最大，进而提高测量结果的可靠性。一般来说，项目难度为0.3～0.7，且平均难度为0.5的测验，最有利于提高测验的信度。

第二节　人才测评的效度

一、效度的基本概念

效度表示测量的正确性，是指对一个测验要测量的特性测量到什么程度的估计。人才测评也和任何测量工具一样，有其特定的功能和实用目的，人才测评的效度，就是采用测评工具对所要测评的特性测量到什么程度的估计。人才测评的效度具有以下三方面的性质。

第一，效度是针对测验结果的。这意味着测验的有效性是针对测验结果而言的，即测验“效度”是“测验结果”的有效性程度。

第二，效度是针对某种特定的测验目的的，一项测量活动是否有效主要看它是否达到了测量目的。效度所要回答的基本问题不是是否有效而是对什么有效。也就是说，在考虑测评的效度时，必须从该测验的目的与特殊功能着眼。一个测验所得的结果，必须符合该测验的目的，只有这样才能成为正确而有效的工具。因此，在描述和评价一个测验的效度时，必须考虑到这一测验的特殊用途，指明该测验对测量什么有效。

第三，效度只有程度上的差异。心理特质是较隐蔽的特性，只能通过它的行为表现来进行推测，因此，心理测量不可能达到百分百的准确，只能达到某种程度上的准确。效度是测量的随机误差和系统误差的综合反映，无论出现哪种误差，实测结果都会偏离真值，测量的效度必受影响，因此判断一个测量是否有效要从多方面搜集证据。

二、效度的类型

在效度验证的过程中，测验的目的不同，对测验效度也有不同的要求。一般来说，效度可以分为三种主要类型：内容效度、结构效度和关联效度。

（一）内容效度

内容效度指测题对有关内容或行为范围取样的适当性，即评估测题是否充分代表了所要测量的内容范围。在进行人才测评时，我们总是选用一定的内容或项目对某个特质进行测量，内容效度用来衡量这些项目能够代表所有表示该特质项目的程度。这种测评的效度主要与测验内容有关。

一般我们以“一致性程度”来操作“真实性程度”。因此，所谓内容效度，就是指实际测评到的内容与我们所想要测评的内容的一致性程度。这两者越一致，就说明测评结果的内容效度越高，测评结果越有效。

内容效度具有范围的特定性，同一内容效度不能普遍适用。另外，内容效度也具有时间的特定性，即同一内容效度不能长时适用。内容效度是效度类型群中最实际、最重要的一种。内容效度低，则不能由测验分数去推论被测者在总体中的表现；相反，内容效度高，这种推论才是有效的。

一个测评要有内容效度必须具备两个条件。第一，要有明确的内容范围。内容范围可以是一个明确而有限的题目总体，也可以是由编制者界定的一些范围较广的材料与技能；可以包括具体的知识，也可以包括复杂的行为。第二，内容范围代表了能够用来测量个体的某个特点的所有行为样组，而每个测评工具都应是一个特定的行为范围的系统抽样。测量不同的特质，内容范围就有所不同。

确定内容效度常用的方法是逻辑分析法，即专家比较判断法，这是一种确定内容效度的典型程序。它要求让一组独立的专家（他们不是测验的编制者，但都非常熟悉所测量的内容领域）判断测题对所研究领域的取样是否具有代表性，再按照式(11-6)计算：

$$C=\frac{n_t-\frac{N}{2}}{\frac{N}{2}} \tag{11-6}$$

式中，C 为内容效度；n_t 为持肯定评判的专家人数；N 为评判专家总人数。

内容效度主要应用于成就测验，因为成就测验主要是测量被试掌握某种技能或学习某门课程所达到的程度。在这类测验中，题目取样的代表性问题是内容效度的主要考察方面。内容效度高，则可以把被试在该测验上的分数推论到相应的知识总体上去，说明被试在某个方面的水平处在一个什么样的位置；反之，内容效度低，则这种推论将是无效的。

（二）关联效度

关联效度，是指测评结果与某种标准结果的一致性程度，又称准则关联效度。所谓准则是检验效度的参照标准，它是指用以显示测验所欲测量的特性的变量，通常以一种测验分数或活动来表示。

一个理想的准则应该具备以下条件：有效性，即准则能够真实有效地反映出测验的目标；可靠性，即准则本身必须具有较高的信度，稳定可靠，不随时间等因素而发生变化；操作性，即准则可以客观地加以测量，可用数据或等级来表示；实用性，即准则测量的方法应该简单易行、省时省力、节约费用。

准则的选择以客观性为基准，常用的有以下几种：学业成就，这是智力测验最为常用的效标，包括在校成绩、成就测验分数、某种荣誉或奖励，以及教师对学生的智力评定等。特殊训练成绩，这是特殊能力倾向测验的常用效标，具体指标可以是完成训练后所实施的成就测验的成绩、正式评定的等级、指导教师的评定、成功完成训练或被中途淘汰等。实际工作表现与成绩，对许多测验目的来说，最令人满意的效标就是实际工作表现，这种效标主要用于特殊能力测验，有时也用于智力测验和人格测验。团体特征，这是采用在效标上有明显差异特征的两个团体，用以分析测评结果效度。此外，还有用于人格测验效度分析的精神病诊断、评定结果，以及是否与先前已有的测验相关等。

根据效标结果与测评结果获得的时间是否相同，关联效度可以划分为预测效度与同时效度。

预测效度是指先对研究对象进行测评，等过一段时间之后再对研究对象的效标进行测评，然后计算两者之间的关系，即如果作为效标的结果是在后来测评中获得的，那么这种关联效度就是预测效度。它是现在的测评结果对未来素质发展的预测程度。例如，某公司在招聘管理人员时，先采用某一测评工具对所有候选人进行测评，这时每名候选人员都有一个得分（测验分数）。等这些候选人在公司工作了一段时间之后，搜集这些人员的效标数据（这里为实际业绩）。然后，计算测验分数和实际业绩之间的相关度。如果测验分数和实际业绩之间的相关度很高，则说明使用的测评工具的预测效度很高，公司在今后招聘管理人员时可以继续使用这一测评工具；反之，如果两者之间的相关度很低，则说明使用的测评工具的预测效度很低，公司在今后招聘管理人员时应该放弃使用这一测评工具。

当作为效标的结果与测评结果是同时获得的，则这种效度叫同时效度。同时效度有很高的素质测评，不但说明它的测评结果比较客观、公正，而且还启示我们可以用一个较为简单的测评代替另一个复杂的测评。例如，两个人同时采用观察评定与问卷测验测评同一个人的工作态度，两个测评的结果相关系数很高，为 0.80，那么以后在类似的情况下，我们可以用问卷测验代替费时太多的行为观察法。当公司需要考察某一测评工具的同时效度时，可以先采用该工具对公司内部人员进行测评，然后获取公司内部人员的效标数据（这里一般为实际业绩），再计算测评结果与实际业绩之间的相关性（同时效度）。同时效度在获取上相对来说更为容易，但是效度同时会受到参加测评人员的工作经验的影响，因而从预测准确性的角度来看要略低于预测效度。

效度系数是指测验分数与准则分数之间的相关系数。根据两组分数的不同性质，分别使用对应的相关公式来计算效度系数。如果测验分数和准则分数都是连续变量，那么使用极差相关系数；如果测验分数是连续变量，而准则分数是二分变量，那么使用二列相关系数；如果测验分数是连续变量，而准则分数是等级变量，那么使用多系列相关系数；如果测验分数和准则分数都是二分变量，那么使用相关系数。

（三）结构效度

所谓结构是指可以直接观察的行为变量所具有的共同特征，结构本身无法直接观察，只是一种理论概念。诸如智力、人格、创造力、能力倾向、动机、焦虑等都可以称为结构。结构效度，也叫构思效度，指实际所测评的结果与我们所想测评素质的同构程度。它表明在多大的程度上，实际的测评结果能够被看作是我们所要测评素质的替代物。

结构效度与检验效度的人员对素质结构的理解有直接关系。如果李某认为忠诚这一素质即对本企业的忠诚，张某认为忠诚这一素质主要表现为实事求是的态度，那么对于向其他企业泄露本企业产品存在的问题这一行为，显然会归类到不同的素质成分中并给予不同的评价。因此，结构效度的检验分析也是一种定性的主观判断。在分析考评过程中，要采取措施把主观影响控制在最低点上。

结构效度验证与内容效度验证不同，后者把焦点放在考察测验内容跟某一行为领域的一一对应关系上，而这一行为领域的范围，通常是已经被界定清楚了的。结构效度验证与关联效度验证也不同，后者把焦点放在测验分数是否跟效标测量高度相关的一致性上。结构效度的着重点在测验本身，在测验能够测到这种特质的能力上。

正因为结构效度验证的着重点是，考察测验测到的某种心理结构或推论出的某种心理结构，所以结构效度的分析，一般按如下步骤进行。

首先，给所要测评的素质的结构模式下一个操作化的定义。在素质测评中，最初人们对于诸如“态度”“品质”“技能”等素质的具体形象是什么、结构如何并不清楚，我们必须再次把这些素质进行建构。建构意味着确立一个可感觉、可操作的结构模式，由这种具体的结构模式作为抽象观念的替代物。这种替代物是我们实际能够看到、听到和感觉到的东西，如外显行为、客观性生理反应等。素质测评的目标体系实际上就是所测素质的一个行为建构模型，这种模型由项目、指标、权重、标度等组成。这种模型的建构，在很大程度上取决于我们所测素质本身的特征及其抽象程度。例如，技能的模型建构就比品德的模型建构容易一些。

其次，收集事实资料，评判结构效度。结构效度的分析一般都是实证法，即找到足够的事实证据，证明测评结果的结构模型是所测素质结构的一个很好的代表。因此，事实资料的收集在结构效度的分析评估中是非常重要而关键的，收集事实资料可以使用排除法、咨询法、相关法、逻辑分析法、多元分析法等。

确定构思效度的方法主要包括以下几种。

1. 测验内法

这种方法的基本思想是通过研究测验内部的构造特点来确定测验的结构效度。常用的指标包括测验的内容效度、内部一致性等。

2. 测验间法

这种方法通过对几个测验的比较研究，找出它们所测的共同特质，由此确定测验是否具有构想效度。常用的指标包括相容效度、因素效度、区分效度等。

（1）相容效度。确定结构效度的最简单的方法是计算被试在新旧两个同类测验上的分数之间的相关度，即必须与其他测量相同特质的测验高度相关，这种相关度叫作相容效度。如果相容效度高，则说明两个测验所测的是相同的特质。这个指标能显示新测验是否受到某些无关因素的影响。一般地，不同构思或特质的测验之间相关度要很低，能力倾向测验或人格测验不应与一般智力测验或学术能力倾向测验高度相关。这种相关用途类似于内容效度的检测方法。

（2）因素效度。其基本思想是，根据相关性大小把变量分组，使得同组内变量间的相关性较高，不同组变量间的相关性较低；每组变量代表一个基本结构，即因素。其目的是识别少数几个因子，以此来表示并解释多个相关变量之间的关系，从而减少变量数目，简化复杂的数据结构。因素分析的目的是要分析出测评对象的内部构成和成分，最适合于构思效度的研究。在因素分析过程中，描述被测者表现的因素数目将从原来较多逐步浓缩，集中到少数几种因素或共同性质之上。通过因素分析，研究者可以探明测验究竟测到了几个彼此相对独立的因素，测验各组成部分甚至各项目在几个公共因素上的负荷大小，从而从整体关系和各个方面对测验所测特质的结构进行量化分析。因此，因素分析是测验构思效度验证的一种重要手段。

（3）区分效度。一个有效的测验不仅应与其他测验同一结构的测验有较高的相关度，还应与测量不同结构的测验具有较低的相关度。区分效度指测验与测量不同特质的测验低相关。例如，数学推理能力测验应与平时的数学考试成绩高相关，而应与阅读能力测验低相关。若与后者高相关，便说明前者受了阅读能力的影响，因而效度是可疑的。

3. 效标关联效度法

如果一个测验与效标高相关，那么该测验所预测的效标的性质与种类就可以作为测验所测量结构的指标。

结构效度是一个有争议的概念，有人认为它反映了效度的本质，但也有人批评它无法直接考察。总的来说，结构效度促使研究者把着眼点放在提出假设、检验假设上，促使测验成为理论研究的重要工具。结构效度的主要缺点是，有些结构概念模糊，没有一致的定义，确定效度时没有明确的操作步骤，没有单一的数量指标来描述有效程度。

三、影响效度的因素

影响测验效度的因素有很多，包括测验的因素、样本团体的性质、效标的性质、信度的影响等。

1. 测验的因素

这主要指会导致测验结果误差的因素，这些因素多是无关因素。测验效度的高低取决于测验受到无关因素影响的大小：无关因素影响较小，则效度高；无关因素影响大，则效度低。这些因素主要如下：组成测验的试题不佳，包括题目的指示语不明确，词汇或其他语言问题；试题太难或太易；题目提供额外线索；题目过少；试题的安排和组织不妥当；试题不符合测量目的等，都会降低测验的效度。测验实施的干扰因素，包括：不遵从指示语；计分错误；环境条件太差；在效标关联度方面，测验与效标二者实施时间间隔过长，测验与效标均容易受到机遇因素的影响。被测者的影响因素，包括被测者的兴趣、动机、情绪、态度、身心状态和健康状态，以及测验的长度。

2. 样本团体的性质

不同的团体所适用的测量应该是不同的，同一个测验在不同性质的团体的效度会有很大不同。不同背景的被测者会采取不同方法来解决同一测验问题。样本团体的异质性对于测量的效度非常重要。如同任何相关系数一样，效度系数也会受到取样团体分数分布的影响。如果其他条件相等，样本越同质，效度越低；反之，样本异质性越大，效度越高。这些团体性质包括年龄、性别、教育水平、智力、动机、职业和其他有关特征。这些特征就是影响效度的误差变量，叫作干涉变量。在它们的影响下，测验对不同团体的预测能力就很不同。

3. 效标的性质

效标是直接参加效度形成的参考标准，因而效标的性质从根本上影响着测验的效度。如果其他条件相等，所测量的行为与效标行为越相似，效度系数就越高。效标和测验分数的关系类型也直接影响效度系数。皮尔逊积差相关系数的前提假设为：两个变量的关系是线性的均匀分布。这在大多数情况下可以成立，但有时两变量并不呈直线关系，因而相关系数就会低估相关度的大小，效标和测验分数之间的相关系数就会很低；双变量散点图的最优拟合线可能是条直线，但分布并不均匀。这种分布不符合积差相关的要求，因而所得的相关系数较低。双变量散点图能清楚地显示出它与积差相关分布的差别，揭示测验与效标的关系。

4. 信度的影响

由于效度系数的最大值与信度的高低直接相关，即一个测验的效度不会超过其信度的平方根，信度是效度的必要非充分条件，所以，如果增加测验的总方差，即增加题目或选取异质样本团体，那么对于效度的影响来说就是不确定的。只有增加“真实方差”或减少“误差方差”，才有可能同时提高测验的效度和信度。

四、效度与人才选拔

效度系数除了表示测评结果的正确性，还可以预测被测对象目前和未来的行为表现。例如，凭能力倾向测验来预测员工的工作水平。在人才选拔过程中，如果要求择优录取，挑选达到一定分数以上的人才，就需要根据测评结果定出临界分数。

例如，员工的工作成就可以通过能力倾向测验分数加以预测。在预测中，效度可以帮助决策者做出是否录取某人的决策，因此采用效度高的评价工具将有助于提高录取正确率。根据人才测评来做决策，最困难的是如何制定出临界分数，即录取分数线。这是因为测评的结果常常会出现四种情况，如图 11-1 所示。

实际绩效			
	成功	错误拒绝 (FN)	正确接受 (TP)
	失败	正确拒绝 (TN)	错误接受 (FP)

图 11-1　临界分数线

在图 11-1 中，TP 表示做出正确接受部分，即在测评中表现好、在工作中绩效也好的那部分人才；FP 表示在测评中表现好但在工作中绩效不好的那部分人才；FN 则表示在测评中表现不好但录用后在工作中绩效却好的那部分人才；TN 代表在测评中表现不好在工作中绩效也差的那部分人才。TP 和 TN 部分是我们做出正确决策的部分，而另外两部分却是错误的判断。那么，如何来避免这种错误的判断呢？通常，我们在作决策时会涉及下列一些决策论的基本概念。

基础率，指成功人数与总人数的比例。如果在上述能力倾向测验中，有 20 个人来应征，基础率为 0.6，这就意味着在这 20 人中有 12 人在以后的工作中会有成就。录取率，是总人数中录取人数的比率，指使用某种测评工具时所录取人才的比例分数的确定，处于该分数线上的人能够被录取。录取正确率，也称正命中率，指录取人数中工作成功人数的比率。取舍正确率，也称总命中率，指总人数中有效接收和有效拒绝人数的比率。

一般来说，当临界分数提高时，可能成功而被拒绝的人数增加了，这样就导致正命中率提高但录取率降低；而当临界分数降低时，可能失败的人数增加了，录取率提高了，取舍正确性却可能下降，录取正确率也会下降。因此，临界分数的确定是至关重要的，如何制定这一分数，还要根据实际情况具体分析。例如，在选拔飞行员时，必须把录取标准定得非常严格，以免造成重大事故；而在第一阶段选拔员工时，应将录取标限定得低一些，以免错误地过早将有希望的人淘汰。一般认为，在临界分数的中间范围内取舍正确率最高，录取率处于45%～50%较为合适，这时正命中率也是比较高的。

第三节　项目分析

每一个测评都是由一个个的项目组成的，项目的质量将直接影响到测评结果的真实性和准确性。效度和信度的分析，是直接对测评结果质量的考评；而项目分析则是间接地对测评结果作微观性的解剖。通过项目分析，能选择、替代或修改项目，能够改进测评。项目分析可以采用定性分析和定量分析两种方式进行。定性分析是对项目的内容、形式、取材的适切性等方面进行分析，包括讨论其内容效度，按照编写项目的有效程序来评价项目。定量分析则指通过题目预测结果进行统计分析，包括项目的难度和区分度等的测量。

一、难度

难度是题目难易的指标，在认知测验中称为难度，但是在人格测验、兴趣测验和气质测验中的题目无对错之分。所以，非能力测验中项目的特征叫通俗度或流行性，它是刻画一组被试在特定题目上反应态度的指标，反映了人的不同心理特点和类型，二者在本质意义上是有区别的，但计算方法相同。

一般来说，对于大多数测验而言，测验的难度被定义为总人数中答对项目人数的比例。

对于选择题、是非题等二分法计分的题目，可以直接使用上述比值来计算题目的难度。如果被试的人数很多，可以采用极端分组法，先根据被试的测验总分从高到低排序，然后在两端分别截取人数比例相等（一般取27%）的高分组和低分组，分别计算这两组在每一个题目上的通过率，求其平均值作为该题目的难度指标。

人才测评过程中使用的某些量表是多级评分的。例如，许多评定量表中常用五级评定法：从未有过、偶尔、有时、经常、总是，并分别给予1分、2分、3分、4分和5分。对于这些以多值计分的题目，难度的计算公式如下：

$$P=\frac{\overline{R}}{W} \tag{11-7}$$

式中，W 为该题的最高可能得分值；$\overline{R}$ 为受测者在该题上的平均分；P 为难度，P 值越大，难度越小，P 值越小，难度越大，P 越接近0说明项目越不适合被测。

难度对测验的影响，主要体现在以下方面：首先，影响测验分数分布的形态。当

P 为 1 时，全体被试都得到满分；当 $P=0$ 时，全体被试都得到 0 分。在这两种极端情况下，全体被试的分数不能有效形成分数展形，被试之间在知识、能力水平上实际存在的个体差异都被掩盖了。如果是一个择优录取的选拔测验，就失去了选拔的功能。其次，会影响测验的信度。题目过难或过易都会使测验分数形成正偏态或负偏态分布，从而导致测验信度降低。

测验题目的难度水平多高才合适，没有一个绝对的标准，这往往取决于测验的目的、题目的形式及测验的性质。测验目的不同，难度各异，当测验用于选拔人才时，企业需要进行知识和能力水平的考核，要十分重视测验的难度，一般应将题目的难度确定在接近录取率的水平。从题目形式来看，因为选择题是允许猜测的，所以难度 P 值一般应该大于猜测概率。如果 P 值等于猜测概率，说明被试纯粹凭猜测回答；如果 P 值小于猜测概率，说明题目质量有严重问题。

实际操作中，如果测验是为了区别不同的人，一般只需使项目的平均难度接近 0.50,而各个项目的难度在 0.3～0.7 范围内变化。如果测验是用于选拔或诊断，则最好多选一些难度与录取线接近的项目。

二、区分度

所谓区分度，就是指项目在测验所要测量的心理特性上，将高水平者和低水平者区分开来的能力。具有良好区分度的项目，能将不同水平的被测者区分开来。也就是说，在该项目上水平高的被测者得高分，水平低的被测者得低分。因此，题目的区分度实质上就是题目本身的效度。题目的区分度是评价题目质量好坏的重要指标，也是筛选题目的主要依据。

由于区分度显示了题目本身的效度，所以衡量一个测验题目有没有区分度，就要将被试在测验题目上的反应与某种参照标准联系起来考察。这些参照标准实际上就是题目的效标。例如，以年龄作为智力测验题目的效标，以年级作为教育测验的效标，当年龄、年级这些外在效标找不到的时候，通常以测验总分代替外在效标计算题目的区分度。

区分度可以采用极端分组法确定。对于以二分法计分的题目，在被试人数很多的情况下，可以采用极端分组法计算题目的区分度。先按测验总分的高低将分数排序，再按一定的被试人数比例确定高分和低分两个极端效标组，区分度就等于高低分组通过的人数比例之差。区分度值在－1 和 1 之间。如果高分组全部失败，低分组全部通过，则区分度为－1；如果高分组全部通过，低分组全部失败，则区分度为 1；如果高低分组通过率相等，则区分度为 0。当区分度为负值时，称为消极区分；当区分度大于 0 时，值越大，区分度越高。在筛选题目时，区分度为 0 和负值都属于淘汰对象，形成消极区分的原因大多是由于题目本身表述不清。

计算区分度的另一种方法是内部一致性分析法，即以测验总分替代外在效标，与题目分数计算相关系数。随着总分和题目分数变量性质的不同，可以采用不同的计算相关系数的公式：当测验总分为正态连续变量，题目分为二分变量时，可采用二列相关法计算题目的区分度；如果测验总分与题目分两列变量都是正态连续变量，但其中一列变量由于某种原因被分为两个类别，可以用二列相关法计算题目区分度。此外，还有四分相关法、f 相关法、积差相关法等。

区分度具有相对性，主要表现在：第一，采用不同的计算方法，区分度的值有所不同，这意味着在分析一份测验题目的区分度时，对于同一类型的题目必须采用同一种计算题目区分度的方法，这样结果才能方便相互比较，进而筛选题目；第二，一个题目区分度的大小受被试团体异质程度的影响，被试团体越同质，同一题目的区分度越小，因此在说明题目区分度时总是针对某个具体的被试团体来说的；第三，用相关法计算题目区分度的可靠性受样本大小的影响，一般来说，样本越大，区分度越可靠，但样本太大，反而增加计算量，也无实际意义；第四，区分度指数也受分组标准的影响。

由于区分度具有相对性，很难确定一个绝对水平作为取舍题目的标准，所以在根据题目区分度筛选题目时，要考虑到测验的目的和功能。国际上，优秀题目的区分度要求达到0.40以上，0.30～0.39 属于区分度良好，0.20～0.29 属于尚可，题目需修改，0.19以下的题目必须淘汰。如果是人才选拔的测验，题目的区分度要尽量高一些。

人们也许会发现，项目区分度的分析与项目效度的分析是相同的，都是相关系数分析法。实际上，两者在内容上是不同的。首先，区分度是与测评总分作比较，而效度是与测评结果之外的某种效标作比较。其次，有效度不一定有区分度。例如，当效标与测评结果都呈负偏态时，两者的相关系数可能很高，这说明测评结果效度高，但却没有区分度。反过来，区分度高的项目也不一定效度高，因为区分度只反映项目对被测差异的敏感性。当所依据的差异不是本质上的差异时，显然有区分度却没有多大效度。

此外，区分度对于测验的信度和难度有着重要影响。随着区分度的增加，测验的信度也随之提高，而且提高的速度较快。因此，要提高测验的信度，可以从增加题目的区分度入手。难度和区分度之间的关系在于：容易的题目对低水平的被试区分度较好，较难的题目对高水平的被试区分度较好，而中等难度的题目对中等水平的被试区分度较好。由于人的心理特征呈现常态分布，所以也要求题目的难度呈常态分布，当平均难度为 0.50 左右时，题目的区分能力往往最好。

三、独立性

在能力测评中，我们常常要求项目之间具有一定的独立性。所谓独立性即非相关性或低相关性。例如，设想有 10 个项目的测验，每个项目都是中等难度（$p=q=0.5$），而且所有项目互相完全相关（$r=1$），那么在一个项目上答对的人在其他项目上也必然对，而在一个项目上答错的人在其他项目上也必然错。这样的测评结果只有两种可能，即 0 分或 10 分（每题 1 分），显然这种测验无法把中间水平的人区分开来。

项目的独立性分析，一般是采取项目间分数的相关系数来揭示。当相关系数越大时，说明独立性越小。当项目的满分值较大（10 分以上）且实际得分范围分布均匀时，可采取积差相关公式分析计算；当实际得分分布非均匀（如集中在5个分数点以下时），或者说项目为两值性评分时，宜采取 r_ϕ 系数法和列联表 X^2 检验法这两种方法分析项目的独立性。

第四节　人才测评的误差

一个好的测评也会有误差，但误差要控制在一定范围内。

一、误差的种类

人才测评的误差大致可分为抽样误差、系统误差和随机误差三种。

（1）抽样误差，是由抽样变动造成的误差，即内部抽样变动的缘故，样组之间存在差异，样组均数与总体均数也存在差异。抽样误差与测评的优劣没有必然的联系，所以在研究信度或效度时，可以忽略抽样误差。

（2）系统误差，是指在指定的测量条件下，多次测评同一测评要素时，如果误差的绝对值和符号总是保持恒定，使结果永远偏向一个方向，那么这种误差就称为系统误差。系统误差又称恒定误差，是恒值，因此不能通过增加测评次数的方式予以消除。通常采用几种不同的测评技术或方法，或改变测评条件等来检验有无误差存在，并确定其性质，然后设法消除或使之减少，以提高测评的准确度。系统误差直接影响测评的准确性，与效度有关，但因为在测验中不引起测评结果的不一致性，所以与信度无关。

（3）随机误差，是指在相同的条件下多次测评同一测评对象时，因其绝对值和符号都以不可预料的方式变化而产生的误差。引起随机误差的原因是测评主体不能预料，但在测评中却总是存在，无法完全避免。实践和理论证明，大量的随机误差均服从正态分布规律。

根据误差形成的不同心理效应，误差又可以分为以下六种。

（1）晕轮效应最早由美国著名心理学家爱德华·桑戴克于20世纪20年代提出，是指测评者往往会因为对被测整体印象的好坏而影响其对每个素质的测评。例如，看到一个人相貌端庄、严肃，就容易使人产生此人责任感很强的看法。

（2）趋中心理误差，指因为测评者既不愿把被测评得过好也不愿被测评得过差，而过于集中在中间分数段产生的误差。这种误差使有差异的被测得到同样或相近的分数，缺乏区分性。可以通过测评结果的分布及差异量分析来揭示这种误差的情况。

（3）宽大心理误差，是指因测评者不坚持测评的标准要求，就高不就低地测评而产生的误差。这种误差表现为皆大欢喜、高分低能。还有一种负向宽大心理误差，则是过于严格，以一些脱离实际的高标准去测评人的素质，测评结果普遍较低。

（4）逻辑误差，指测评者不是实事求是地对每个素质独立测评，而是依据其是否具有相关性特点进行逻辑上的推断。它与晕轮效应的区别在于后者以印象为依据，而前者以逻辑关系为依据。控制这种误差的方法是以客观事实为依据，不将特征上存在逻辑关系的指标放在一起。

（5）对比效应误差，指测评者在测评过程中因被测与标准间存在某种明显的反差而产生的误差。这种误差又叫托衬效应误差。

（6）近因效应误差，是指测评者往往对在时间、内容、形状等方面特征相似或相近的两个对象给予同样的评价，而不论它们实际上是否有差别。例如，某个素质低的人夹在两个素质高的人之间，其测评分数容易偏高；反之，一个素质高的人夹在两个素质低的人之间，其分数就可能偏低。

二、误差控制

引起误差的主要是偶然因素或无关因素，这些因素在人才测评过程中主要有三种来源：①人才测评工具本身；②测评实施过程；③测评的被测对象。那么，如何对这些误差进行控制呢？

1. 测评工具的误差控制

人的才能、个性、品德等许多特征都是无法直接测量的，而且人才测评常常会受主观因素的影响，因此人才测评工具和方法所造成的误差比物理化学测量的误差要大得多。

如何避免这些由测评工具和方法引起的误差呢？

首先，要根据人才测评的目的来正确选用测评工具。现有的测评工具很多，有笔试、面试、情景模拟测试等。而标准化的纸笔测验是目前在人才测评中使用最广泛的一种形式，无论是成就测验，还是人格测验，或者是能力倾向测验，都有多种形式，如人格测验就有 EPQ、16PF、Y-G、MMPI 等。为了控制误差，应该根据不同工具的特点和人才测评的目的来谨慎选用。

其次，尽可能恰当地对测验题目取样。如果题目数量太少或取样缺乏一定的代表性，就容易使被试的反应受机遇影响。例如，被测对象事前准备过某次考试的某道题目，其得分情况纯属机遇，这对测验分数的一致性影响较大。

再次，同一测验的几种等同形式实际上不等值，包括内容、安排格式、难度上的不匹配，均会引起测评误差。除此以外，应避免选用一些不恰当的测验题目格式，如是非题或二选一的题型容易引起猜测，主观题目太多，容易引起评分时的主观性，这些都会使测量误差增大；测试题的难度也要合适，理想的测验难度分布是呈钟形曲线的常态分布，难度过高容易引起猜测，误差升高；过低则会引起分数相近，测验的实测分数差距减小，这两种情况都会导致信度下降。

最后，测题或指导语用词也要恰当。如果测试题所表达的意思含糊不清、模棱两可，易使被测对象随意猜测作答，容易导致测评结果不正确。

2. 测评实施过程的误差控制

在人才测评前做好充分的准备工作，熟悉整个测评程序、测评材料、使用工具、场地等。施测现场的温度不适、光线过暗、背景声音（如过于安静或一直有噪声）、桌椅不舒适、通风不够等诸多情况都会产生测量误差。另外，测评的实施者必须受过施测前的培训，使他们既具备一定的能力，又遵守一定的职业道德。实施者的言谈举止也要符合施测要求，外貌服装、表情夸张或过分呆板，都会不同程度地影响被测对象的测试状态乃至测验分数。施测者一定要按规定实施测验，不能发生计时错误，或指导语解释错误，或给被测对象作答提供暗示等，以尽量减少测量误差的产生。

3. 被测对象的误差控制

当测验编制得很好，又有标准化的施测和记分程序时，由于被测对象本身的变化，仍然有可能使测验分数不一致。这是最难控制的误差。

首先，测试会受被测对象动机的影响。每个被测对象都有参加测评的目的，这个目的可以导致被测对象故意掩饰自己，采取装好或装坏的倾向性回答，其结果就不能反映出被测对象的真实情况。不同的被测对象动机水平不一样，因而掩饰程度也会有所不同。

其次，不同的动机水平可以引起被测对象不同的应激状态，动机过分强烈会导致被测对象产生测评焦虑，而动机不足则会引起被测对象对测评采取敷衍了事的态度。在人格、态度、动机等测评中，被测对象的动机水平常常是测评产生误差的最重要因素。

最后，一些生理因素，如被测对象在测试前失眠，或在生病、疲劳的状态下进行测试，势必会影响被测对象对自己的某些个性特征做出不同于正常情况下的判断和反应。例如，会倾向于判断自己的稳定性比较差。过分的疲劳会引起被测对象注意力分散，也容易引起测量误差。

本章小结

本章主要介绍了人才测评的质量检验指标，包括信度、效度、项目分析指标，最后讨论了人才测评中常见的误差种类及误差控制的措施。

信度就是测评的可靠性，即在测评多次或使用两个（或多个）等值的测评后所得结果的一致性程度。信度系数的估计一般有三种类型：稳定系数、等值系数和内在一致性系数。人事测评的效度就是所采用的测评工具对其所要测评的特性测量到什么程度的估计；效度是针对某种特定的测评目的而存在的，是一个关于程度的估计。效度有三种基本类型，即内容效度、结构效度、关联效度。效度系数在人事测评中有较广的应用。一方面，它可以提供信息，帮助做出决策；另一方面，它可以帮助从测评分数中侦测被测今后的绩效情况。不同的基础率、录取率、效度与决策正确性之间存在一定的关系。

项目分析主要分析其难度、区分度和独立性。通过项目分析，能进一步确定人才测评的准确性和有效性。

人才测评还需要注意误差的控制。误差主要有抽样误差、系统误差和随机误差三种形式。根据误差形成的心理原因的不同，误差可分为晕轮效应误差、趋中心理误差、宽大心理误差、逻辑误差、对比效应误差、近因效应误差等。误差控制也是人才测评需要考虑的重要内容。

中英文对照关键词

信度 reliability
稳定系数 stability factor
等值系数 equivalent coefficient
内在一致性系数 internal consistency coefficient
分半信度 split-half reliability
效度 validity
内容效度 content validity
构思效度 construct validity
关联效度 related validity
误差 error

案例分析题

中国移动广州分公司人才测评应用

中国移动广州分公司于1999年1月28日正式挂牌成立，是广州地区规模最大的通信运营商，其业务经营范围涉及移动语音基本业务、IP电话、移动数据业务和多媒体业务，并具有计算机互联网国际联网单位经营权。公司以先进的企业文化理念指导经营管理，视员工为企业之本，尊重员工自我价值的实现。盖洛普公司（世界顶级民意调查机构）的最新调查数据表明，广州移动员工对公司的整体满意度超过盖洛普全球数据库的75个百分点，达到世界优秀雇主水平。

公司领导和人力资源相关部门已经意识到，公司经营管理各方面改革的实行和效益的提高，关键在于拥有一批高素质的员工，尤其要有一批高素质的青年技术人员，并在此基础上建立一个具有高素质领导人员的后备队伍。基于这种情况，广州移动每年都会做大规模的校园公开选聘（应聘人数过万人），希望通过这种公开选聘的方式引入优秀的员工。但如何对报名的人员进行甄别，如何发掘真正有潜力的高素质员工，都是摆在人员招聘工作面前的难题。经过慎重的考虑与分析，公司的人力资源部决定引入第三方人才测评机构，在招聘过程中加入现代的人才测评技术，进行招聘前的初筛工作。

通过调研，公司将目光投向了国内最大的人才测评机构——北森测评技术有限公司，考察了《北森弈衡招聘选拔系统》，并详细了解了该系统的功能优势。

第一，成本低。其他公司，作一份测评需要上千元人民币，人员招聘成本太高，而北森按时间付费的消费方式，使大公司的团队测试成本迅速下降，平均一份报告只需要十几元。

第二，弈衡招聘选拔系统的测评报告通俗易懂。弈衡的报告通俗易懂，普通的人力资源工作者就可以解读；而其他公司的产品测评结果还需要测评公司专门的人力资源师来解读。

第三，弈衡招聘选拔系统产品的科学化程度高。测评者通过计算机在网上直接就可以完成，测试结束后，测评结果立刻可以体现出来；而其他公司提供的是纸质的测评题目，员工做完测试后，还要将试卷回传给公司，再将测评结果快递回来，而测评结果用词还深奥难懂，需要再次邀请测评公司专门的人力资源师解读。

第四，弈衡招聘选拔系统把握职位能力要求差异，有针对性地对人员进行定量考核，大大提高了人才招聘和选拔的准确率。

广州移动通过前期的了解和考察，最终与北森公司达成合作共识，并制定了一系列招聘流程，具体步骤如下。

(1) 应试者首先要将个人简历及求职信投递至公司招聘网站接收。

(2) 公司通过网站直接回复应试者到固定的网址用序列号登录作测试。

(3) 应试者在规定时间内答完所有测试题目提交后，人力资源部招聘人员可通过管理后台直接查看应试者的测试结果。

(4) 招聘专员可根据应试者的测评结果，全面迅速地了解和把握应聘者在成功愿望、挫折承受能力、计划性、目标意识、人际交往、社会适应性、团队合作意识、责任心、主动性等各个素质维度方面的能力分值。

(5) 再由人力资源部手动筛选，给部分应聘者进入下一轮面试的机会。

(6) 测评结果可辅助面试。弈衡报告不仅给出每个人在某个维度上的得分和差距，同时，应聘者在某个单项维度上不符合公司要求时，报告还会给公司提供相应的面试问题。

人才测评实施总结如下。

测评系统的有效应用，不但提高了整个招聘工作中的工作效率，同时增加了对人员的客观评价，因此也提高了招聘的准确性。

通过此次尝试，广州移动积累了量化测评工具选择、工具设施、结果应用的宝贵经验，为招聘工作的量化创新奠定了基础。同时，也有一些经验总结：如何在量化测评环节引入公司的核心素质模型，即如何开发并大规模使用基于公司核心素质模型的量化测评工具。有个建议，就是北森可以提供以行业行为素质模型为基础的测评软件，例如，可以提供通信行业类、快速消费品类、银行类、生产企业类等的测评软件，这样可以更具有有效性。

（资料来源：中国移动广东广州分公司人才测评运用案例 .http://www.docin.com/p-577294064.html［2017-10-01］）

案例分析题：

1. 请结合案例，分析人才测评有什么作用？

2. 什么样的人才测评是有效的，怎样为一个企业选择合适的人才测评软件？

复习思考题

1. 什么是信度，人才测评信度主要有哪几种类型？
2. 什么是效度，人才测评效度主要有哪几种类型？
3. 项目分析的主要内容是什么？
4. 人才测评过程中如何控制测量误差？

参考文献

安妮·安娜斯塔西，苏珊娜·厄比纳．2001. 心理测验．缪小春，竺培梁译．杭州：浙江教育出版社

柏桦．1999. 负责——人生必修课．北京：西苑出版社

陈社育，余嘉元．2002. 行政职业能力倾向测验效度的研究报告．心理科学，25（3）：325～327

陈英和，赵笑梅．2007. 智力测验的演变和展望．北京师范大学学报（社会科学版），（3）：33～38

戴斯 J P，纳格利尔里 J A，柯尔比 J R. 1999. 认知过程的评估——智力的 PASS 理论．杨艳云，谭和平译．上海：华东师范大学出版社

窦胜功．2001. 智商·情商·测试．沈阳：辽海出版社

杜林致．2008. 人力资源测评：理论与实务．广州：暨南大学出版社

段文敏，阎宝云．2013. 脑象图技术临床研究与运用．现代电生理学杂志，20（3）：177-180

方俐洛，凌文辁，韩骢．2003. 一般能力倾向测验中国城市版的建构及常模的建立．心理科学，26（1）：133～135

方胜华．2004. 能力素质模型的应用．人力资源，（4）：37，38

冯立平．2006. 人才测评方法与应用．上海：立信会计出版社

弗雷德里克·莱希赫尔德．2001. 忠诚的价值．常玉田译．北京：华夏出版社

弗洛伦斯·妮蒂雅．1998. 性格解析．江雅苓译．北京：经济日报出版社

顾海根．2005. 人员测评．北京：中国科学技术出版社

海伦·帕尔默．2006. 九型人格．徐杨译．北京：华夏出版社

洪炜，龚耀先．2000. 一般行政能力倾向测验的建构及信度、效度研究．中国临床心理学，8（1）：1～6

洪悦，邱勇．2012. 脑象图技术在精神医疗诊断领域中的创新．中国医学创新，9（30）：159-161

胡月星，等．2007. 评价中心与结构化面试．银川：宁夏人民出版社

黄希庭，郑涌．2005. 心理学十五讲．北京：北京大学出版社

吉尔伯特·萨克斯．2002. 教育和心理的测量与评价原理．王海昌，等译．南京：江苏教育出版社

金瑜．2001. 心理测量．上海：华东师范大学出版社

鞠强．2004. 如何考量员工主流品质：人才测评理论与实务．上海：东方出版中心

康丽，沈进．2004. 胜任特征模型——人力资源管理的新模型．经济与管理，18（6）：43，44

寇家伦．2006. 人才测评．北京：中国发展出版社

赖靖，闫建齐，王学敏，等．2013. 脑象图在健康管理中的应用．现代电生理学杂志，20（3）：181～182

李德明，刘昌，李贵芸．2001.“基本认知能力测验”的编制及标准化工作．心理学报，33（5）：453～460

利伯特 R M，等．1983. 发展心理学．刘范，等译．北京：人民教育出版社

梁晓雅．2008. 人力资源吸收与选拔．成都：四川人民出版社

凌文辁，方俐洛．2004. 心理行为与测量．北京：机械工业出版社

刘长江，郝芳．2003. 职业兴趣的结构：理论与研究．心理科学进展，11（4）：457～463

刘长江，Rounds J. 2004. 评估职业兴趣的结构．心理学报，（1）：89～95

刘小平，邓靖松．2006. 现代人力资源测评理论与方法．广州：中山大学出版社

刘名顺，刘青蕊，付艳霞，等．2014. 脑象图概述．现代电生理学杂志，21（3）：160-163

刘耀中．2003. 人员测评．北京：中国纺织出版社

刘远我．2007. 人才测评——方法与应用．北京：电子工业出版社

刘兆红，刘桂雄．2005. 职系胜任能力模型的建构研究．机电产品开发与创新，18（6）：80～82

龙立荣，李晔．2003. 职业生涯管理．北京：中国纺织出版社

陆红军．2005. 人才评价中心．北京：清华大学出版社

陆志韦，吴天敏．1936. 第二次订正比奈-西蒙智力测验说明书．上海：商务印书馆
吕建国，孟慧．2000. 职业心理学．大连：东北财经大学出版社
彭志忠．2006. 人才测评学．北京：中国发展出版社
乔治·C. 桑顿三世．2004. 评鉴中心在人力资源管理中的应用．上海人才有限公司评鉴中心研发专家组译．上海：复旦大学出版社
曲黎敏．2008. 从头到脚说健康．武汉：长江文艺出版社
人事部．2003. 国家公务员通用能力标准框架（试行）. http：//www.chinabaike.com/law/zy/bw/gw/rsb/1345121.htm/
邵伟华．2008. 手相面相图文百科．西安：陕西师范大学出版社
施恩 E H. 1992. 职业的有效管理．仇海清译．北京：生活·读书·新知三联书店
史蒂芬·霍金．2002. 时间简史．许明贤，吴忠超译．长沙：湖南科学技术出版社：174
斯蒂芬·P. 罗宾斯．1997. 管理学．黄卫伟，孙健敏，王凤彬译．北京：中国人民大学出版社
唐宁玉．2002. 人事测评理论与方法．大连：东北财经大学出版社
王建强．2008. 血型与心理学．北京：中央编译出版社
王进礼，龚耀先．2004. 多项能力倾向测验的初步编制．中国临床心理学杂志，12（2）：116～120
王进礼，龚耀先．2005. 军用能力倾向测验的产生、发展和贡献．心理与行为研究，3（2）：156～159
王进礼，龚耀先，罗贵友，等．2004. 多项能力倾向测验（MAT）的效度研究．中国临床心理学杂志，12（4）：335～339
王培君．2009. 人才招聘中的品德测评．商场现代化，（12）：297，298
王威，丁轩．2008. 我国中小企业领导人才素质测评体系的构建—— 以浙江新光饰品有限公司为例．价值工程，27（9）：95～97
王小英，张明．2002. 心理测量与心理诊断．长春：东北师范大学出版社
王永长．1999. 核心竞争力：企业理论的新发展．上海经济研究，（6）：60～63
威廉·贝内特．2001. 美德书．何吉贤，等译．北京：中央编译出版社
魏昕，博阳．2003. 诚信危机．北京：中国社会科学出版社
文魁，谭永生．2005a. 基于模糊理论的人才品德测评量化方法来源．中国人力资源开发，（11）：54～57
文魁，谭永生．2005b. 试论我国人才评价指标体系的构建．首都经济贸易大学学报，（2）：5～9
吴俊华，王蕾．2005. 职业兴趣研究的历史、现状与发展．职业教育研究，（11）：174，175
吴文艳．2008. 组织招聘管理．大连：东北财经大学出版社
肖鸣政．1994. 品德测评的理论与方法．福州：福建教育出版社
肖鸣政．2004. 人员测评理论与方法．大连：东北财经大学出版社
肖鸣政．2005. 人员测评与选拔．上海：复旦大学出版社
熊春明．2008. Pearson2 检验在计算机自适应化测验中的应用研究．计算机与现代化，（1）：24，25
徐长伟．2008. 人才测评的几个基本问题．人才资源开发，（6）：96，97
徐辉，高栓平．2007. 企业人才测评与选拔的质量研究：信度与效度分析．内蒙古农业大学学报(社会科学版)，（5）：124～126
亚当·斯密．2008. 道德情操论．王秀莉，等译．上海：上海三联书店
严文华．2003. 心理画外音．上海：上海画报出版社
姚庆玲，叶宝娟，段戈宏．2009. 人才智力测评的现状及发展趋势．黑龙江教育学院学报，（2）：70～72
俞文钊．2005. 现代人事测评原理与操作实践．上海：上海教育出版社
俞文钊．2007. 人力资源管理心理学（第二版）. 上海：上海教育出版社
约翰·罗尔斯．1988. 正义论．何怀宏，等译．北京：中国社会科学出版社
张华初．2001. 防范心理误差提高测评信度．人事管理，24（7）：24，25
张进辅．2006. 现代人才测评技术与应用策略．北京：企业管理出版社
张书涛．2007. 我国行政职业能力测验的范式探讨．理论观察，（6）：64，65

张月娟，龚耀先 . 2002. 学业能力倾向测验综述 . 心理发展与教育，(1)：92～95
张志红，朱冽烈 . 2005. 人才测评实务 . 北京：机械工业出版社
赵琛徽 . 2002. 员工素质测评 . 深圳：海天出版社
赵青，曾新 . 2004. 心态决定命运 . 北京：中国档案出版社
郑日昌，等 . 1999. 心理测量学 . 北京：人民教育出版社
中国就业培训技术指导中心，中国心理卫生协会 . 2005. 心理咨询师（三级）. 北京：民族出版社
竺培梁 . 2008. 心理测量：理论与应用 . 合肥：中国科学技术大学出版社
Arnold J，et al. 2006. 工作心理学 . 沈秀琼，等译 . 北京：经济管理出版社
Gatewood R D，Field H S. 2003. 人力资源甄选（第 5 版）. 薛在兴，张林，崔秀明译 . 北京：清华大学出版社
Gregory R J. 2008. 心理测验：历史、原理及应用（第 5 版）. 北京：人民邮电出版社
Lock R D. 2006. 把握你的职业发展方向 . 钟谷兰，曾垂凯，时勘，等译 . 北京：中国轻工业出版社
Ivancevich J M. 1998. Human Resource Management (7th). 北京：机械工业出版社
Russell K，Cartar P. 2001. 智商测试 400 题 . 李娜译 . 北京：中国城市出版社
Bennett G K，Seashore H G，Wesman A G. 1974. Manual for the Differential Aptitude Tests (5th). New York：The Psychological Corporation
Bennett G K，Seashore H G，Wesman A G. 1990. Differential Aptitude Tests (5th). San Antonio：The Psychological Corporation
Carroll J B. 1993. Human Cognitive Abilities. New York：Cambridge University Press
Converse P D，Oswald F L，Gillespie M A，et al. 2004. Matching individuals to occupational using abilities and the O * NET：issues and an application in career guidance. Personnel Psychology，(57)：451～487
Gati I. 1991. The structure of vocational interests. Psychological Bulletin，(109)：309～324
Gaugler B B，Bentson C，Pohley K. 1990. A survey of assessment center practices in organizations. Unpublished manuscript
Gaugler B B，Rosenthal D B，Thornton G C III，et al. 1987. Meta-analysis of assessment center validity. Journal of Applied Psychology，(72)：493～511
Guilford J P. 1967. The Nature of Human Intelligence. New York：McGraw-Hill
Holland J L. 1973. Making Vocational Choices：A Theory of Careers. Englewood Cliffs：Prentice-Hall
Hunter J E. 1994. General aptitude test battery//Sternberg R J. Encyclopedia of Human Intelligence. New York：Macmillan
Kelly T L. 1928. Crossroads in the Mind of Man：A Study of Differentiable Mental Abilities. Stanford：Stanford University Press
Knapp L，Knapp R R，Knapp-Lee L. 1992. Technical Manual：CAPS (Career Ability Placement Survey). San Diego：Edits Publishers
Krane N E，Tirre W C. 2005. Ability assessment in career counseling//Brown S D，Lent R W. Career Development and Counseling：Putting Theory and Research to Work Hoboken. New Jersey：John Wiley & Sons：330～352
Larson G E. 1994. Armed services vocational aptitude battery//Sternberg R J. Encyclopedia of Human Intelligence. New York：Macmillan
Lipiec J. 2001. Human resources management perspective at the turn of the century. Public Personnel Management，30 (2)：137～146
Martone D. 2003. A guide to developing a competency-based performance management system. Employment Relations Today，30 (3)：23～32
Milkovich G T，Glueck W F. 1985. Personnel，Human Resource Management：A Diagnostic Approach (4th). Plano，Texas：Business Publications INC
Ones D S，Viswesvaran C. 2003. Job-specific applicant pools and national norms for personality scales：implications

for range-restriction corrections in validation research. Journal of Applied Psychology, 88 (3): 570～577

Ree M J, Carretta T R. 1994. Factor analysis of the ASVAB: confirming a vernon-like structure. Educational and Psychological Measurement, (54): 459～463

Roberts R D, Goff G N, Anjoul F, et al. 2000. The armed services vocational aptitude battery (ASVAB): little more than acculturated learning (Gc)!? Learning and Individual Differences, 12 (1): 81～103

Roe A. 1956. The psychology of occupations. New York: Wiley

Rounds J, Day S X. 1999. Describing, evaluating, and creating vocational interest structures//Savickas M L, Spokane A R. Vocational Interests: Meaning, Measurement, and Counseling Use. Palo Alto, CA: Davies-Black

Rounds J B, Tracey T J, Hubert L. 1992. Methods for evaluating vocational interest structural hypotheses. Journal of Vocational Behavior, (40): 239～259

Salgado J F, Anderson N, Moscoso S, et al. 2003. International validity generalization of GMA and cognitive abilities: a european community meta-analysis. Personnel Psychology, (56): 573～605

Sandberg J. 2004. Understanding human competence at work: an interpretative approach. Academy of Management Journal, (43): 9～25

Schaie K W. 1996. Intellectual Development in Adulthood: The Seattle Longitudinal Study. New York: Cambridge University Press

Segall D O, Moreno K E. 1999. Development of the computerized adaptive testing version of armed services vocational aptitude battery//Drasgow F, Olson-Buchanan J B. Innovations in Computerized Assessment. Mahwah: Erlbaum

Shavinina L V. 2001. Beyond IQ: a new perspective on the psychological asse ssment of intellectual abilities. New Ideas in Psychology , (19): 27～47

Snow R E. 1994. Abilities and aptitudes//Sternberg R J. Encyclopedia of Human Intelligence. New York: Macmillan: 3～5

Spearman C. 1904. "General intelligence", objectively determined and measured. American Journal of Psychology, (15): 201～293

Sternberg R J. 1999. Successful intelligence: finding a balance . Trends in Cogntive Science , 3 (11): 436～442

Sternberg R J. 2003. A broad view of intelligence : the theory of successful intelligence. Consulting Psychology Journal : Practice and Research , 55 (3) : 139～154

Thurstone L L. 1938. Primary Mental Abilities. Psychometric Monographs, No. 1. Chicago: University of Chicago Press

Tirre W C. 2002. Confirmatory factor analyses of published multiple aptitude test batteries. Unpublished Report, The Ball Foundation, Glen Ellyn, IL

Tirre W C, Field K A. 2002. Structural models of abilities measured by the Ball Aptitude Battery. Educational and Psychological Measurement, 62 (5): 830～856

Tracey T J G. 2002. Personal globe inventory: measurement of the spherical model of interests and competence beliefs. Journal of Vocational Behavior, (60): 113～172

U S Department of Defense. 1995. Armed Services Vocational Aptitude Battery. Seaside, CA

U S Department of Labor. 1970. Manual for the USES General Aptitude Test Battery. Washington D. C.: U S Department of Labor, Manpower Administration

Van de Vijver F, Harsveld M. 1994. The incomplete equivalence of the paper-and-pencil and computerized versions of the general aptitude test battery. Journal of Applied Psychology, (79): 852～859